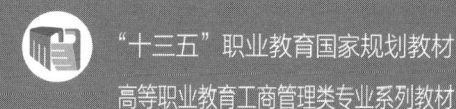

"十三五"职业教育国家规划教材

高等职业教育工商管理类专业系列教材

人力资源管理与开发

（第五版）

RENLI ZIYUAN GUANLI YU KAIFA

主　编　冯拾松　李菁羚

本书另配教学资源

中国教育出版传媒集团

高等教育出版社·北京

内容提要

本书是"十三五"职业教育国家规划教材。

本书内容包括人力资源管理认知、人力资源规划、工作分析与工作设计、员工招聘与配置、员工培训与开发、绩效管理、薪酬管理、冲突管理、职业安全与健康管理、劳动关系管理、国际人力资源管理，涵盖了人力资源管理与开发的各个主要环节。

本书可作为高等职业本科院校、高等职业专科院校财经商贸大类相关课程教材，也可作为从事人力资源管理与开发的工作人员的参考用书。

图书在版编目(CIP)数据

人力资源管理与开发 / 冯拾松，李菁羚主编. -- 5版. -- 北京：高等教育出版社，2025.8. -- ISBN 978-7-04-065294-9

Ⅰ. F24

中国国家版本馆 CIP 数据核字第 202523LC46 号

策划编辑 蒋 芬 毕颖娟　责任编辑 蒋 芬　封面设计 张文豪　责任印制 高忠富

出版发行	高等教育出版社	网　　址	http://www.hep.edu.cn
社　　址	北京市西城区德外大街4号		http://www.hep.com.cn
邮政编码	100120	网上订购	http://www.hepmall.com.cn
印　　刷	上海叶大印务发展有限公司		http://www.hepmall.com
开　　本	787 mm×1092 mm　1/16		http://www.hepmall.cn
印　　张	16.25	版　　次	2004年8月第1版
字　　数	380千字		2025年8月第5版
购书热线	010-58581118	印　　次	2025年8月第1次印刷
咨询电话	400-810-0598	定　　价	38.00元

本书如有缺页、倒页、脱页等质量问题，请到所购图书销售部门联系调换
版权所有　侵权必究
物　料　号　65294-00

第五版前言

本书是在"十三五"职业教育国家规划教材《人力资源管理与开发》的基础上,遵循教育部发布的《职业教育专业教学标准(2025年修订)》中对本课程的要求,依据最新颁发的行业标准、政策、法规等修订而成的。

本书以适应《关于深化现代职业教育体系建设改革的意见》中的教学改革需要为出发点,以全面反映新知识、新信息为主要特色,努力在内容上、形式上有所突破和创新。在内容上,本书坚持实用性、针对性原则,根据学生毕业后所需的管理技能来选择教学内容。在形式上,除正文阐述外,还设置了"学习目标""导入案例""项目小结""复习思考题""阅读资料""案例分析""实践练习""微课""微视频"等内容,力求探索一种"讲、读、研、练、学"立体化的线上线下新形态教材模式,以尽可能适应教师精讲、学生多练、"能力本位"的新型教学方式的需要,寻找一种产教融合的教学途径。

本书全面贯彻党的教育方针,落实立德树人根本任务,培养德智体美劳全面发展的中国式现代化的建设者和接班人。集中阐述了企业的人力资源管理与开发系统,包括人力资源管理与开发的各个主要环节。全书共十一个项目,包括人力资源管理认知、人力资源规划、工作分析与工作设计、员工招聘与配置、员工培训与开发、绩效管理、薪酬管理、冲突管理、职业安全与健康管理、劳动关系管理、国际人力资源管理等内容。

本书由冯拾松、李菁羚担任主编,江梅芳、朱彩英、周寿伟、王权、葛元月、骆俊妤担任副主编。

本书在编写过程中参阅了国内外众多有关著作、教材和论文,引用了其中的一些资料,得到了华孚集团、金华市优美印刷有限公司、金华菜花网络科技有限公司等企业专家的支持,在此一并表示诚挚的谢意。

由于编写人员水平有限,不成熟之处在所难免,恳切希望各位读者提出批评和改进意见。

编 者
2025年8月

目 录

项目一 人力资源管理认知 ·· 001
  学习目标 ··· 001
  导入案例 猎人与猎狗的故事 ··· 002
  任务一 了解人力资源的概念 ··· 003
  任务二 人力资源管理与开发 ··· 009
  任务三 人力资源管理的产生与发展 ··· 012
  项目小结 ··· 021
  复习思考题 ·· 021
  阅读资料 ··· 022
  案例分析 ··· 024

项目二 人力资源规划 ·· 025
  学习目标 ··· 025
  导入案例 ××集团2026年度人力资源管理计划 ······································ 026
  任务一 了解人力资源规划的概念 ··· 028
  任务二 人力资源预测 ··· 033
  任务三 人力资源规划的执行与评价 ··· 042
  项目小结 ··· 045
  复习思考题 ·· 045
  阅读资料 ··· 046
  案例分析 ··· 047
  实践练习 ··· 048

项目三 工作分析与工作设计 ·· 049
  学习目标 ··· 049
  导入案例 赛龙舟的故事 ·· 050
  任务一 了解工作分析的概念 ··· 050
  任务二 认知工作分析过程与方法 ··· 055
  任务三 认知工作设计 ··· 069
  项目小结 ··· 075
  复习思考题 ·· 075

目 录

阅读资料	076
案例分析	077
实践练习	079

项目四　员工招聘与配置 …… 080
 学习目标 …… 080
 导入案例　耐顿公司招聘失败案例分析 …… 081
 任务一　了解员工招聘的概念 …… 082
 任务二　员工录用与招聘评估 …… 092
 任务三　员工配置与职业生涯发展 …… 095
 项目小结 …… 101
 复习思考题 …… 101
 阅读资料 …… 101
 案例分析 …… 103
 实践练习 …… 105

项目五　员工培训与开发 …… 106
 学习目标 …… 106
 导入案例　别具一格的杜邦培训 …… 107
 任务一　了解员工培训与开发的概念 …… 107
 任务二　员工培训与开发工作的具体实施 …… 111
 任务三　员工培训与开发的主要方法 …… 118
 项目小结 …… 122
 复习思考题 …… 122
 阅读资料 …… 123
 案例分析 …… 125
 实践练习 …… 126

项目六　绩效管理 …… 127
 学习目标 …… 127
 导入案例　美能达绩效考核的秘诀 …… 128
 任务一　了解绩效管理的概念 …… 129
 任务二　了解员工激励的概念 …… 130
 任务三　认知绩效评估 …… 134
 任务四　掌握绩效评估方法 …… 140
 项目小结 …… 149
 复习思考题 …… 150
 阅读资料 …… 150
 案例分析 …… 154
 实践练习 …… 155

项目七　薪酬管理 ………………………………………………………………… 156
　　学习目标 …………………………………………………………………………… 156
　　导入案例　一家设计公司的"薪酬烦恼" …………………………………………… 157
　　任务一　了解薪酬管理的概念 …………………………………………………… 158
　　任务二　基本薪酬管理 …………………………………………………………… 159
　　任务三　激励工资管理 …………………………………………………………… 167
　　任务四　员工福利管理 …………………………………………………………… 170
　　项目小结 …………………………………………………………………………… 173
　　复习思考题 ………………………………………………………………………… 173
　　阅读资料 …………………………………………………………………………… 173
　　案例分析 …………………………………………………………………………… 175
　　实践练习 …………………………………………………………………………… 177

项目八　冲突管理 ………………………………………………………………… 178
　　学习目标 …………………………………………………………………………… 178
　　导入案例　W公司转型中的冲突管理 …………………………………………… 179
　　任务一　了解组织中冲突的概念 ………………………………………………… 180
　　任务二　熟悉冲突管理的策略与方式 …………………………………………… 184
　　任务三　组织沟通 ………………………………………………………………… 187
　　项目小结 …………………………………………………………………………… 189
　　复习思考题 ………………………………………………………………………… 190
　　阅读资料 …………………………………………………………………………… 190
　　案例分析 …………………………………………………………………………… 192
　　实践练习 …………………………………………………………………………… 192

项目九　职业安全与健康管理 …………………………………………………… 195
　　学习目标 …………………………………………………………………………… 195
　　导入案例　新星林业机械厂的劳动安全管理 …………………………………… 196
　　任务一　了解安全与健康管理的概念 …………………………………………… 196
　　任务二　安全管理 ………………………………………………………………… 197
　　任务三　健康管理 ………………………………………………………………… 201
　　项目小结 …………………………………………………………………………… 204
　　复习思考题 ………………………………………………………………………… 204
　　阅读资料 …………………………………………………………………………… 204
　　案例分析 …………………………………………………………………………… 207
　　实践练习 …………………………………………………………………………… 208

项目十　劳动关系管理 …………………………………………………………… 209
　　学习目标 …………………………………………………………………………… 209
　　导入案例　警惕入职缴费陷阱，守护自身合法权益 …………………………… 210

目 录

任务一　了解劳动关系的概念 ·· 210
任务二　了解我国目前劳动关系的概况 ···································· 212
任务三　劳动保护 ·· 214
项目小结 ·· 218
复习思考题 ·· 218
阅读资料 ·· 219
案例分析 ·· 220
实践练习 ·· 221

项目十一　国际人力资源管理 ·· 222
学习目标 ·· 222
导入案例　麦当劳的人力资源管理 ·· 223
任务一　了解国际人力资源管理的概念 ···································· 223
任务二　熟悉国际人力资源管理的主要内容 ································ 227
任务三　美、日人力资源管理模式比较 ···································· 232
项目小结 ·· 240
复习思考题 ·· 240
阅读资料 ·· 241
案例分析 ·· 243
实践练习 ·· 244

主要参考文献 ·· 245

专栏目录

专栏 1-1　人力资源与人力资本 …………………………………………………… 004
专栏 1-2　人力资源管理的发展阶段 ……………………………………………… 017
专栏 1-3　中国企业人事管理制度的演进 ………………………………………… 020
专栏 2-1　德尔菲法名称的由来 …………………………………………………… 034
专栏 2-2　马尔可夫简介 …………………………………………………………… 037
专栏 3-1　职务分析的基本术语 …………………………………………………… 051
专栏 3-2　科学管理之父泰勒 ……………………………………………………… 070
专栏 3-3　以人为本——梅奥人际关系理论 ……………………………………… 072
专栏 4-1　小周的"错位"与公司的改变——人才与岗位匹配 ………………… 083
专栏 4-2　霍兰德兴趣理论的 6 个类型与相应职业 ……………………………… 090
专栏 4-3　什么是 EQ ……………………………………………………………… 091
专栏 4-4　萨帕(Donald E. Super)的职业选择发展理论 ……………………… 098
专栏 5-1　快餐店的高效培训法 …………………………………………………… 111
专栏 6-1　马斯洛简介 ……………………………………………………………… 131
专栏 6-2　360 度绩效考评 ………………………………………………………… 140
专栏 7-1　年薪制 …………………………………………………………………… 159
专栏 7-2　员工帮助计划 …………………………………………………………… 171
专栏 8-1　杜布林冲突的系统分析模型 …………………………………………… 183
专栏 8-2　托马斯人际关系处理的二维模式 ……………………………………… 186
专栏 10-1　我国的失业保险制度建设 …………………………………………… 214
专栏 10-2　《劳动合同法》与大学生兼职 ………………………………………… 217
专栏 11-1　跨文化的人力资源管理 ……………………………………………… 224

项目一　人力资源管理认知

◇ **学习目标**
1. 了解人力资源的概念,人力资源的构成和分类。
2. 了解人力资源与经济发展的关系。
3. 掌握人力资源管理、人力资源开发的内容。
4. 掌握现代人力资源管理与传统人事管理的区别。
5. 了解21世纪人力资源管理的发展趋势及特点。

导入案例

猎人与猎狗的故事

目 标

一条猎狗将兔子赶出了窝,一直追赶它,追了很久仍没有捉到。

牧羊人看到此种情景,讥笑猎狗说:"你们两个之间小的反而跑得快得多。"

猎狗回答说:"你不知道我们两个跑的目的是完全不同的!我仅仅为了一顿饭而跑,它却是为了性命而跑呀!"

动 力

这话被猎人听到了,猎人想:猎狗说得对啊,那我要想得到更多的猎物,得想个好法子。于是,猎人又买来几条猎狗,凡是能够在打猎中捉到兔子的,就可以得到几根骨头,捉不到的就没有饭吃。这一招果然有用,猎狗们纷纷去努力追兔子,因为谁都不愿意看着别的狗有骨头吃,自己没得吃。就这样过了一段时间,问题又出现了。大兔子非常难捉到,小兔子好捉。但捉到大兔子得到的奖赏和捉到小兔子得到的骨头差不多,猎狗们善于观察,发现了这个窍门,专门去捉小兔子。慢慢地,大家都发现了这个窍门。猎人对猎狗说:"最近你们捉的兔子越来越小了,为什么?"猎狗们说:"反正奖励没有什么大小区别,为什么费那么大的劲去捉那些大兔子呢?"

保 障

猎人经过思考后,决定不将分得骨头的数量与是否捉到兔子挂钩,而是采用每过一段时间,就统计一次猎狗捉到兔子的总质量的方法。按照质量来评价猎狗的表现,从而决定其在一段时间内的待遇。

于是,猎狗们捉到兔子的数量和质量都增加了。猎人很开心。但是过了一段时间,猎人发现,猎狗们捉兔子的数量又少了,而且越有经验的猎狗捉兔子的数量下降得就越厉害。于是,猎人又去问猎狗是怎么回事。猎狗说:"我们把最好的时间都奉献给了您,主人,但是随着时间的推移我们会变老,当我们捉不到兔子的时候,您还会给我们骨头吃吗?"

回 报

猎人作出了论功行赏的决定,分析与汇总了所有猎狗捉到兔子的数量与质量,规定如果捉到的兔子超过了一定的数量后,即使捉不到兔子,每顿饭也可以得到一定数量的骨头。猎狗们都很高兴,大家都努力去达到猎人规定的数量。一段时间过后,终于有一些猎狗达到了猎人规定的数量。这时,其中一只猎狗说:"我们这么努力,只得到几根骨头,而我们的猎物却远远超过了这几根骨头。我们为什么不能给自己捉兔子呢?"于是,有些猎狗离开了猎人,自己捉兔子去了。

归 宿

猎人意识到猎狗正在流失,并且那些流失的猎狗像野狗一般和自己的猎狗抢兔子。情况变得越来越糟,猎人不得已引诱了一条野狗,问它野狗到底比猎狗强在哪里。野狗说:"猎狗吃的是骨头,吐出来的是肉啊!"接着又道:"也不是所有的野狗都顿顿有肉吃,大部分最后连骨头都没得啃!不然也不至于被你诱惑。"于是,猎人又进行了改革,使得每条猎狗除基本骨头外,可获得其所猎兔肉总量的 n%,而且随着服务时间加长,贡献加大,该比例还可递增,并有权分享猎人总兔肉的 m%。就这样,猎狗们与猎人一起努力,将野狗们逼得叫苦连天,纷纷强烈要求重归猎狗队伍。

只有永远的利益,没有永远的朋友

日子一天一天地过去,冬天到了,兔子越来越少,猎人们的收成也一天不如一天。而那些服务时间长的老猎狗们老得捉不到兔子,但仍然在无忧无虑地享受着那些他们自以为应得的大份食物。终于有一天,猎人再也不能忍受,把它们扫地出门了,因为猎人更需要身强力壮的猎狗……

Micro Bone 公司的诞生

被扫地出门的老猎狗们得到了一笔不菲的赔偿金,于是它们成立了 Micro Bone 公司。它们采用连锁加盟的方式招募野狗,向野狗们传授猎兔的技巧,它们从猎得的兔子中抽取一部分作为管理费。当赔偿金几乎全部用于广告后,它们终于有了足够多的野狗加盟。公司开始赢利。一年后,它们收购了猎人的家当……

Micro Bone 公司的发展

Micro Bone 公司许诺加盟的野狗能得到公司 n% 的股份。这实在是太有诱惑力了。这些自认为怀才不遇的野狗们都以为找到了知音——终于做公司的主人了,不用再忍受被猎人们呼来唤去的不快,不用再为捉到足够多的兔子而累死累活,也不用再眼巴巴地乞求猎人多给两根骨头。这一切对这些野狗来说,比多吃两根骨头更加受用。于是野狗们拖家带口地加入了 Micro Bone 公司,一些在猎人门下的年轻猎狗也开始蠢蠢欲动,甚至很多自以为聪明、实际愚蠢的猎人也想加入。好多同类型的公司像雨后春笋般成立了,Bone Ease,Bone.com……一时间,森林里热闹非凡。

Micro Bone 公司商业模式的演变

猎人凭借出售公司的钱走上了老猎狗走过的路,历经千辛万苦重新发达起来,最后又要与 Micro Bone 公司谈判收购的时候,老猎狗出人意料地答应了猎人,把 Micro Bone 公司卖给了他。老猎狗们从此不再经营公司,转而开始写自传《老猎狗的一生》,又写《如何成为出色的猎狗》《如何从一只普通猎狗成为一只管理层的猎狗》《猎狗成功秘诀》《成功猎狗500条》《穷猎狗,富猎狗》等一系列成功自助读物,并将老猎狗的故事搬上屏幕,取名《猎狗花园》……从此,老猎狗成为家喻户晓的明星,坐收版权费,没有风险,利润更高,轻轻松松地过上了富贵闲人的日子……

(资料来源:中国人力资源网)

任务一　了解人力资源的概念

一、人力资源的概念

资源是"资财的来源"。在经济学上,资源是为了创造物质财富而投入于生产活动中的一切要素。当代经济学家把资源分为以下几类:

(1)自然资源。自然资源是指用于生产活动的一切未经人为加工的自然物。如未经开发的土地、山川、森林、矿藏等，它们有待于人们去开发利用。

（2）资本资源。资本资源是指用于生产活动的一切经人为加工的自然物。如资金、机器、厂房、设备。人们并不直接消费资本资源本身，而是利用它去生产和创造新的产品与新的价值。

（3）信息资源。信息资源是指对生产活动及与其有关的一切活动的描述的集合。信息是对客观事物表征的一种描述，与前两种资源不同的是，前两种资源具有明显的独占性，而信息资源则具有共享性。

（4）人力资源。人力资源是生产活动中最活跃的因素，也是一切资源中最重要的资源，由于该资源的特殊性，它被经济学家称为第一资源。

那么究竟什么是人力资源？经济学家从不同的角度给出了不同的定义，常见的有以下几种：

① 人力资源是指能够推动国民经济和社会发展的、具有智力劳动和体力劳动能力的人口总和，它包括数量和质量两个方面。

② 人力资源是指劳动力资源，即一个国家或地区具有劳动能力的人口总和。

③ 人力资源是指具有智力劳动或体力劳动能力的人口总和。

④ 人力资源是指包含在人体内的一种生产能力，它是表现在劳动者身上的、通过劳动者的数量和质量来表示的资源，它对经济生产有重要作用，使国民收入持续增长。

⑤ 人力资源是指能够推动整个经济和社会发展的劳动者的能力，即处在劳动年龄的已直接投入建设或尚未投入建设的人口的能力。

⑥ 人力资源是指为社会创造物质财富和精神财富、为社会提供劳务的人。

本书所用的人力资源概念是指能够推动国民经济和社会发展的、具有智力劳动和体力劳动能力的人口总和。

专栏 1-1

人力资源与人力资本

人力资本概念是芝加哥大学经济学教授西奥多·舒尔茨（T.W.Schultz）提出的。该概念认为："人力资本就是人口质量投资"，"是凝聚在劳动者身上的知识、技能及其所表现出来的能力"。资本与资源不同，资本是一种社会状态，是无形物；资本可以积累、需要经营，会随社会环境和历史条件而改变或丧失，也会在条件恢复时再次重建；资本可以带来剩余价值，能够计算，不可与所有者分离而且无法共享，但是可以发生转移或转让。人力资源与人力资本概念上虽然不同，但人力资源得到合理开发和有效配置后，可以转化为人力资本，使用价值能转化为剩余价值。

二、人力资源的构成与分类

(一) 人力资源的构成

人力资源由数量和质量两个方面构成。人力资源数量又分为绝对数量和相对数量两种。

人力资源数量反映着人力资源的量的特性,是人力资源总量的构成基础。人力资源数据构成情况如图1-1所示。从宏观上看,绝对数量的构成是指一个国家或地区中具有劳动能力、从事社会劳动的人口总数,即一个国家或地区劳动适龄人口减去其中丧失劳动能力的人口,再加上非劳动适龄人口之中具有劳动能力的人口。

例如,我国现行的劳动年龄规定以16周岁为起点,结合渐近式延迟退休政策动态调整退休年龄上限。我国的潜在人力资源数量就包括了图1-1所示的八个阴影部分。它包括以下几个方面:

(1) 处于劳动年龄之内、正在从事社会劳动的人口,它占据人力资源的大部分,可称为"适龄就业人口"。

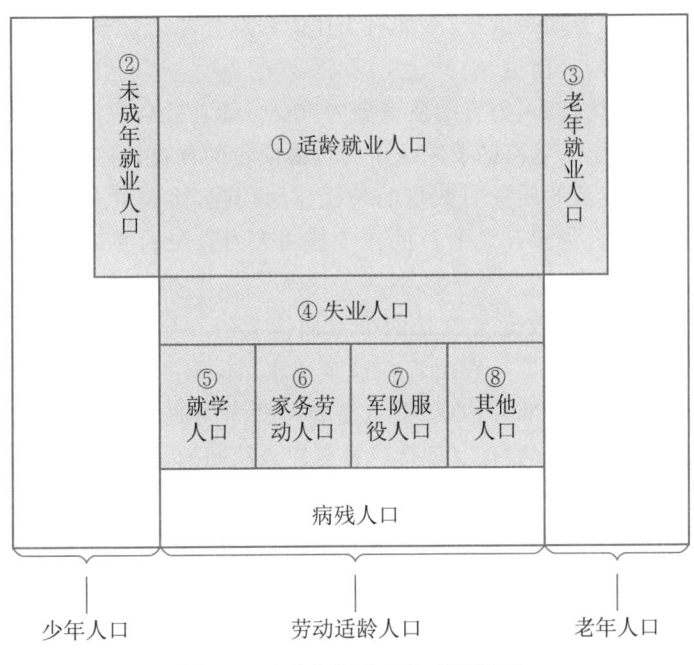

图1-1 人力资源数据构成情况图

(2) 尚未成年、已经从事社会劳动的人口,即"未成年劳动者"或"未成年就业人口"。

(3) 已经超过劳动年龄、继续从事社会劳动的人口,即"老年劳动者"或"老年就业人口"。

以上三部分构成就业人口的总体。

(4) 处于劳动年龄内、具有劳动能力并要求参加社会劳动的人口,这部分可以称作"求业人口"或"失业人口",它与前三部分一起构成经济活动人口。

(5) 处于劳动年龄内、正在从事学习的人口,即"就学人口"。
(6) 处于劳动年龄内、正在从事家务劳动的人口。
(7) 处于劳动年龄内、正在军队服役的人口。
(8) 处于劳动年龄内的其他人口。

前四部分是现实的社会劳动力供给,这是直接的、已经开发的人力资源;后四部分并未构成现实的社会劳动力供给,它们是间接的、尚未开发的、处于潜在形态的人力资源。

人力资源相对数量即人力资源率,是指人力资源的绝对量占总人口的比例,是反映经济实力的重要指标。一个国家或地区的人力资源率越高,表明该国家的经济越具有某种优势。因为在劳动生产率和就业状况既定的条件下,人力资源率越高,表明可投入生产过程中的劳动力数量越多,从而创造的国民收入也就越高。

人力资源的质量是人力资源所具有的体质、智力、知识和技能水平,以及劳动者的劳动态度的总和。它一般体现在劳动者的体质水平、文化水平、专业技术水平和劳动积极性上,它们往往可以用健康卫生指标(如平均寿命、婴儿死亡率、每万人口拥有的医务人员数量、人均日摄入热量等)、教育状况(如劳动者的人均受教育年限、每万人中大学生人数、大中小学入学比例等)、劳动者的技术等级状况(如劳动者技术职称等级的现实比例、每万人中高级职称人员所占的比例等)和劳动态度指标(如对工作的满意程度、工作的努力程度、工作的负责程度、与他人的合作性等)来衡量。

与人力资源数量相比较,人力资源质量更为重要。随着社会生产的发展,现代的科学技术对人力资源的质量提出了更高的要求。人力资源质量的重要性还体现在其内部的替代性方面。一般说来,人力资源的质量对数量的替代作用较强,而数量对质量的替代作用较弱,有时甚至不能替代。人力资源开发的目的在于提高人力资源的质量,为社会经济的发展发挥更大的作用。

企业中的人力资源是由数量与质量两个方面构成的。与宏观上的人力资源所不同的是,企业中人力资源的绝对数量一般由正在被企业雇用的员工和欲从企业外人力资源市场招聘的员工,即潜在的员工两部分构成,前者主要包括雇用的未成年员工、适龄员工和老年员工,但不包括即将离开企业的员工(如即将被解雇或辞职的员工、即将退休、病退和死亡的员工);而后者则可能来源于人力资源市场中的任何一部分。

企业人力资源的相对量——企业人力资源率,是企业人力资源总量与企业员工总数(包括离退休人员、由于特殊原因不能工作的员工)的比率,它反映了企业的竞争力。这个比率越高,则企业人力资源可利用率就越高,企业的包袱也就越小,企业的竞争力就越强;相反,这个比率越低,企业人力资源可利用率也就越低,企业的包袱就越大,企业的竞争力就越弱。

企业中人力资源的质量在构成上与一个国家或地区的人力资源的质量构成并无差异,这里不再多作说明。

企业的人力资源在数量上和质量上均是随时间动态变化的,相比之下,一个国家或地区的人力资源在一定的时间内是相对稳定的。

(二) 人力资源的分类

人力资源可以从不同角度进行分类。美国劳工统计局先后采用过三种统计分类方法,如表1-1所示。

表 1-1　美国劳工统计局采用过的三种统计分类方法

传统分类法 （20 世纪 80 年代前）	美国商务部 20 世纪 80 年代 颁布的分类法	新的分类方案
白领 ① 专业技术人员 ② 经理和行政人员 ③ 销售人员 ④ 职员 蓝领 ① 技工 ② 操作工 ③ 非农业劳动力 ④ 服务业工人 ⑤ 农业工人	① 管理人员和专业人员 ② 技术人员 ③ 服务人员 ④ 农林渔业工人 ⑤ 技工 ⑥ 操作工	① 行政长官 ② 经理及行政管理人员 ③ 专业人员 ④ 职员 ⑤ 熟练工人及技工 ⑥ 非熟练工及半熟练工

我国国家统计局 1987 年在人口抽样调查时使用了两种分类方法，如表 1-2 所示。

表 1-2　我国国家统计局人口统计分类方法

按行业分类	按职业分类
① 农、林、牧、渔、水利业 ② 工业 ③ 地质普查和勘探业 ④ 建筑业 ⑤ 交通运输邮电通信业 ⑥ 商业、公共饮食业、物资供销和仓储业 ⑦ 房地产管理、公用事业、居民服务和咨询服务业 ⑧ 卫生、体育和社会福利事业 ⑨ 教育、文化艺术、广播电视 ⑩ 科学研究和综合技术服务 ⑪ 金融保险业 ⑫ 国家机关、党政机关和社会团体 ⑬ 其他行业	① 各类专业技术人员 ② 国家机关、党群组织、企事业单位负责人 ③ 办事人员和有关人员 ④ 商业工作人员 ⑤ 服务性工作人员 ⑥ 农、林、牧、渔劳动者 ⑦ 生产工人、运输工人和有关人员 ⑧ 不便分类的其他劳动者

我国现行的企业员工统计分类按工作岗位性质来分，具体有以下六类：①工人；②学徒；③工程技术人员；④管理人员；⑤服务人员；⑥其他人员。

上述方法主要用来反映企业人力资源的使用情况，很难反映企业现有人力资源的状况，因此，有关专家提出了一个新的分类方案，即将企业的人力资源分为：①非熟练工；②熟练工；③技工；④职员；⑤专业管理人员；⑥工程技术人员；⑦主管人员。这种分类方法有以下优点：①它以企业可供开发利用的人力资源客观状况作为统计对象，其数据可以更准确地显示企业、地区及国家的经济实力与潜力；②它清楚地显示了各类人员的职业特点，能更好地为制定宏观与微观人力资源规划及政策服务；③它可以更多地反映企业在组织和技术方面的变化。

三、人力资源的特点

人力资源的实体是人，正确和深入把握人力资源的特点是非常重要的。

(一) 人力资源的基本特点

人力资源的基本特点,包括生物性和社会性两个方面。

1. 人力资源的生物性

人力资源存在于人体之中,是有生命的、"活"的资源,与人的自然生理特征相联系。这一特点是人力资源的最基本特点。

2. 人力资源的社会性

从人类社会经济活动角度看,人类劳动是群体性劳动,不同的劳动者一般都分别处于各个劳动集体之中,构成了人力资源社会性的微观基础。从宏观上看,人力资源总是与一定的社会和环境相联系。从本质上讲,人力资源是一种社会资源,应当归整个社会所有,而不应仅仅归属于某一个具体的社会经济单位。

(二) 人力资源的资源特点

1. 人力资源的智力性

人力资源包含着智力内容,即具有智力性,这使得它具有了强大的功能。因为人类在劳动中创造了机器和工具,通过开发智力使器官等得以有效地延长,从而使得自身的功能迅速扩大。人类的智力具有继承性。人力资源所具有的智力性会随着时间的推移得以积累、延续和增强。

2. 人力资源的再生性

经济资源分为不可再生资源和可再生资源。不可再生资源中最为典型的是矿藏资源,每开发和使用一批资源,其总量就减少一些并且不能靠自身机制恢复。另一些资源,如森林等,在开发和使用中,只要保持必要的条件,就可以维持资源总量不变。

人力资源具有可再生性。它基于人口的再生产和劳动力的再生产,通过人口总体内个体的不断更替和"劳动力耗费—劳动力生产—劳动力再次耗费—劳动力再次生产"的过程得以实现。当然,人力资源的可再生性不同于一般生物资源的再生性,除了遵循一般生物学规律之外,还受人类意识的支配和人类活动的影响。

3. 人力资源的动态性

人力资源的形成、开发和利用都要受到时间因素的制约。由于人作为生物有机体,有其生命周期,能从事劳动的自然时间被限定在生命周期的中间一段,而且人的劳动能力随时间的推移而变化。从社会的角度看,人力资源也有培训期、成长期、成熟期和老化期。所以人力资源管理必须尊重企业内在的规律性,使得人力资源的形成、开发、分配和使用都处于一种动态的平衡之中。

(三) 人力资源的主体特点

人不同于自然界中的其他生物,因为他具有思想、感情,具有主观能动性,能够有目的、有意识地认识世界和能动地改造世界。作为劳动者的人,对自身和外界具有清晰的看法,能对于自身行动作出抉择,不断地调节自身与外部的关系,即人具有社会意识。由于作为劳动者的人具有社会意识,并在社会生产中处于主体地位,因此对社会生产具有主观能动作用。所以,人力资源开发和管理就不仅要研究人力资源的数量、质量,更要研究怎样发挥人的积极性和主动性的问题。由于人力资源与其所有者的可分离性,所以激励就成了管理的永恒主题。

人力资源的能动性主要表现在以下三个方面:

(1) 自我强化。人类的教育和学习活动是人力资源自我强化的主要手段。人们通过正规、非正规的教育和各种培训,努力学习理论知识和实际技能,刻苦锻炼意志和身体,使自己获得更高的劳动素质和能力,从而进行自我强化。

(2) 选择职业。在市场经济环境中,人力资源主要靠市场来调节。人作为劳动力的主体可以自主择业。选择职业是人力资源主动与物质资源结合的过程。

(3) 积极劳动。敬业、爱业、积极工作、创造性的劳动,这些是人力资源能动性的最主要方面,也是人力资源发挥潜能的决定性因素。

任务二　人力资源管理与开发

人力资源经济活动的总过程由人力资源管理与人力资源开发两大类基本活动所组成。人力资源开发与人力资源管理的内容与活动过程既有所区别又相互联系,两者的含义与应用还有宏观与微观层面之分,这些都是容易混淆的问题,需要一一阐述。

一、人力资源管理

人力资源管理根据其主体、对象和范围的不同而有宏观和微观之分。

宏观人力资源管理是指在一个国家或地区范围内,对全社会的各个阶层、各个类型的从业人员从招工、录取、培训、使用、升迁、调动直至退休的全过程管理。宏观人力资源管理的主体是一个国家或地区的政府,管理对象是正在从事体力劳动和脑力劳动的现实劳动力人口(劳动力资源或狭义的人力资源)。侧重点是如何组织管理已进入劳动过程的人力资源,强调从国家、地区或行业范畴的用人管理、就业管理和组织管理层面出发,推动人力资源有效发挥其劳动能力和作用,创造更多更高质量的物质和精神财富,从而推动经济发展和社会进步。

微观人力资源管理是指企业等微观组织对于本组织的人力资源,在人力资源战略与规划、工作分析与设计、员工招聘与选拔、工作绩效考核、员工薪酬管理、劳动安全与卫生、劳动纠纷与集体体制,以及员工使用、调配直到离开本组织的各个环节和各项任务上的系统、综合的全过程管理。微观人力资源管理的主体是企业等微观组织,管理对象是正在本组织从事体力劳动和脑力劳动的员工(承担本组织工作的人力资源)。侧重点是如何组织管理已经进入本组织工作的人力资源;如何有效发挥人力资源的价值作用和劳动能力,调动员工的劳动积极性和创造性,为达成组织目标作出贡献,创造更多的社会财富和良好绩效,从而推动本组织的事业发展和战略目标的实现。

实际上,人们常常把微观人力资源开发的内容并入微观人力资源管理中,统称为某一微观组织的人力资源管理,这时则应在上述含义中增加员工培训与开发、职业发展、工作或劳动结构优化等方面的内容。就此范畴而言,微观人力资源管理的基本任务是:①求才——吸收、寻求优秀人才和组织适用的人力资源;②用才——恰当使用组织的人力资源,唯才是举、人尽其才、才尽其用,发挥人力资源对经济发展的促进作用;③育才——通过培训、教育、发展,提高人力资源质量,激发员工潜力;④激才——通过激励机制和措施,调动员工的工作积极性,发挥人力资源的能动性;⑤护才——通过卫生保健、劳动安全、平等就业等措施保护劳动者合法权益,维护人力资源的持续劳动能力;⑥留才——尊重人才、爱惜人才,保持员工队伍的稳定性，留住组织所需要的各类人才。

二、人力资源开发

人力资源开发是指对一定范围内的人们（或人口）所进行的提高素质、激发潜能、合理配置、健康保护等活动，是培育和提高人们参与经济运行所必备的体质、智力、知识和技能，以及正确的价值体系、道德情操、劳动态度和行为模式等一系列的活动内容和过程，是旨在提高和改善一定范围内人们有效从事社会物质财富和精神财富创造活动的劳动能力的总和。这是一个广义的人力资源开发内涵表述。它实际上包含了三个不同层次的人力资源开发目标和任务：

（1）全社会的人力资源开发目标和任务，如一个国家或地区人力资源数量和质量的保持与促进。

（2）组织的人力资源开发目标和任务，如一家企业的人力资源数量与质量的保持与促进。

（3）劳动者个人的人力资源开发目标和任务，如一位工程师个人才能、潜力的发挥和职业生涯的发展。

上述社会层次的人力资源开发即人们平常所说的宏观人力资源开发，主要是从一个国家或地区的宏观层面来开发全社会的人力资源；上述组织和个人的人力资源开发即人们平常所说的微观人力资源开发，主要是从一个企业、学校、医院或者劳动者个人层面来开发组织和个人范畴的人力资源。因此，人力资源开发有宏观和微观之分。

三、人力资源管理与人力资源开发的关系

（一）人力资源管理与人力资源开发的区别与联系

人力资源开发与人力资源管理在实践中往往是互相联系、互相影响、你中有我、我中有你的综合性系统工程。但是，两者在学科、研究对象、内容和问题性质上却有所区别。两者的主要区别如下：

（1）学科上有所区别。人力资源开发属于综合性的边缘学科，人力资源管理则是管理学科的一个分支。人力资源管理划归为管理学科范畴，然而对人的开发与管理涉及许多学科的知识、原理和方法，具有明显的综合性、边缘性特征。

（2）研究对象上有所区别。人力资源开发的研究对象是广义的人力资源，面对全社会所有的人，涉及人们的自然生命周期。人力资源管理的研究对象是狭义的人力资源，面对进入社会经济活动的人，即研究工作中的人，涉及人们从事劳动的过程和整个工作生命周期。

（3）内容和问题性质上有所区别。就总体而言，人力资源开发虽涉及一些微观性的内容和问题，但主要涉及具有宏观性、长远性、未来性、战略性的内容和问题；人力资源管理虽涉及一些宏观性的内容和问题，但主要涉及具有微观性、现实性、具体性的管理和操作性的内容和问题。

人力资源管理与人力资源开发虽然有所区别，但它们联系紧密，相辅相成，是一种互相影响、紧密联系、难以截然分开的综合性大系统。在宏观层面上，人力资源管理是实现人力资源开发战略的重要一环，人力资源开发需要不断完善人力资源管理，合理配置和使用社会

的人力资源,充分发挥人们的劳动积极性和劳动能力,为人力资源的深度开发和素质提高创造条件。在微观层面上,人力资源开发是组织人力资源管理活动的重要组成部分,是实现组织人力资源管理战略的重要一环,人力资源管理需要不断改善人力资源开发工作,来丰富员工的知识、改善其工作态度以及增强技能与体质,改进人力资源质量,为本组织人力资源的有效管理和产出创造条件。可以看出,宏观与微观人力资源开发与人力资源管理的内在联系和包容关系有所不同。宏观的人力资源开发包容了宏观的人力资源管理,宏观的人力资源管理是为宏观的人力资源开发目标服务的,所以在宏观层面上,人们常常以"人力资源管理与开发"或"人力资源开发"这样两个称谓来代表它们两者总体。微观的人力资源管理包容了微观的人力资源开发,微观组织的人力资源开发是为其人力资源管理目标服务的,所以在微观层面上,人们常常以"人力资源管理"或"人力资源管理与开发"这样的称谓表达微观组织内人力资源管理与人力资源开发的整体关系。

需要特别指出的是,许多人习惯于把"人力资源管理与开发"这一术语不加区分地同时指认为宏观、微观两个层面的人力资源开发与人力资源管理,结果在理论和实践中造成不少混乱,给学生、管理人员、理论研究者等有关人员带来了不必要的困惑。为了解决这一问题,我们认为,可以用"人力资源开发"这一术语来专指宏观的人力资源管理与人力资源开发。至于微观组织的人力资源管理与人力资源开发,可使用"人力资源管理"这一术语。

(二) 宏观人力资源管理与开发系统

宏观人力资源管理与开发系统如图1-2所示。

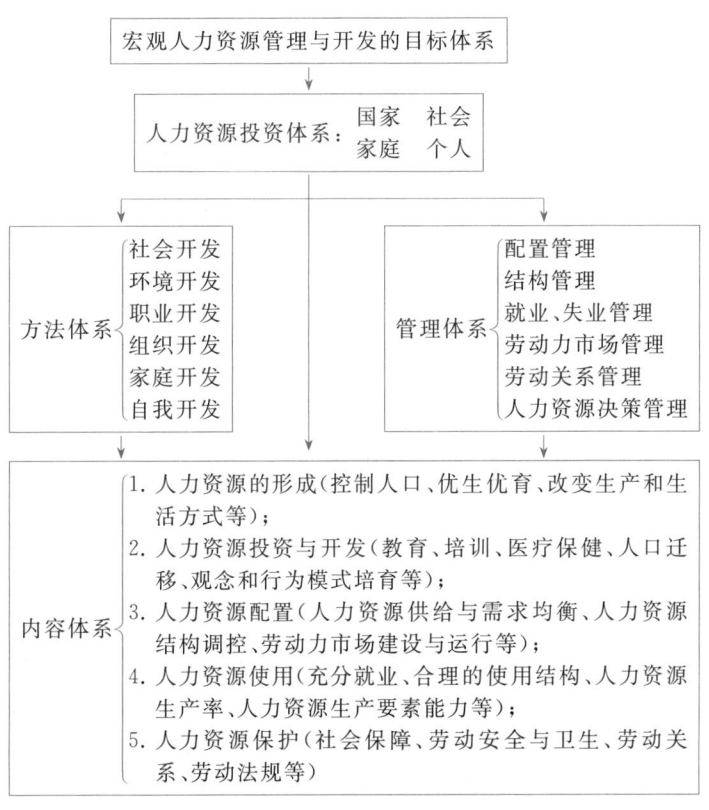

图1-2 宏观人力资源管理与开发系统

（三）微观人力资源管理与开发系统

微观人力资源管理与开发的基本内容体系及相互作用关系如图1-3所示。

组织与人力资源管理的对象和主题

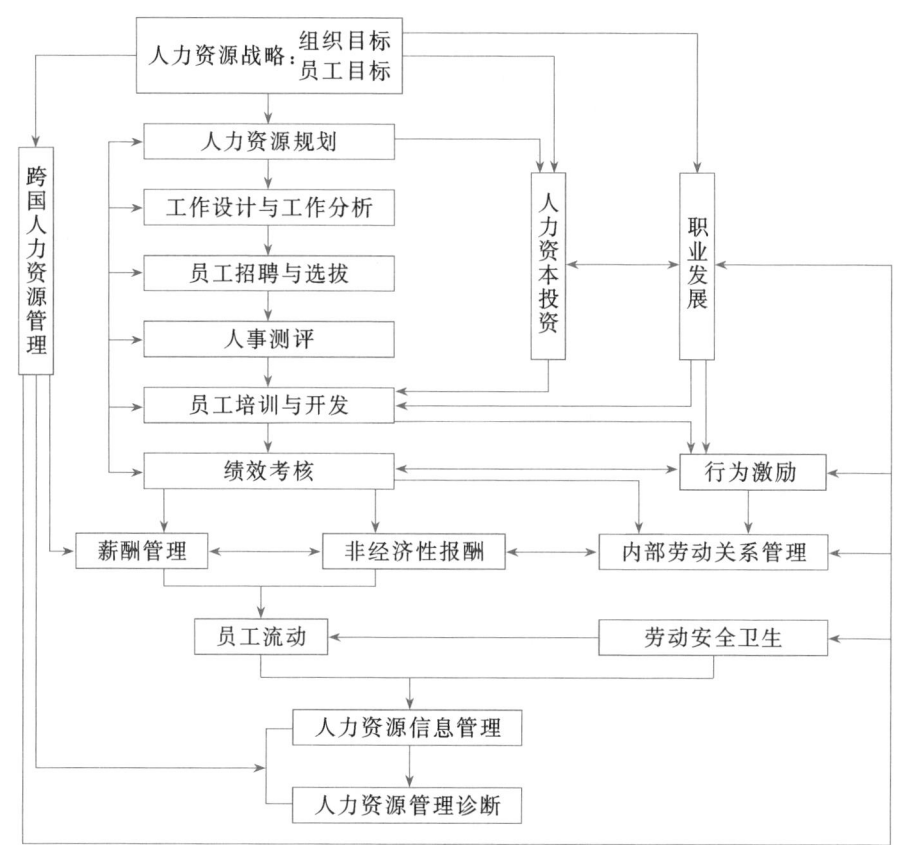

图1-3 微观人力资源管理与开发系统

任务三 人力资源管理的产生与发展

一、企业人事管理向人力资源管理的演变

人力资源管理旧称企业人事管理，它在西方国家企业中的实践演变历程大致分为四个阶段。

第一阶段可从19世纪工业革命后大工厂中管理职能独立出来算起，直到20世纪20年代左右。这一阶段是现代人事管理的开端。开始时，企业人事管理的大部分工作内容主要是确保企业员工按照规定的程序办事和工作，实质性的人事权限很小，主要的人事权力和职责由直线管理人员拥有。直到20世纪初，人事管理人员才拥有了原本掌握在直线管理人员手中的员工招聘和解聘的权力，开始组建人事管理部门，主要管理员工的工资和福利计划、档案保管等较琐细的事务。随着人员测试、面谈、考核等人事技术的出现，人事管理部门的权限和职责进一步扩大,开始在员工选拔、培训、晋升等方面发挥越来越大的作用。

第二阶段是20世纪30年代至60年代。强大的工会运动的出现,迫使企业建立单独的劳资关系部门,或者扩大原有人事部门的功能,来应对员工的群体行动,协调劳资纠纷,抗衡有组织的工会运动。这就使得人事管理的权限和作用得到扩大,人事部门成为具有协商功能和评估工作条件功能的处理劳资关系的组织。20世纪40年代,在第二次世界大战期间为士兵合理分配恰当岗位的技术被应用于企业人事管理工作,新的员工测试手段、选择性技术方法、工作分析等被设计应用于企业。20世纪50年代,人事管理在组织培训员工生产更多产品、积累有益经验方面有了很大进步,这时,企业人事管理已经成为企业的重要职能工作,对企业管理发挥重要的专业作用。

第三阶段是20世纪60年代至70年代。这一阶段促使企业人事管理发展的主要原因是反歧视、公平就业等立法和守法问题。由于企业对员工的各种歧视会遭到法律诉讼和严厉处罚或巨额赔偿,因此合法有效的劳资关系和人事管理活动开始变得日益重要。此外,按绩效付酬、可变工资(变动收益)和股权分配相关的补偿系统开始出现,人事管理在企业经营管理中的地位和作用得到进一步提升,为企业确定法律许可的劳动关系和人事政策、为企业设计薪酬激励和绩效考核制度,使企业可以免受许多问题的困扰,直接为企业提高生产效率和组织业绩作出积极贡献。至此,人事管理在企业中的地位已是不可替代的了。但是人事管理在这一阶段仍未扮演规划者和变革发起者的角色,还继续扮演着执行者或事务管理者的角色。

第四阶段可以从20世纪80年代算起。这一阶段是人事管理转变为人力资源管理,人力资源管理体系和理论不断建立和发展并逐步健全和完善的过程。传统的人事管理工作从企业员工的"保护者""甄选者",以及有关人事事务的"管理者""操作者"的角色,向企事业发展的"规划者"和"变革发起者"角色转变。

20世纪80年代以来,对企业人力资源管理发展有较大促进作用的思想理念和实践主要有:如何依靠制度而不只是依靠人的诚信或正直来用人行事、管理企业;如何把人才资源作为企业的战略性投资和竞争优势源泉来开发和管理;如何整合人力资源管理系统与企业战略或策略,使之目标一致等。至90年代,除了继续关注和实践这些主题外,企业人力资源管理还在团队管理如何引入人力资源管理,如何从战略的高度规划和实施人力资源管理与开发,如何有效进行跨文化和跨国的人力资源管理,如何实行战略性人力资源管理,使人力资源管理从企业战略的"反应者"向企业战略的"执行者"和"制定者",以及最有价值的"贡献者"转变等方面,进行了大量实践和理论探索,从而使企业人力资源管理与传统人事管理相比发生了质的飞跃。

上述内容简短地介绍了企业传统人事管理(即前三个发展阶段)向现代人力资源管理的发展进程,这一进程的目标是确保人才的数量与质量和企业机制维持在最佳状态。现代人力资源管理与传统人事管理的具体区别如表1-3所示。

表 1-3　现代人力资源管理与传统人事管理的具体区别

项　　目	人力资源管理	传统人事管理
观　　念	视员工为有价值的重要资源	视员工为成本负担
目　　的	满足员工自我发展的需要,保障组织长远利益的实现	保障组织短期目标的实现
模　　式	以人为中心	以事为中心
视　　野	广阔,远程性	狭窄,短期性
性　　质	战略,策略性	战术,业务性
深　　度	主动,注重开发	被动,注重监督
功　　能	系统,整合	单一,分散
内　　容	丰富	简单
地　　位	决策层	执行层
工作方式	参与,透明	控制
与其他部门的关系	和谐,合作	对立,抵触
本部门与员工的关系	帮助,服务	管理,控制
对待员工的态度	尊重,民主	命令式的,独裁式的
角　　色	挑战,变化	例行,记载
部门属性	生产与效益部门	非生产、非效益部门

整体来看,传统人事管理主要是范围较小、短期导向为主的行政事务性管理,在组织中承担技术含量低、无需特殊专长的执行操作层面的工作,因此地位较低,无决策权可言。现代人力资源管理将传统人事管理的职能予以提升和扩大,它在直线功能上得到加强,在参谋和咨询功能上不断扩展,在参与制定和执行企业战略方面的作用越来越大。现代人力资源管理在内容上不仅包括了传统人事管理的行政管理和事务管理内容,而且包括了着眼于长期效应、更大范围的战略管理内容,并把原有的工作进行战略性整合和提高,所以它与传统人事管理的首要区别也是最根本区别是更加具有战略性、整体性和未来性。现代人力资源管理与传统人事管理的第二大区别是后者只强调对人的管理,忽略了人的能动性和可开发性特征;而前者视员工为企业第一资源,更为主动地对其进行开发。两者的第三大区别是人力资源管理部门成为了组织的生产效益部门,而传统人事部门则不是。两者的第四大区别是传统人事管理视员工为"经济人",实行工具化行政式管理;人力资源管理则视员工为"社会人",实行人本化管理。

也有人把上述前三个发展阶段的传统人事管理称之为辅助性人事管理,认为它的基本特征是把员工视为企业的一种服务于其他生产性资源的工具性资源,以被动的工作方式从事人事行政事务管理工作,扮演一种执行者的角色,谋求短期的部门绩效。第四个阶段的人力资源管理目前又被划分为职能性人力资源管理和战略性人力资源管理两个小阶段。实际上这两者同时在不同的企业运行着,很难用时间划分阶段,算作人力资源管理的不同层次更为恰当。职能性人力资源管理是人力资源管理的较低层次,它的主要特征是:把员工视为对企业十分重要的人力资源,扮演"规划者"和战略"执行者"的角色,以灵活积极的工作方式行使人事行政事务管理、辅助决策、战略实施、广泛的参谋和部门直线等职能,谋求较长期的群体和组织绩效。战略性人力资源管理是人力资源管理的较高层次,这方面的理论研究大约在 20 世纪 80 年代至 90 年代兴起,这方面的企业实践大约从 20 世纪 90 年代中后期才真正展开。战略性人力资源管理的主要特征是:把人力资源视为企业的战略资产,扮演着变革"推动者"、战略"贡献者"和"执行者"的关键角色,以主动积极、整体性、系统性的工作方式,行使与企业战略和人力资源管理开发有关的决策、规划、战略实施等职能,谋求企业与部门相统一的长期绩效,增强企业竞争优势。

二、人力资源管理理论的发展

20 世纪人力资源管理经典理论

"人力资源"这一概念是由美国著名管理大师彼得·德鲁克(Peter F. Drucker)在其《管理的实践》(1954)一书中提出的。德鲁克认为,人是具有企业里任何其他资源都没有的"特殊能力"(又译为"特殊资产")资源。特殊能力即"协调能力、融合能力、判断力和想象力"。他还预言,"传统的人事管理正在成为过去,一场新的以人力资源开发为主调的人事革命正在到来"。但是,由于当时的物力资本和技术装备所创造的价值还远大于人力资本所创造的价值,各国仍处在工业经济时代,所以"人力资源"理念曲高和寡,未引起人们的重视。这一理念直到 20 多年后才受到重视,被企业界和学术界广泛接受和运用。

我国人力资源管理专家赵曙明教授研究认为,在德鲁克之后对人力资源管理理论有重要贡献的学者和著作大致如下:

1958 年,怀特·巴克(E. Wight Bakke)在其著作《人力资源功能》中详细叙述了人力资源问题,把管理人力资源作为管理的一般职能来进行讨论。巴克认为,人力资源管理是一个被人们忽视的管理职能,这一职能如同企业的会计、营销、生产等管理职能一样,对于企业的成功至关重要。巴克在书中清晰地描述了包括人事行政管理、劳工关系、人际关系以及行政人事的开发等方面内容的人力资源管理职能理论。

1964 年,皮格尔斯(Pigors)、迈尔斯(Myers)和马姆(Malm)等人在他们编辑的《人力资源管理:人事行政管理读本》一书中,把"人力资源的管理"看成比人事管理更广泛和更全面的一个概念,强调"人的管理是管理的中心"这样一种观点。

1965 年,雷蒙德·迈尔斯(Raymond E. Miles)在《哈佛商业评论》上发表了一篇涉及人力资源管理的论文。论文中关于管理态度的调查显示,大多数经理人倾向于使用人事关系管理模式来管理下属,而且倾向于要求其主管使用一定的人力资源模式来对他们的下属进行管理。他还建议在管理中使用人力资源来代替员工的概念。他提出的"人力资源模型"使得"人力资源"的确切概念引起了许多有影响的学者和经理人的注意。

20 世纪 50—60 年代,是人力资源管理出现萌芽的早期阶段。这一时期的人力资源管理理论或著述,基本是从人事管理活动与职能的变化和改造等方面来进行人力资源管理的理论阐述。

1972 年,达特尼克(R.L. Datnik)的《改革人力资源管理》一书由美国管理协会(AMA)出版发行。这是一本实用手册,读者定位于高级管理人员和员工关系管理人员。达特尼克在书中提出，员工的需求、兴趣、期望与组织目标之间应协调和保持一致，强调了"在组织中，人是最重要的资源"的观点。

在20世纪70年代中期，"人力资源管理"一词开始为人们知晓和使用。但是这一时期人力资源管理的定义发生了变化，许多人把人力资源管理与人事管理混杂或等同使用，在大多数教科书和专著中，两者的定义、内容和功能都非常接近。直到80年代，"人力资源管理"的理念才得以焕发生机。

1979年，彼得森（Peterson）和翠西（Tracy）在他们的《人力资源系统管理》一书中提出：招聘、甄选、绩效评估、薪酬和员工（包括管理人员）开发以及劳资谈判等，是一个企业中人力资源管理应该包含的内容。但他们也没有说明这一学科到底应称为人事管理还是人力资源管理。这一时期，不少专家、学者是用"人事或人力资源管理"这一称谓来解决这个问题的，实际上恰好反映了从人事管理向人力资源管理过渡的企业实践和理论探索。斯托瑞（Storey）在1992年，通过对人力资源管理内在特征的分析，找出了人力资源管理与人事管理之间的27个不同点，较好地阐述了这一问题。

从20世纪70年代中期到80年代初期，随着组织心理学、组织行为学的发展，企业人事管理工作向人力资源管理活动逐步过渡，人力资源管理的重要价值和有效功用的日益显现，使得人力资源管理从实践到理论都引起人们的高度关注。这一阶段的人力资源管理理论集中在如何有效开展人力资源管理活动，如何通过对员工的行为和心理分析来确定其对生产率和工作满意度的影响，以及关注员工的安全与健康等内容上。

20世纪80年代初期，经过了一段较长时间的理论探索和实践反思后，德鲁克和巴克有关人力资源特征的理论重新引起人们的关注和思考。受此启发，一些学者试图提出一种能够系统解释、预测和指导实际工作者和研究人员从事人力资源管理活动，解决以前员工关系方面所忽视的问题的一般性人力资源管理理论。于是，有些人提出了战略性人力资源管理的概念，主张把企业的战略计划与人力资源管理整合为一个整体来设计和操作，战略计划的目的是提高组织绩效，人力资源管理则是构成战略计划的重要组成部分。

1982—1995年的十几年中，许多学者相继在他们的论著中提出了较为完整的战略性人力资源管理理论，并认为战略性人力资源管理和人事管理的根本区别在于：人力资源管理活动计划的制订必须和组织的总体战略计划相联系。由于他们的大力倡导和理论传播，使得战略性人力资源管理在企业和学术界产生了较大影响，促使人事管理发展到了人力资源管理阶段。在这一时期，哈佛大学的迈克尔·比尔（Michael Beer）等人的《管理人力资本》（1984）一书的有关论述影响较大。迈克尔等人指出：现代人力资源管理的研究领域已经扩展到对影响员工和组织之间关系的所有管理活动和决策内容的研究，所以应在组织中统一管理个体的各个方面，并应在注重成本效益和竞争力目标的前提下，从员工影响、人力资源流动、报酬制度、工作系统四个方面权衡和确定人力资源管理的政策。但是，他们尚未明确提到人力资源战略性管理的概念。

20世纪90年代中期以来，人力资源管理理论研究的成果集中在以下几个方面：战略性人力资源管理的哲学、政策、计划、实践与过程；跨文化管理和国际性人力资源管理；在动荡多变的环境中，有效进行人力资源管理，提高组织竞争优势；经济全球化、竞争国际化、员工知识化等时代潮流所导致的人力资源管理活动、职能和作用的变化，以及应对和改革它的方法举措等。有关人力资源管理的理论观点和论著很多,已经进入"百花齐放、百家争鸣"的理论兴盛时期。

在我国,从20世纪80年代后期开始,随着MBA教育的引入,中外经济交流、学术交流的广泛开展,以及外资企业的大量进入,对人力资源管理理论进行的教育培训、普及推广和学术研究工作蓬勃开展,引进和消化发达国家的理论成果,结合中国国情的做法和理念,总结了一些经验和案例,在人力资源管理基础理论研究以及"本土化"和"中国特色"理论建设方面逐步发展。

专栏 1-2 人力资源管理的发展阶段

阶段	劳工管理	科学管理	人际关系	行为科学	人力资源管理
时间	18世纪末到19世纪末	19世纪末到20世纪20年代	20世纪20年代到20世纪30年代	20世纪30年代到20世纪70年代	20世纪70年代以后
特点	以生产或工作为中心,人是机器;忽略人性,强权管理	假定存在最合理的工作方式;以时间动作分析为基础的工资制度和用人制度;企业是个技术经济系统(泰罗)	人际关系很重要;影响生产效率及员工的心理状态;企业是个社会系统(梅奥)	由对员工的监督制裁转为人性激发,由消极惩罚转为积极激励;由独裁领导到民主管理等;目的是求得人与人之间、人与事之间的协调(马斯洛、赫茨伯格、麦格雷戈等)	由以物为中心转为以人为中心;由人本管理转向人心管理;人力资本理论全面介入企业人力资源管理

三、21世纪人力资源管理趋势及特点

(一) 21世纪人力资源管理趋势

依据20世纪90年代人力资源管理发展状况,中外学者和企业家对21世纪人力资源管理趋势进行了分析,从内容上看主要分为人力资源管理理论和人力资源管理实践两方面。

美国学者费瑞斯(Ferris)认为人力资源管理理论的发展趋势有以下五方面:

1. 更强调人力资源管理的责任

责任是人力资源管理发展的知识基础,人力资源管理的许多职能都可归入责任的框架之中,这些职能包括甄选、绩效评估、薪酬、培训教育、晋升等。现代责任理论的研究包括人们对责任的预见、责任的开发、责任的来源等,主要有缓和因素与责任现象之间关系的研究

人力资源管理行业发展变化

(缓和因素的内容包括工作中的不确定因素、工作的时间压力与控制);组织的公平性、公平对责任的影响;提高员工的兴趣、信息的供给等与责任关系的研究;不同类型个体对于责任的不同反应的假设分析的研究;人力资源管理诸功能如何通过责任机制得到发挥,构造责任现象模型的研究。

2. 更强调人力资源管理的多样性

多样性包括组织本身,是医院、学校还是企业,是小企业还是跨国公司;也包括组织机构形式,是金字塔型还是扁平型或网络型;也包括种族和文化差异;还包括对组织突发事件的反应差异。人力资源管理如何对上述状况加以利用与开发,从而提高组织的效率和效益是一项重要课题。

3. 更强调人力资源管理的公平性

公平和公正的观念是组织理论中的基本概念,它为人力资源管理问题的研究提供了逻辑理论基础。有学者提出将公平影响和公正反应概念化,并将此概念和人力资源管理系统运作相结合。

4. 更强调人力资源管理中的象征性和声誉

人力资源管理的象征性表达了组织成员的价值观。在组织环境中,人力资源管理的文化和象征性很强烈,能得到保护并在组织中长期保持,人力资源管理的良好政策应在这一方面进行投资,以确保其价值的存在。企业声誉也是企业的资产,声誉能够传递组织最有吸引力特征的重要信息,形成组织的竞争优势。考艾斯(Koys)的研究发现,企业的人力资源管理目标与它们在《幸福》杂志上的声誉排位之间有某种联系。他发现,特别强调公平对待员工的企业具有最有利的企业声誉。有人还指出,对于上市公司,提高股价和为股东创造财富是公司的主要目标,而像人力资源管理这样的"难于评价的活动"的资源投资常常会受阻。因此,人力资源管理学者和实践者面临的挑战就是要证实人力资源管理系统和企业业绩之间具有很强的相关关系,建立"人力资源管理指数"来反映组织对整个人力资源管理系统的创新与支持程度。

5. 强化人力资源管理理论与实践的结合

目前人力资源管理理论和实践之间尚缺乏紧密结合,这是由于理论家与实际工作者之间的分离而产生的。为缩小理论和实践的差距,应倡导问题导向的方法。许多学者的工作是为本学科创造知识,而不是解决企业中存在的问题。用问题导向的方法研究问题首先来自实践,所以可以称之为"有用"的研究,即这种研究结果有利于实践者改进人力资源管理工作。同时,这种研究又要有利于创造人力资源管理理论知识体系。既为实践者所重视与应用,又能创新人力资源管理理论体系,这就是人力资源管理理论与实践结合的方向和结果。

在人力资源管理理论方面,国内学者认为,发达国家的人力资源理论研究还未融入西方经济理论的主流,定量化和建立模型还有困难,包括一些著名学者的著作,如舒尔兹(Schultz),主要集中在对人力资源中的潜在形态即能力作研究,而对人力资源中的现实形态即努力状况未作研究。人力资源既与能力相关,又与态度、志向、兴趣、情绪、品格、觉悟等心理因素相关。所以在 21 世纪要对人力资源构成要素进行研究,为企业制度创新提供理论依据。在我国,由于长期的集权等级制度的存在,使企业组织中的一些员工不善于沟通、不善于合作、不善于谈判、不善于自律,关系本位替代了能力本位,严重的集体内耗使集体运作的成本偏高,效益偏低。利用人力资源的现实形态研究,可为中国集体主义制度创新提供思路。此外,还要深入人力资源基本特征的研究,深刻认识社会人与自然人的本质区别,依据社会人的特性设计我国的制度创新方案。要鼓励并促使形成高生产性和创造性的人能够拥有与之匹配的经济实力和社会地位的高效格局。

(二) 21世纪人力资源管理特点

1. 信息时代是人才主权时代

人才主权是指人才具有更多的就业选择权和工作的自主决定权,而不是被动地适应企业或工作的要求。组织要尊重人才的选择权和工作的自主权,要为人才的主权实施与落实提供人力资源管理的产品与服务,赢得人才的满意和忠诚。

2. 员工是客户

组织人力资源管理的新职能就是持续向员工提供客户化的人力资源管理产品与服务,主要包括以下内容:

(1) 共同愿景。打造共同愿景,将组织或企业的目标与员工的期望结合在一起,满足员工的事业发展期望。

(2) 价值分享。提供富有竞争力的薪酬体系,以及企业内部信息、知识、经验等。

(3) 人力资源增值。持续的人力资源开发、培训,提升员工人力资源的价值。

(4) 授权赋能。让员工参与管理,授权员工自主工作,并承担更多的责任。

(5) 支持与援助。建立支持与援助工作系统,为员工完成个人与组织发展目标提供条件。

3. 人力资源管理的重心是知识型员工

知识型员工由于拥有知识资本,如同俗谚讲的"火烧不着,水冲不走",有极强的独立性和自主性,将带来众多新的管理问题:①风险增大,人才可以给组织带来巨大利益和价值,但因流失或无共识,又可能给组织带来巨大损失乃至失败;②工作模式改变,知识型工作往往是团队与项目合作,跨专业、跨职能。跨部门、无固定场所的工作秩序与分工和工业时代的等级秩序、细密分工不一样,如何进行知识型工作秩序设计,是21世纪人力资源管理的新课题;③知识型员工流动意愿高,由追求终生就业饭碗转向终生就业能力,期待报酬已不再局限于生理层面的需求,更是一种成就欲望层次上的需求;而流动加快,人力投资风险由谁来承担,也是组织在新世纪面临的挑战。

4. 人力资源管理在组织中的战略地位上升,管理重心已下移

美国思科公司总裁钱伯斯曾说:"与其说我们在购并企业,不如说我们是购并人才。"很多企业成立人力资源委员会,使高层管理者关注并参与企业人力资源管理活动。比尔·盖茨亲自参与面试录取新员工,近50%的工作时间是在做人力资源管理方面的工作。通用电气公司总裁韦尔奇也是以相当多的时间从事人力资源管理工作,每年都要给各地、各部门经理讲许多次课,与其说他是总裁,不如说他是教师更贴切。人力资源管理由行政权力型转向服务支持型,其职能部门的权力淡化,员工自主管理的责任增加,权力明显下移,建立了授权的创新机制。一个战略单位经过自由组合,挑选自己的成员、领导,确定其操作系统与工具,利用信息技术来制定他们认为最好的工作方法,这种被称为自我管理式团队的组织结构已

经成为企业中的基本组织单位。

5. 人力资源管理的全球化、信息化

人力资源管理的全球化、信息化是指员工和经理的人才全球观念的树立,人才流动国际化、无国界,人才市场竞争的国际化,跨文化的人力资源管理成为重要内容,人才网成为重要的人才市场形式,以信息网络为工具的虚拟工作形式不断增长等。

6. 沟通、合作、授权、赋能成为人力资源管理的新准则

在21世纪,企业与员工之间,组织与员工之间,领导与下属之间,管理者与被管理者之间,员工同事相互之间,都将按照新的游戏规则来处理各种关系,总的来说,需要相互信任和不断沟通以达成共识。以政府和公民来说,电子政府促进了民主与发展;网络的互动性使个体公民不仅像以前那样是信息的接受者,而且成为主动的选择者或者生产者。对政府来说,电子政府增强了其对公民的责任,更高的透明性和更强的责任心又能减少腐败行为。信息技术打破了传统政府组织间及政府与社会间的物理界限,建立起顺畅的网络沟通渠道,减少了过去时空和层级之间的界限。同样,在企业内,员工本人的工作及贡献,同事的工作及表现,各职能部门的工作及地位,总经理的工作与成就,企业产品状况、市场状况、销售收入、消耗成本、资金财务运作、股票价格、利润红利等各方面信息,只要不涉及危及企业生存的商业秘密,网上都可以一览无余。还可同国际优秀企业比较,与同行业比较,这种广泛的信息共享,使大家有了沟通的基础,有了合作、支援、学习、创新的前提。因此,沟通、合作、授权、赋能成为21世纪人力资源管理的新准则。

总之,21世纪的信息化、知识化,给人力资源管理带来了众多的新课题。带来新课题的同时,也带来了解决新课题的思路、办法、途径、工具。不断地坚持创新学习,与时俱进,在新的世纪里,为人力资源管理揭开绚丽的新篇章。

专栏 1-3　中国企业人事管理制度的演进

时　期	年　代	阶　段	特　点
计划经济体制下的人事管理制度	1949—1952	萌芽阶段	统包统配; 固定工制度
	1952—1957	起步阶段	"一长制"的苏联管理模式; 按劳分配,计件工资,奖励制度
	1957—1966	发展阶段	厂长负责制,职工代表大会制; 职工参与的民主管理(两参一改三结合)
	1966—1977	停滞阶段	强化"三铁"(铁饭碗、铁交椅、铁工资)

续表

时期	年代	阶段	特点
传统人事管理制度改革创新	20世纪70年代末—20世纪80年代初	探索阶段	劳动用工多元化；改革招工方法，加强就业培训与指导
	20世纪80年代中—80年代末期	突破阶段	采用劳动合同制，推进企业自主用工；优化劳动组织，实行承包制；改革工资、福利、就业、劳动争议仲裁等
	20世纪90年代初—90年代中期	深化阶段	破"三铁"，实行全员劳动合同制；劳动力市场、社会保障制度等社会配套改革实施；创建现代企业制度
人事管理向人力资源管理转变	20世纪90年代末至今	人事制度改革全面深化，并向现代人力资源管理过渡阶段	股份制改造、"抓大放小"、企业改"制"；企业破产、重组，全方位的体制、机制和结构改革；接受和实践人力资源管理思想，探索建立中国特色企业人力资源管理制度、理论和方法，人事管理开始转轨

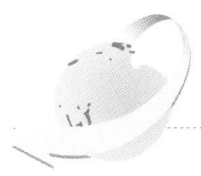

项目小结

人力资源是指能够推动国民经济和社会发展的、具有智力劳动和体力劳动能力的人口总和，它包括数量和质量两个方面。经济学家将人力资源称为第一资源，认为它是决定当今和未来经济增长的主要动力因素。

人力资源经济活动的总过程由人力资源管理与人力资源开发两大类基本活动内容所组成。人力资源管理与人力资源开发的内容与活动过程既有所区别，又相互联系，两者的含义与应用还有宏观与微观层面之分。

国家职业技能标准——企业人力资源管理师

复习思考题

人力资源管理专业变化

1. 什么是人力资源？什么是人本资源？
2. 谈谈我国高校扩招对我国人力资源的影响。

3. 电影《摩登时代》主要体现了什么管理理论？是谁提出来的？这一管理理论的指导思想有哪些？这一管理理论主要有哪些内容？你如何评价这一管理理论？（先进性、局限性）

4. 如何认识和处理人力资源数量与质量的关系？

5. 试说明人力资源管理、人力资源开发的不同含义及其相互关系。

6. 传统人事管理与现代人力资源管理有何区别？战略性人力资源管理与一般人力资源管理有何区别？

7. 21世纪人力资源管理将有什么样的发展？

阅读资料

马斯克与人力资源管理
——领导魅力与尊重人才的创新实践

埃隆·马斯克（Elon Musk）作为特斯拉（Tesla）、SpaceX 和 Neuralink 等多家前沿科技公司的掌舵人，以其极具个人特色的管理风格重塑了现代企业的人才管理范式。与传统的职业经理人不同，马斯克将工程师思维融入人力资源管理，形成了独特的"使命驱动＋精英主义"管理模式。本案例通过分析马斯克的领导魅力如何吸引顶尖人才，以及其"尊重人才"理念在企业管理中的具体实践，探讨这种模式的创新价值与现实挑战。

一、愿景型领导：马斯克的魅力管理

（一）构建宏大叙事吸引人才

马斯克深谙"意义创造"对知识型员工的激励作用。他提出的"让人类成为多行星物种"（SpaceX）"加速世界向可持续能源转变"（Tesla）等使命，超越了普通企业的商业目标，赋予工作以史诗般的意义。这种愿景塑造能力使其公司：

(1) 在人才竞争中占据独特优势，即使薪酬并非行业最高（Tesla 工程师薪资比苹果低 15%）。

(2) 吸引大量愿意为理想工作的顶尖人才（SpaceX 员工平均每周自愿加班 10 小时）。

(3) 形成类似"科技传教士"的组织文化（92% 的 SpaceX 员工表示"为改变世界而工作"）。

（二）个人品牌的放大器效应

马斯克在 Twitter（现 X 平台）上 1.8 亿名粉丝的传播力，使其个人成为企业最好的招聘广告。他通过：①直播火箭发射、脑机接口实验等制造科技热点。②亲自回复工程师

的技术问题(平均每天20条技术讨论推文)。③塑造"钢铁侠"公众形象,强化领导魅力。这种策略使Tesla的单个招聘成本仅为行业平均的1/3,且50%的候选人主动投递简历。

二、尊重人才的极端实践

(一) 颠覆传统的选才标准

马斯克推行"能力至上主义",其人才选拔呈现三个特征:①反学历倾向:SpaceX核心团队中28%成员无相关专业学位。②实战测试:用"48小时解决火箭燃料阀泄漏"等实际问题替代结构化面试。③跨学科偏好:要求机械工程师必须理解代码(Tesla招聘笔试含编程题)。

(二) 扁平化到极致的授权模式

在SpaceX,任何工程师都可以:①直接给马斯克发邮件提出方案(平均每天接收300封员工邮件)。②获得百万美元级项目自主决策权(如Starship材料选择)。③打破层级参与核心会议(35岁以下工程师占技术会议60%)。

这种模式使SpaceX的决策速度比波音快5倍,但同时也导致23%的中层管理者因"权力虚化"离职。

(三) 非常规的激励机制

(1) 期权覆盖全员:Tesla生产线工人也可获得股票(2020年人均获利$50k)。

(2) 挑战性目标奖励:完成Model 3量产目标后,团队获得特别火星旅行名额。

(3) 失败宽容制度:Falcon火箭前三次爆炸后,研发团队获追加1亿美元预算。

三、魅力领导的阴影面

(一) 高压文化的人才损耗

马斯克管理模式的代价体现在:①极端工作强度:Tesla工厂"帐篷产线"时期,工程师连续工作120天无休。②高attrition rate:X公司收购后6个月内流失75%员工。③心理健康问题:32%的SpaceX员工存在严重焦虑症状(行业平均12%)。

(二) 精英主义的组织悖论

虽然马斯克宣称"人才无阶级",但实际操作中:①核心工程师享有私人飞机接送待遇。②普通员工面临"要么杰出要么离开"的压力。③2023年Tesla裁员时,10%的"非关键岗位"被整体裁撤。

(三) 个人依赖的系统风险

马斯克直接干预招聘(亲自面试所有年薪$50万以上岗位)。关键决策高度集中(Neuralink的97%专利发明人含马斯克)。接班人计划缺失(所有公司均无明确COO)。

四、启示与争议

(一) 创新价值

证明"使命驱动"可替代部分物质激励。展示扁平化管理的极限可能性。重新定义"人才"标准(Tesla自动驾驶团队含多位游戏开发者)。

(二) 待解难题

如何平衡"改变世界"的激情与员工可持续工作?"超级明星"领导模式是否可复制?极端精英主义是否损害组织多样性?

(三) 行业影响

硅谷科技公司纷纷效仿"实战测试"招聘。传统车企被迫改革层级制度(福特取消35%的管理岗)。引发关于"天才暴政"的伦理讨论(MIT发起"人性化创新"倡议)。

马斯克模式证明,突破传统HR框架可能释放巨大创新能量,但其可持续性仍待验证。2024年SpaceX员工组建工会的动向,或许标志着这种极端管理正面临新的调和需求。对于现代企业,真正的挑战在于:如何在保持颠覆性创新的同时,构建更人性化的人才生态系统。

案例分析

选择一个专业

汤姆·罗素是美国中西部一所高等学府工商管理学院的三年级学生。作为一名优秀学生,汤姆还没有完全确定自己应该选择哪个专业。他考虑把管理作为专业,但这个领域就是不能令他兴奋,它显得太笼统了。

汤姆在管理方面所修的第一门课程确实吸引了他,然而,这主要是因为讲该门课的教授。汤姆决定跟这位教授谈谈自己这种进退两难的境地。于是有了如下的交谈:

汤姆:教授,我想请教您一个关于选择学习专业领域的问题,现在我真是不知道该做什么。

教授:汤姆,我觉得你是在做一项重要的决策,并且你所关心的事情是有道理的。你在工商管理学院学了多少门课程?

汤姆:只有您在管理方面的概论性课程、营销方面的一门基本课程和一门统计学课程。我确实不愿把统计作为专业。

教授:把人力资源管理作为专业怎么样?

汤姆:我认为不行,它基本上是一项事务性工作,真的不会有什么前途。

教授:打住,汤姆,我想我最好告诉你一些人力资源管理的具体情况。

(资料来源:Lloyd L. Byars, Leslie W. Rue.李业昆等译.人力资源管理.)

问题:

1. 如果你是这位教授,你会告诉汤姆什么?

2. 具体来讲,你看到了什么样的未来趋势可能有助于说服汤姆把人力资源管理作为专业呢?

项目二　人力资源规划

◇ **学习目标**
1. 掌握企业人力资源规划的内容及步骤。
2. 了解影响企业人力资源供需的因素。
3. 掌握企业人力资源供需的分析方法。
4. 会编写企业人力资源规划。
5. 了解对人力资源规划进行有效控制的途径。

项目二 人力资源规划

导入案例

××集团2026年度人力资源管理计划

××集团成立于2000年,主要生产电冰箱。由于产品质量好,价格比较低廉,加上管理得力,该集团生产的电冰箱很快成为国内电冰箱主流产品。随着业务的发展,××集团2005年开始走多元化经营之道,到2007年,先后开发出的主要新产品有洗衣机、微波炉等。

为了集团人力资源的优化发展,公司总裁和人力资源部制定了2026年度人力资源管理计划如下。

××集团2026年度人力资源管理计划

一、职务设置与人员配置计划

根据公司2026年发展计划和经营目标,人力资源部协同各部门制定了公司2026年的职务设置与人员配置。在2026年,公司将划分为8个部门,其中行政副总负责行政部和人力资源部,财务总监负责财务部,营销总监负责销售一部、销售二部和产品部,技术总监负责开发一部和开发二部。具体职务设置与人员配置如下:

1. 决策层(5人)

总经理1名、行政副总1名、财务总监1名、营销总监1名、技术总监1名。

2. 行政部(8人)

行政部经理1名、行政助理2名、行政文员2名、司机2名、接线员1名。

3. 财务部(4人)

财务部经理1名、会计1名、出纳1名、财务文员1名。

4. 人力资源部(4人)

人力资源部经理1名、薪酬专员1名、招聘专员1名、培训专员1名。

5. 销售一部(19人)

销售一部经理1名、销售组长3名、销售代表12名、销售助理3名。

6. 销售二部(13人)

销售二部经理1名、销售组长2名、销售代表8名、销售助理2名。

7. 开发一部(19人)

开发一部经理1名、开发组长3名、开发工程师12名、技术助理3名。

8. 开发二部(19人)

开发二部经理1名、开发组长3名、开发工程师12名、技术助理3名。

9. 产品部(5人)

产品部经理1名、营销策划1名、公共关系人员2名、产品助理1名。

二、人员招聘计划

1. 招聘需求

根据2026年职务设置与人员配置计划,公司管理层人员数量应为96人,实际现有83人,还需要补充13人,具体职务和数量如下:

开发组长2名、开发工程师7名、销售代表4名。

2. 招聘方式

开发组长：社会招聘和学校招聘。

开发工程师：学校招聘。

销售代表：社会招聘。

3. 招聘策略

学校招聘主要通过参加应届毕业生洽谈会、在学校举办招聘讲座、张贴招聘广告、网上招聘等四种形式。

社会招聘主要通过参加人才交流会、刊登招聘广告、网上招聘等三种形式。

4. 招聘政策

(1) 本科生：

A. 待遇：转正后待遇5 000元，其中基本工资4 000元、住房补助600元、社会保障金400元左右(养老保险、失业保险、医疗保险等)。试用期基本工资3 200元，满半月有住房补助；

B. 考上研究生后协议书自动解除；

C. 试用期三个月；

D. 签订三年劳动合同。

(2) 研究生：

A. 待遇：转正后待遇7 000元，其中基本工资5 500元、住房补助800元、社会保险金700元左右(养老保险、失业保险、医疗保险等)。试用期基本工资4 500元，满半月有住房补助；

B. 考上博士后协议书自动解除；

C. 试用期三个月；

D. 公司资助员工攻读在职博士；

E. 签订不定期劳动合同，员工来去自由；

F. 成为公司骨干员工后，可享有公司股份。

5. 风险预测

(1) 由于今年本市应届毕业生就业政策有所变动，可能会增加本科生招聘难度，但由于公司待遇较高并且属于高新技术企业，可以基本回避该风险。另外，由于优秀的本科生考研的比例很大，所以在招聘时，应该留有候选人员。

(2) 由于计算机专业研究生愿意留在本市的较少，所以研究生招聘将非常困难。如果研究生招聘比较困难，应重点通过社会招聘来填补"开发组长"职位的空缺。

三、选择方式调整计划

2025年开发人员选择实行了面试和笔试相结合的考查办法，取得了较理想的结果。

在2026年首先要完善非开发人员的选择程序，并且加强非智力因素的考查，另外在招聘集中期，可以采用"合议制面试"，即总经理、主管副总、部门经理共同参与面试，以提高面试效果。

四、绩效考评政策调整计划

2025年集团对公司员工进行绩效考评，每位员工都有了考评记录。另外，在2025年公司对开发部进行了标准化的定量考评。在今年,绩效考评政策将作以下调整。

(1) 建立考评沟通制度,由上级直接在每月考评结束时进行考评沟通。

(2) 建立总经理季度书面评语制度,让员工及时了解公司对他的评价,并感受到公司对员工的关心。

(3) 在开发部试行"标准量度平均分布考核方法",使开发人员更加明确自己在开发团队中的位置。

(4) 加强考评培训,减少考评误差,提高考评的可靠性和有效性。

五、培训政策调整计划

公司培训分为岗前培训、管理培训、岗位培训三部分。岗前培训在 2009 年已经开始进行,管理培训和技能培训从 2017 年开始由人力资源部负责。在今年,培训政策将作以下调整。

(1) 加强岗前培训。

(2) 管理培训与公司专职管理人员合作开展,不聘请外面的专业培训人员。该培训分成管理层和员工两个部分,重点对公司同有的管理模式、管理思路进行培训。

(3) 技术培训根据相关人员申请进行。采取公司内训和聘请培训教师两种方式进行。

六、人力资源预算

1. 招聘费用预算

(1) 招聘讲座费用:计划本科生和研究生各四个学校,共 8 次,每次费用 800 元,预算 6 400 元。

(2) 交流会费用:参加交流会 4 次,平均每次 500 元,共计 2 000 元。

(3) 宣传材料费:3 000 元。

(4) 报纸广告费:9 000 元。

2. 培训费用

2025 年实际培训费用为 35 000 元,按 20% 递增,预计今年培训费用约为 42 000 元。

3. 社会保障金

2025 年公司共缴纳社会保障金×××××元,按 20% 递增,预计今年社会保障金总额约为×××××元。

人力资源部
2026 年 1 月 5 日

任务一 了解人力资源规划的概念

一、人力资源规划的含义和内容

(一) 人力资源规划的含义

人力资源规划是指一个组织科学地预测、分析自己在变化的社会环境中人力资源的供给和需求状况,制定符合本组织发展的人力资源政策和措施,以确保组织规划的实施和任务的完成。其实质是决定组织的发展方向,并在此基础上确定组织需要多少人力资源以及什么样的人力资源来实现组织决策层制定的目标的最佳方案。

可以从三个方面来理解人力资源规划的含义:

(1) 组织编制人力资源规划的主要原因是:组织的内外环境不断发生变化,对组织在许多方面提出了新的要求,如市场对某种商品需求的变化就会引起企业劳动力供求的变化。一方面,当产品需求旺盛时,劳动力的需求量也会增加,此时如果企业劳动力不足,那就会影响企业的效益;另一方面,当产品需求较低时,劳动力的需求量也会下降,企业劳动力过剩所产生的成本无法弥补。人力资源规划就是要对这些动态变化进行科学的预测和分析,以确保企业在近期、中期、长期对人力资源的需求均能得到满足。

(2) 人力资源规划的主要任务是制定符合本组织发展的人力资源政策和措施。人力资源政策和措施关系到组织目标的实现,因此,组织只有制定出客观的、正确的、切实可行的人力资源政策和措施,才能保证组织目标安全有效地实现。

(3) 编制人力资源规划的最终目的是实现组织的目标,保障企业实现最佳效益。人力资源规划是整个企业规划的一部分,是为实现整个企业规划服务的,所以,人力资源政策和措施的制定必须有利于整个企业目标的实现。人力资源规划不但要做好人力资源供给和需求的预测,还要找到人力资源配置的最佳结合点,充分发挥人的积极性、主动性和创造性,使企业的效益最大化。

(二) 人力资源规划的内容

人力资源规划按照规划时间的长短,可分为偏重战略的长期规划和偏重作业的短期规划。企业人力资源规划的期限取决于企业所面临环境的不确定程度。人力资源规划期限与经营环境之间的关系如表2-1所示。

表2-1 人力资源规划期限与经营环境之间的关系

短期规划	长期规划
不确定性/不稳定性	确定/稳定
组织面临诸多竞争	组织居于强有力的市场竞争地位
飞速变化的社会、经济环境	渐进的社会、政治环境
不稳定的产品/劳务需求	变化和技术革新
政治、法律环境经常变化	完善的管理信息系统
组织规模小	稳定的市场需求
管理混乱	规范且有条不紊的管理

不论是战略性的长期规划还是作业性的短期规划,人力资源规划都包括两个层次,即总体规划与各项业务计划,人力资源规划的内容如表2-2所示。人力资源总体规划是有关计划期内人力资源开发利用的总目标、总政策、实施步骤及总预算的安排。人力资源规划所属业务计划包括人员补充计划、人员使用计划、提升与降职计划、教育培训计划、薪酬与激励计

划、劳动关系计划、退休解聘计划等。这些业务计划是总体规划的展开和具体化。

表2-2 人力资源规划的内容

计划类别	目标	政策	步骤	预算
总体规划	总目标：绩效、人力资源总量、素质、员工满意度	基本政策：如扩大、收缩、改革、稳定	总体步骤：（按年安排）如完善人力资源信息系统等	总预算：×××万元
人员补充计划	类型、数量、对人力资源结构及绩效的改善等	人员标准、人员来源、起点待遇等	拟定标准、广告宣传、考试、录用	招聘、选拔费用：××万元
人员使用计划	部门编制、人力资源结构优化、绩效改善、职务轮换	任职条件、职务轮换范围及时间	略	按使用规模、类别及人员状况决定工资、福利
提升与降职计划	后备人员数量保持、改善人员结构、提高绩效目标	选拔标准、资格、试用期、提升比例、未提升人员安置	略	职务变化引起的工资变化
教育培训计划	素质与绩效改善、培训类型与数量、提供新人员、转变员工劳动态度	培训时间的保证、培训效果的保证	略	教育培训总投入、脱产损失
薪酬与激励计划	离职率降低、士气提高、绩效改善	激励重点：工资政策、奖励政策、反馈	略	增加工资、奖金额
劳动关系计划	减少非期望离职率、雇佣关系改善、减少员工投诉与不满	参与管理、加强沟通	略	法律诉讼费
退休解聘计划	编制、劳动成本降低、生产率提高	退休政策、解聘程序等	略	安置费、人员重置费

（三）人力资源规划的作用

1. 为企业战略目标的实现提供人力资源保障

人力资源规划是企业的战略目标在人力资源供需（包括数量、质量与结构）方面的分解，它与企业其他方面的规划，如生产计划、营销计划、财务计划、研发计划等共同构成企业目标的支撑体系。企业发展所需人员，尤其是中高层管理人员和专业技术人员对于大多数企业来说都是较为稀缺的资源，并非随时可以获得，只有提前做好规划、预测供需趋势，才能保障所需人员及时到岗。

在战略计划层次上，人力资源规划重点在分析问题，涉及组织外部因素分析、预计未来组织总需求中对人力资源的需求、估计远期的组织内部人力资源数量、调整人力资源规划等。在经营计划（战术上的策略规划）的层次上，人力资源规划涉及对人力资源需求与供给数量的预测,并根据人力资源的方针政策,制订具体的行动方案。在作业计划层次上则涉及一系列的具体操作实务,要求任务具体明确、措施落实到位。

企业三个层次的计划与人力资源规划的关系,如图2-1所示。

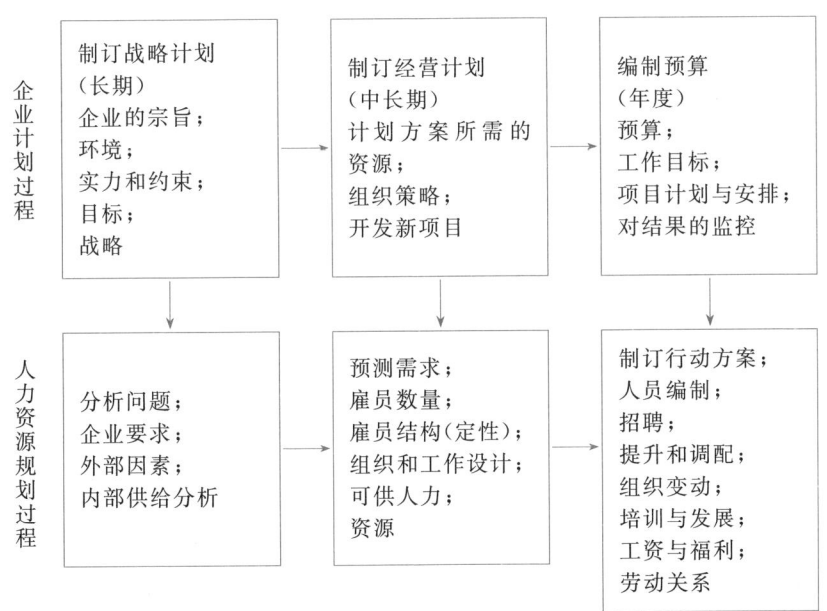

图 2-1 三个层次的企业计划与人力资源规划的关系

2. 人力资源规划是企业人力资源管理的基础

人力资源规划规定了企业在人力资源管理方面的具体行动方案,是企业人力资源管理的基础。人力资源规划的各项业务计划为工作分析提供依据,它是员工配置的基础,引导企业有针对性地进行人员储备,对企业紧缺的人力资源发出引进和培训预警,为员工事业发展道路的设计提供依据。除此之外,人力资源规划在员工的薪酬和激励、建立人力资源信息系统、协调不同的人事管理工作等方面,也发挥着积极的作用。

3. 人力资源规划使企业更好地控制人工成本

随着企业的不断成长,其人工成本也在不断变化:当一个企业刚成立时,低工资人数较多,人工成本相对较低;随时间推移,员工工龄增长,职务增高,工资成本将上升。若再加上物价因素,人工成本就可能超过企业的负担能力。通过人力资源规划,预测和控制企业人员的变化,逐步调整企业人员结构,使人员结构尽可能合理化,可以把企业人工成本控制在合理的水平上。因此,人力资源规划通过调整人员结构使企业的人工成本得到合理控制。

总之,从以上分析我们可以看出,人力资源规划在企业管理中起到一个承上启下的作用,它是联结企业战略和人力资源管理具体措施的纽带。

二、人力资源规划的编制步骤

人力资源规划的编制一般可分为以下几个步骤,具体的人力资源规划编制步骤如图2-2所示。

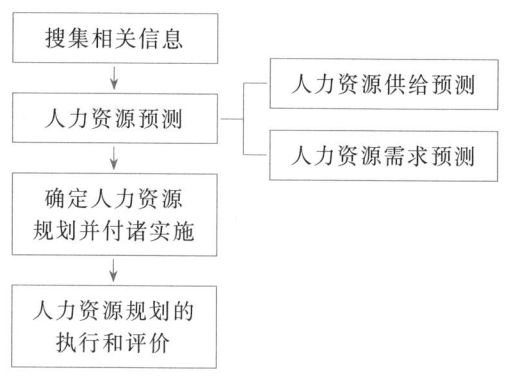

图 2-2 人力资源规划编制步骤

1. 搜集相关信息

信息是一个十分重要的生产要素,是制订计划的基础和依据。信息的正确与否,直接关系到人力资源规划的效果。与人力资源规划相关的信息包括内部信息和外部信息。

内部信息主要包括:企业战略,业务计划,职位的调整情况(职位的类型及基本要求),企业人力资源现状(如人员素质、人员能力、性别、年龄等),员工的考核、培训及教育情况,员工的薪金、福利待遇情况,员工的辞职率和员工的流动性,等等。

外部信息主要包括:宏观经济形势和行业经济形势,科学技术的发展水平,市场竞争程度,劳动力供求状况,人口和社会发展状况,政府的相关方针政策和法规,等等。

2. 人力资源预测

人力资源预测是人力资源规划中技术性较强的工作,企业人力资源部要判断各种不同类型人力资源的供求状况,估计企业内部的哪些部门在未来的经济运行中会出现劳动力短缺或劳动力过剩的情况。人力资源预测包括人力资源需求预测和人力资源供给预测。人力资源的需求预测包括短期预测和长期预测、总量预测和各个岗位需求预测;人力资源的供给预测包括内部供给预测和外部供给预测。

无论是对人力资源供给的预测还是对人力资源需求的预测,一般都使用统计方法和主观判断方法(专家判断)。在通常情况下,这两种方法具有互补性,前者比较精确,后者比较灵活和实际,可操作性较强。人力资源预测需要预测未来的人员要求,包括所需员工数量、预计的可供数量、所需要的技术组合、内部和外部劳动力供给量等。

3. 确定人力资源规划并付诸实施

若组织的战略计划、年度计划已经确定,组织目前的人力资源需求与供给情况已经摸清,就可以据此制订组织的人力资源规划,如增加或减少劳动力规模,改变技术组合,开展管理职位的接续计划,实施员工职业生涯计划等。并且在此基础上付诸实施,人力资源规划具体来说包括人员的招募、人员的录用、人员的培训、职位安排、岗位调动、职务晋升、发展前途和工资级别等,企业通过这些工作来增加合格的员工,补充预计的空缺。

4. 人力资源规划的执行和评价

一个企业人力资源规划的执行和评价,是对该组织人力资源规划所涉及的各个方面及其所带来的效益进行综合的审查与评价,也是对人力资源规划所涉及的有关政策、措施以及招聘、培训发展和薪酬等方面进行监督和控制，提供关于人力资源规划系统的反馈信息，为下一个人力资源规划奠定基础。

任务二 人力资源预测

一、人力资源的需求预测

人力资源的需求预测，是指以企业的战略目标、发展规划和工作任务为出发点，综合考虑各种因素的影响，对企业未来人力资源的数量、时间等进行估计的活动。它是制订人力资源规划的起点，其准确性对规划的成效有决定性作用。

(一) 影响人力资源需求的因素

在进行人力资源需求预测时，决策者应当考虑影响人力资源需求的多种因素，这些因素一般包括企业的外部因素、内部因素和人力资源自身因素等。

1. 企业内部因素

(1) 技术装备水平和管理水平的提高。一方面，企业技术装备水平的提高，使企业的资本有机构成提高，这就导致企业对员工的需求数量减少；另一方面，由于企业经营管理水平的提高，企业所需的管理人员数量也会减少。

(2) 企业经营规模和经营方向的变化。企业规模和经营方向的变化是经常的事，前者是企业在不改变经营方向前提下进行的规模变化（扩大或缩小），这种情况会导致人力资源的需求发生数量上的增加或减少（如增加或减少管理人员、生产人员、销售人员等）；后者是企业经营方向的调整，这也许并不引起企业规模的变化，但对人员的素质、能力、专业等方面的要求却发生了变化。如由于产业结构的调整，一些企业从劳动密集型转型成技术密集型或资本密集型，这就会引起企业人力资源结构的变化。

此外，提高产品与服务的质量或进入新市场的有关决定以及本部门的经济资源等原因，也会对人力资源需求产生很大的影响，应加以充分考虑。

2. 企业外部因素

外部因素主要包括以下几方面：一是经济因素。如社会经济发展状况、消费者的流通偏好和购买欲望以及现实的购买力等。二是技术因素。这是指由于以生物技术、新材料技术和信息技术等为代表的高新技术的应用，使企业对人力资源的需求发生了变化。三是竞争因素。人往高处走，水往低处流。竞争对手的人才竞争，会造成企业间的人才流动，人才流出的企业就会产生新的人力资源需求。另外，政治因素和法律因素也是十分重要的因素，都应认真考虑。

3. 人力资源自身因素

人员需求的变化也可能是由于人力资源自身的因素造成的。例如，员工退休、员工辞职、合同终止解聘、意外死亡或疾病、各种原因的休假（病假、产假、探亲假等）都会产生工作岗位的空缺，需要招聘正式或临时的员工来补充。

(二) 人力资源需求预测的方法

1. 趋势分析法

趋势分析法就是首先通过分析企业在过去若干年中雇用员工的变化趋势，以及影响这些变化的主要因素,然后以此为依据来预测企业未来的人力资源需求状况。例如,企业人力资源部门可以统计过去几年中不同部门年初员工的数量和年末员工的数量的变化(如销售人员、生产人员、财务人员等),由此来推测企业未来的发展中可能发生的变化。趋势分析法一般用于企业人力资源需求的初步分析,因为过去毕竟不能代表未来,未来的不确定因素太多,所以为了保证人力资源需求预测的准确性,还应该借助其他分析方法。

2. 专家分析法

专家分析法也就是德尔菲法(Delphi Method),是美国的兰德公司于20世纪40年代末在其"思想库"中发展起来的。这是一种使专家们对影响企业某一领域的发展的看法(例如企业将来对劳动力的需求)达成一致意见的预测方法。这种方法适用于人力资源需求的长期预测。这里所说的专家,既可以是来自第一线的管理人员,也可以是高层经理;既可以是组织内部的,也可以是外部的。

专栏 2-1　德尔菲法名称的由来

德尔菲法是在20世纪40年代由赫尔默(Helmer)和戈登(Gordon)首创,经过戈登和美国的兰德公司进一步发展而成的。德尔菲这一名称源于古希腊有关太阳神阿波罗的神话。德尔菲是古希腊神话中可预测未来的阿波罗神殿所在地,传说中阿波罗具有预见未来的能力。美国兰德公司在20世纪40年代以"德尔菲"为代号,研究如何更为可靠地搜集专家意见,德尔菲调查由此得名。

(资料来源:百度文库)

德尔菲法一般采取不记名问卷的方法,这种方法可以避免专家组集体讨论的弊端,如由专家组集体讨论,会造成一部分身份和地位较低的专家受制于身份和地位较高的专家,甚至于为了求得群体的和谐而放弃正确的见解。采取德尔菲法时,人力资源部门先将需求预测表发给各位专家,然后把第一轮预测过程中专家的意见综合起来再反馈给他们,这样不断地重复进行数次,让各位专家都有机会修改自己的预测并说明理由,直到得出趋向一致的结果。德尔菲法是一种切实可行的人力资源需求预测方法,在使用这种方法时要做好以下几方面的工作:

(1) 向专家提供的信息要全面、完整和真实,包括企业的历史资料和企业的发展战略,以及相关的统计分析结果,为专家预测的准确性创造条件。

(2) 问卷所提出的问题要尽可能简单,特别是不要问那些没有必要的问题。

(3) 对于专家的预测结果不要求精确,允许专家粗估数字,并请他们说明自己对预测数字的肯定程度。

(4) 保证所有专家都能从同一角度理解员工分类和其他定义,即在整个过程中用到的职务名称、部门名称等概念要有统一的定义和理解。

(5) 向高层管理人员和专家讲明预测对企业及下属单位的作用,以取得他们对德尔菲法的支持。

3. 比率分析法

比率分析法是根据以往的经验对人力资源需求进行预测的方法。一般以下面两种因素的比率为依据:①某些原因性因素(如销售额);②所需要的员工数量(如销售部人员数量)。例如,假设一名销售人员每年通常能实现60万元的销售额,在过去的两年中,企业每年需要20名销售人员来完成1 200万元的销售额。假如企业计划在下一年度完成1 500万元的销售额,那么企业需要增加5名销售员来完成增加的销售额。由此推算出在下年度企业销售额增加或减少时所需销售人员的数量,即经营总额=人均生产率×人员数量。

还可以用比率分析法来进行其他部门人员需求预测。例如,可以计算销售人员与文秘人员的比率,然后以此来确定需要增减多少文秘人员来匹配销售人员的增减。

比率分析法的前提条件是假定劳动生产率保持不变,如果劳动生产率发生变化,那么比率分析法就不太准确了,这时就还需借助其他方法。

4. 企业主管人员判断法

这里所说的企业主管人员包括企业的部门主管和最高决策层主管。无论采取何种预测方法,都离不开企业主管人员的判断,因为无论哪种预测都不可能一成不变地延续下去,因而企业领导需要以自己判断的在未来可能会发生变化的那些因素为依据,对预测的结果进行修正。这些因素主要包括:

(1) 提高产品质量或服务质量的决定或者进入新市场的决定。这个因素会对企业所需员工的性质产生影响。

(2) 技术和管理变革导致生产效率的提高。效率的提高(以单位时间的产出为标准)会降低人员数量需求水平。而效率的提高既可能会通过增加新的设备来实现,也可能会通过新的经济激励计划来实现。

(3) 可能获得的财力资源。例如,一项扩大的财政预算可以让企业雇用更多的员工,也可以让企业支付较高的工资;相反,一项紧缩的财政预算可能意味着更少的职位和更低的薪酬支付。

二、人力资源的供给预测

人力资源供给包括内部人力资源供给和外部人力资源供给。在人力资源的供给预测中,首先要搞清企业现有的人力资源状况,如企业内部的晋升、降职和换岗等,还要考虑到员工的辞职、下岗、退休、辞退等因素的影响。

(一) 内部人力资源供给预测

内部人力资源供给是指一个组织内部未来劳动力的供给情况。首先必须搜集企业人力资源的有关信息,建立企业人力资源数据库,其内容包括:每位员工的工作绩效记录、教育状况以及提升的可能性等。

1. 人力资源数据库

人力资源数据库的建立格式可以多种多样。如表2-3所示的人力资源登记表中,包括教育水平、所学专业、职业兴趣、职业发展兴趣、语言、技术水平等。通过这些信息可以判断现有员工中哪些是可以提升或调配到空缺职位上来的。

表 2-3 人力资源登记表

姓名		部门		科室	工作地点	照片
到公司就职日期（年 月 日）		出生日期（年 月 日）		婚姻状况	职位名称	
教育状况	受教育程度		学位类别	取得学位年份		学习的主要科目
	初 中					
	高 中					
	大 学					
	硕 士					
	博 士					
	其 他					
职业与发展兴趣						
你对现职是否感兴趣 是□ 否□			你是否愿意换工作 是□ 否□		你愿意接受职位轮换吗 是□ 否□	
你认为需要参加何种类型的培训 1. 在目前的职位上改善技能与绩效 2. 增加经验和能力以求进一步发展						
你认为自己还有能力完成哪些工作						
参加何种社团组织		名　　称			职　　务	
技能		技 能 类 型			证　　书	
重要经历						
兴趣爱好						

人力资源数据库一般用于晋升人选的确定、管理人员接续计划、对特殊项目的工作分配、工作调动、培训、薪酬计划、职业生涯规划和组织结构分析等。

2. 职位接续配置法

在人力资源供给预测中还可以用职位配置图来对每一位内部候选人进行跟踪，以便为组织内最重要的职位配置人员。职位配置图如图 2-3 所示,这种配置图可以让决策者一目了然地了解企业内部员工当前绩效的状况以及可提升程度。

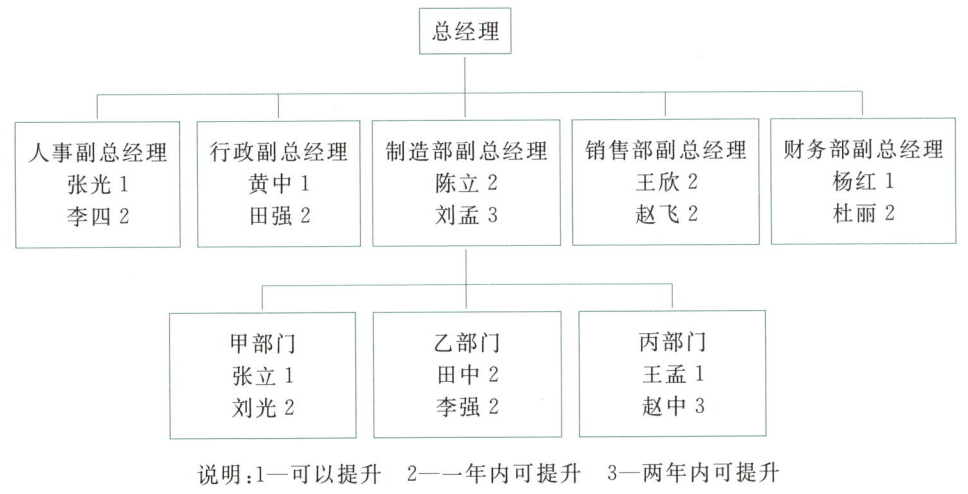

说明:1—可以提升 2——年内可提升 3—两年内可提升

图 2-3　职位配置图

3. 马尔可夫分析法

马尔可夫分析法(Markov analysis)也就是转换矩阵法。其基本思路是:找出过去人事变动的规律,以此来推测未来的人事变动趋势。这种方法在理论上较为复杂,一般只要学会应用即可。

专栏 2-2　马尔可夫简介

马尔可夫,俄国数学家,1856 年 6 月 14 日生于梁赞,他的父亲是一位中级官员,后来举家迁往圣彼得堡。1874 年马尔可夫入圣彼得堡大学,师从切比雪夫,毕业后留校任教。1886 年当选为圣彼得堡科学院院士。马尔可夫的主要研究领域在概率和统计方面。他的研究开创了随机过程这个新的领域,以他的名字命名的马尔可夫链在现代工程、自然科学和社会科学各个领域都有很广泛的应用。马尔可夫 1922 年逝世于圣彼得堡,其子 A.A.小马尔可夫也是一位著名数学家。

(资料来源:百度文库)

马尔可夫分析法的第一步是做一个人员变动矩阵表,表中的每一个元素表示一个时期到另一个时期在两个工作之间调动的员工数量的历史平均百分比。一般以 5~10 年为一个周期来估计年平均百分比。周期越长,根据过去人员变动数量所推测的未来人员变动数量就越准确。

例如：某公共会计师事务所有四类人员，即合伙人（P）、经理（M）、高级会计师（S）、会计员（J），其内部人员供给的马尔可夫分析数据如表2-4、2-5所示，其中，表2-4是事务所组织内部人员调动概率表，表2-5是组织内部未来劳动力的净供给量表。如表2-4所示，在任何一年里，有80%的合伙人仍留在该所，20%的人退出；有70%的经理仍在原职，10%的人成为合伙人，20%的人离开；有5%的高级会计师晋升为经理，有80%仍在原职，5%的人降为会计员，10%外流；有15%的会计员晋升为高级会计师，20%的会计员另谋他职。用这些历史数据来代表每类人员转移流动的转移率，可以推算出人员变动情况。将计划初期每一工种的人员数量与每一工种的人员变动概率相乘，然后纵向相加，即得到组织内部未来劳动力的净供给量，如表2-5所示。

表2-4 某会计师事务所组织内部人员调动概率表

类　型	人员调动概率				
	P	M	S	J	离职
合 伙 人	0.80				0.20
经　　理	0.10	0.70			0.20
高级会计师		0.05	0.80	0.05	0.10
会 计 员			0.15	0.65	0.20

表2-5 某会计师事务所组织内部未来劳动力的净供给量表

类　型	初始人数	P	M	S	J	离职
合 伙 人	40	32				8
经　　理	80	8	56			16
高级会计师	120		6	96	6	12
会 计 员	160			24	104	32
预计的人员供给量		40	62	120	110	68

分析表2-5，如果下一年与上一年相同，可以预计下一年将有同样数量的合伙人（40人），以及同样数目的高级会计师（120人），但经理将减少18人，会计员将减少50人。这些人员变动的数据，与正常的人员扩大、缩减或维持不变的计划相结合，就可以用来决策怎样使预计的劳动力的供给与需求相匹配。

（二）外部人力资源供给预测

如果企业中没有足够的内部候选人可供挑选的话，企业下一步要做的可能就是把目光转向外部候选人——那些目前并不是本组织成员的人。外部人力资源供给预测包括总体经济状况预测、当地市场情况预测及职业市场预测等。

外部人力资源供给预测要考虑以下因素：①总体经济状况和未来可能出现的失业率。通常情况下，失业率越低，劳动力供给就越少，人员招聘的困难就越大；反之则困难小些。②当地市场情况预测，这就要充分利用报纸、杂志所公布的经济状况分析、经济短评以及一些机构所提供的经济预测信息,由此来了解当地市场情况,从而预测劳动力市场的供求状况。③职业市场预测。由此可预测本企业所准备招聘的特定职业(如营销人员等)中,潜在候选人的供给可能性如何。

(三)人力资源供求的综合平衡

人力资源规划在实施过程中供求有可能一致,也有可能不一致。一致往往是暂时的,相对的;而不一致是长期的,绝对的。因此,人力资源管理部门要经常性地对人力资源的供求进行调节,以达成相对的一致。

1. 当供小于求时,可采取的调节方法

(1)培训本组织员工,对受过培训的员工根据需要择优提升补缺,并相应提高其工资待遇,以便留住人才,防止发生人才危机。

(2)进行岗位横向调动,或者进行跨职能管理,一人兼数职,充分发挥广大员工的主观能动性。

(3)延长员工的工作时间或增加员工的工作负荷,并给超时、超负荷工作的员工提高工资和福利待遇,以激励员工的积极性和创造性。

(4)改进技术或重新进行工作设计,以提高员工的工作效率。

(5)雇用全日制临时工或非全日制临时工。

(6)制定招聘政策,加大招聘力度,向组织外招聘。

2. 当供大于求时,可采取的调节方法

(1)加大裁员力度。

(2)加大培训力度,做好人力资本的储备工作,为扩大生产规模作准备。

(3)减少工作时间,当然也将相应地减少工资和福利。

(4)调整产业结构,努力向第三产业转型。

三、人力资源规划的编制

不同企业的人力资源规划各不相同,一般来说,一份完整的企业人力资源规划包括人力资源的总体规划和具体的业务计划。

(一)人力资源总体规划

人力资源总体规划着重于人力资源方面总的、概括性的策略和有关的重要方针、政策和原则。一般包括以下几方面的内容:

(1)阐述在战略计划期内企业对各种人力资源的需求和各种人力资源配置的总体框架。

(2)阐明与人力资源有关的重要方针、政策和原则。如涉及人才的招聘、晋升、降职、培训和发展、奖惩和工资福利等方面的重大方针和政策。

(3)确定人力资源投资预算总额。

(4)确定企业人力资源净需求。人力资源净需求是企业人力资源需求预测与内部供给预测的差值,同时还应考虑到新进人员的损耗。

通常有两类人力资源净需求,第一类是按部门编制的净需求,表明组织未来人力资源规划的大致情况;第二类是按人力资源类别(如在企业中所处的管理层次)编制的净需求。这两类净需求的例子如表 2-6 与表 2-7 所示,其中,表 2-6 是某部门人力资源净需求表,表 2-7 是按职务分类的人力资源净需求表。

表 2-6　某部门人力资源净需求表　　　　　　　　　单位:人

	项　　目	第一年	第二年	第三年	第四年	第五年
需求	1. 年初人力资源需求量	120	140	140	120	120
	2. 预测年内需求之增减	20	—	−20	—	—
	3. 年末总需求	140	140	120	120	120
内部供给	4. 年初拥有人数	120	140	140	120	120
	5. 招聘人数	5	5	—	—	—
	6. 人员损耗	20	27	28	19	17
	其中:退休	3	6	4	1	3
	调出或升迁	15	17	18	15	14
	辞职	2	4	6	3	—
	辞退或其他	—	—	—	—	—
	7. 年底拥有人数	105	118	112	101	103
净需求	8. 不足或有余	−35	−22	−8	−19	−17
	9. 新进人员损耗总计	3	6	2	4	3
	10. 该年人力资源净需求	38	28	10	23	20

表 2-7　按职务分类的人力资源净需求表　　　　　　单位:人

主要工作类别 (按职务分类)	现有人员	计划人员	余缺	预期人员的流失						本期人力资源净需求
				调职	升迁	辞职	退休	辞退	其他	合计	
1. 高层主管											
2. 部门经理											
3. 部门管理人员											
……											
合　　计											

(二) 人力资源具体业务计划

人力资源具体业务计划包括人员招聘计划、人员培训计划、人员使用计划、人员评估与激励计划、人员保留计划、关键任务风险分析等。

1. 人员招聘计划

(1) 需要招聘的人员数量有多少?需要招聘什么类型的人员?

(2) 内部招聘还是外部招聘?

(3) 外部招聘选用何种方式?外聘人员来源如何?有无困难?如何解决?

(4) 如果是内部提升或调动,其方向与层次如何?

(5) 新聘人员需要何时到岗？
(6) 所聘人员的薪酬水平如何？

2. 人员培训计划

(1) 哪些人需要培训？
(2) 培训的内容有哪些？
(3) 内部培训还是外包？
(4) 培训的方式、教材、师资如何？

一般培训的内容包括：

(1) 第二专长培训。以利于企业弹性运用人力资源。
(2) 提高素质培训。以帮助员工树立正确的观念及提高办事能力，使之能担任更重要的工作任务。
(3) 在职培训。适应社会进步要求，以提升现有工作效率。
(4) 高层主管培训。进行管理能力、管理技术、分析方法、逻辑观念及决策判断能力方面的培训。

3. 人员使用计划

人员使用计划不仅要满足未来人员的需要，更应该对现有人员予以充分使用。人员使用涵盖的范围很广，而其关键在于"人"与"事"的圆满匹配，使事得其人，人尽其才。人员使用计划包括下面几项内容：

(1) 职位功能及职位重组。
(2) 工作指派及调整。
(3) 升职及选调。
(4) 职务丰富化。
(5) 人力检查及调节。

4. 人员评估与激励计划

(1) 员工的主导需求是什么？
(2) 采用哪些物质激励方式？
(3) 采用哪些精神激励方式？
(4) 相关费用如何控制？

5. 人员保留计划

(1) 哪些员工是企业需要保留的？
(2) 以什么方式留住员工？

6. 关键任务风险分析

(1) 企业人力资源管理中的主要风险在哪里？
(2) 一旦发生事故，造成的损失有多大？
(3) 采用哪些方式进行风险预警和风险驾驭？

有些企业的人力资源规划较为简单，可将总体规划和具体业务计划合并。

在编制人力资源规划时，一般应包括：计划涉及的时间段、总目标、企业目前的人力资源供需状况、企业未来应达到的人力资源状况、具体行动计划、规划的制订者、制订时间等。其中具体行动计划应说明计划的执行时间、负责人、检查人、检查日期和预算额,企业人力资源规划范本如表2-8所示。

表2-8 企业人力资源规划范本

```
                    A公司人力资源规划
1. 规划的时间段
2. 规划要达到的目标
3. 目前情景分析
4. 未来情景预测
5. 具体内容,执行时间,负责人,检查人,检查日期,预算
   (1)
   (2)
   (3)
    ……
6. 规划制订者
7. 规划制订时间
```

任务三 人力资源规划的执行与评价

某建筑公司的人力需求预测

在人力资源规划的战略选择阶段所形成的方案,最终还要在方案执行阶段付诸具体实施。方案执行阶段的关键问题是,必须确保有专人负责既定目标的实施,并且这些人要拥有确保这些目标实现所必需的权力和相应的资源。另外还要有关于执行过程进展状况的定期报告,以确保所有的方案都能在既定的时间内执行到位,并且方案执行的初期成绩与预测的情况是一致的。这就要求对人力资源规划实施过程进行有效的控制,主要包括建立完善的人力资源信息系统、人力资源的供应控制等。

一、人力资源信息系统

人力资源信息系统是组织进行有关人以及人的工作方面的信息搜集、保存、分析和报告的过程。"系统"是指为实现特定目标而将各种分散活动组合成合理的、有意义的整体的过程。

信息系统可以是人工的,也可以是计算机化的。小型组织(少于250人)中使用人工的档案管理和索引卡片系统比较有效。而在大型组织中,人力资源信息的计算机存取则是必需的。管理者在决策时需要准确、及时地得到相关的信息资料,如果信息不完整、不准确,不能确定使用哪种信息,那么使用计算机也是徒劳的。

建立人力资源信息系统必须考虑以下四个方面:

1. 对系统进行规划

对系统进行规划包括:使全体人员充分理解人力资源信息系统的概念;考虑人事资料设计的处理方案;做好系统发展的时间进度安排;建立起各种责任制和规章制度。

2. 系统的设计与发展

系统的设计与发展包括:分析现有记录、报告和表格,以确定对人力资源信息系统中数据的要求;确定最终的数据库内容和编码结构;说明用于产生和更新数据的文件保存和计算过程;规定人事报告的要求和格式;决定人力资源信息系统技术档案的结构、形式和内容;确

定输入计算机的员工工资福利表的格式及内容等要求;确定工资和其他系统与人力资源信息系统的接口要求。

3. 系统的实施

系统的实施包括:考察目前及以后系统的使用环境以找出潜在问题;检查计算机硬件结构、所用语言和影响系统设计的软件约束条件;确定输入-输出条件要求、运行次数和处理量;提供有关实际处理量、对操作过程的要求、使用者的教育情况及所需设施的资料;设计数据输入文件、事务处理程序和对人力资源信息系统的输入控制。

4. 系统的评价

系统的评价包括:估计改进人事管理的成本;确定关键管理部门人员对信息资料有何特殊要求;确定人们对补充特殊信息的要求;对与人力资源信息系统有关的组织问题提出建议;提出保证机密资料安全的建议。

人力资源信息系统在人力资源规划中有着重要的用途:

(1) 为人力资源规划建立人事档案室。人事档案既可以用来分析现有劳动力的知识、技术、能力、经验和职业,又可用来对未来的人力资源需求进行预测。这两种信息必须相互补充,否则对人力资源规划是无用的。

(2) 通过人事档案对一些概念加以说明。如晋升人选的确定、对特殊项目的工作分配、工作调动、培训;肯定性行动规划和报告、工资奖励计划、职业生涯规划和组织结构分析。这些工作的完成都必须借助人力资源信息系统。

(3) 可以为决策者提供各种报告。如用于日常管理的工作性报告,包括岗位空缺情况、新员工招聘情况、辞职情况、退休情况、提升情况和工资情况等。还可以向政府机构和一些指定单位提供规定性的报告和用于组织内部研究的分析报告,以表明劳动力在各个部门或各管理层次上的性别、种族和年龄分布,按消费水平划分的员工福利情况,也可表明录用新员工的测验分数与工作绩效考核分数之间统计关系的有效性等。总之,人力资源信息系统,是人力资源管理中的一项基础性工作,它可为决策者提供许多必不可少的决策信息,使管理和决策更加科学化和更符合实际。

二、人力资源的供应控制

当企业预测了未来的人力资源需求后,下一步就是分析人力资源的供应问题。人力资源的供应来源主要是外部的劳动力市场和企业内部的现有劳动力。

1. 外部劳动力的供应控制

外部劳动力的供应是受整个社会经济及人口结构因素影响的,政府的教育、劳动和人事政策也对其有一定的影响。我国目前的劳动力市场还不完善,所以这里主要分析如何进行内部人力资源的供应控制。

2. 内部人力资源供应控制

内部人力资源供应首先从现有员工着手。为了避免人力资源的流失或损耗,管理人员必须对造成员工损耗的因素加以分析。导致员工损耗的因素可分为企业内外两个方面:员工受到企业外部的吸引力所引起的"拉力"和企业内部所引起的"推力"。"拉力"包括:希望转到其他企业,以求更高的收入和更好的发展机会;社会的就业机会较多,员工到外边可找到更好的工作；员工的心理问题等。"推力"包括：一是企业缺乏人力资源规划，造成人力资源政策不稳、裁减员工等问题；二是员工自身的问题，如某些青年员工对工作认识不够，或不能适应新的工作环境，加上年轻、未婚、没有家庭负担等因素，导致他们常常喜欢调换工作；三是因为工作压力过大而形成"推力"；四是人际关系的冲突也容易造成员工流失；五是工作性质或工作标准的改变，也可使某些员工对现有工作失去兴趣或无法适应而辞职。

3. 人力资源内部稳定性分析

任何一个组织都要保持内部人员的相对稳定性，如果流动率过高，对组织的发展极为不利。因为人员流动过大表示组织人事政策不稳，凝聚力低，并且会增加招聘、甄选及训练等费用。当然，人员完全不流动，则不足以产生新陈代谢的作用。人力资源内部的稳定性可以通过以下三个指标来作分析，即人力损耗指数、人力稳定指数和留任率。

（1）人力损耗指数。公式如下：

人力损耗指数＝在同一年内离职的人数÷某一年内的平均员工人数×100%。

这表明员工离职率越大，则企业保留人力资源的能力越低。在预测未来人力资源供应时，必须考虑离职率这一指标。一般来说，当经济繁荣、劳动力短缺、失业率低、工作机会增加时，离职率亦相应增加。

（2）人力稳定指数。公式如下：

人力稳定指数＝现时服务满一年以上（含一年）的人数÷一年前雇用的总人数×100%。

这个指数没有考虑人力资源的流动性，只计算了能任职一定时间的人数比例。

（3）留任率。公式如下：

留任率＝一段时间后仍在职人员÷原在职人员×100%。

4. 人力资源充分利用分析

人力资源充分利用分析主要包括年龄、缺勤、职业发展和裁员等四项指标。

（1）员工年龄分布。企业内员工的年龄分布情况对于员工的工资、升迁、士气及退休福利等影响极大。如一个已步入成熟或持续收缩阶段的企业，员工的年龄分布偏高，老年员工占较大比例，由于工资与工龄有关，所以工龄越长，工资越高，另外对于退休福利与接班人的需求问题也较严重。此外还会影响到其他员工的升迁机会、进取态度及工作士气。

（2）缺勤分析。公式如下：缺勤比值＝因各类缺勤原因而损失的工作日数÷（损失工作日数＋工作日数）×100%。

缺勤分析通常包括假期、病假、事假、怠工、迟到、早退、工作意外、离职等。此外，士气低落、生产率低、工作表现差、服务水准差等都可以反映缺勤的情况。假如缺勤情况严重，就应对缺勤因素作出分析并加以改善，促进现有人力资源充分发挥作用，不致浪费。

（3）员工的职业发展。指导员工规划好个人的前程，提供充分发挥其潜能的机会，是挽留人才的有效方法之一，也是人力资源规划中重要的一环。帮助员工了解他们可以获得某些职位或晋升的机会，会使他们对前途充满合理的期望。

（4）裁员。当企业内部需求减少或供过于求时，便出现人力资源过剩，裁员是无法避免的，这是国际上通行的做法。裁员对企业来说是一种浪费，因为损耗已培养过的人才，无论对企业现有员工还是对被解雇的员工本人都是很大的打击。一项好的人力资源规划必然没有员工过剩的现象出现，即使需要裁员也可以通过其他方法（如退休、辞退等）来平衡。

三、人力资源规划的评价

人力资源规划过程的最后一个步骤是对执行结果的评价。最明显的评价方式是看公司是否有效地避免了潜在劳动力短缺或劳动力过剩情况的出现。这种最基本的评价是非常关键的,这是因为:

人力资源规划

(1) 通过对人力资源规划的评价,可以深入地研究分析导致人力资源规划成功或失败的具体环节。

(2) 人力资源的成本是企业的主要成本之一。对这样一个重要的成本项目,经营管理者必须加以严格的监督和控制。

(3) 人力资源管理人员可以通过对人力资源规划的评价,调整有关人力资源方面的项目及其预算,将执行的结果与人力资源规划进行对照,发现规划与实际之间的差距,并指导下一步人力资源规划的制订。主要做好以下对照工作:一是实际的人员招聘数量与预测的人员需求量;二是实际的人员流动率和预测的人员流动率;三是人力资源的实际成本与预测成本。这些对比的差距越小,说明人力资源规划越可行。

聪明地对待离职员工

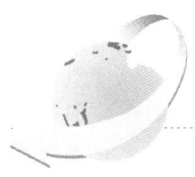

项 目 小 结

人力资源规划就是一个组织科学地预测、分析组织在变化的社会环境中人力资源的供给和需求状况,制定符合本组织发展的人力资源政策和措施,以确保组织计划的实施和任务的完成。其实质是决定组织的发展方向,并在此基础上确定组织需要多少人力资源以及什么样的人力资源来实现企业决策层制定的目标的最佳方案。人力资源预测包括人力资源需求预测和人力资源供给预测。对人力资源规划实施过程进行有效的控制,主要包括建立完善的人力资源信息系统、人力资源供应控制、人力资源规划的评价等环节。

复习思考题

1. 人力资源规划的主要内容是什么?
2. 如何进行人力资源需求的预测?
3. 一个企业如何解决人力资源供给大于需求的问题?

4. 预测人力资源需求的主要方法有哪些？试分析各种方法的优缺点。
5. 如何进行企业内部人力资源供给预测？

 阅读资料

大数据时代如何优化企业人力资源管理

大数据是一种以互联网科技为发展前提的技术，不仅能够将信息资源融合在一起，还可以对信息进行综合性分析。将大数据技术应用于人力资源管理工作，能够为企业提升或者改善管理模式提供参考，为企业提供准确的数据支撑，提高企业人力资源管理工作效率和准确性。处于大数据背景下的时代，企业应该牢牢把握住时代的机遇，与时俱进，提高自身人力资源管理的信息化水平。大数据时代企业人力资源管理存在的问题如：对大数据信息处理不够重视，大数据专业人才缺失。那么，大数据时代如何优化企业人力资源管理？

1. 提高对大数据的重视程度

企业的人力资源管理者首先要加强对大数据技术的重视程度，大数据可用于对企业的战略系统、经济运营和人力资源的管理。企业的人力资源管理者需要通过大数据来获取更有效的信息，并提高对信息的使用效率，改善企业的人才分布结构，使企业能够有更广阔的发展空间。大数据技术还能对员工的日常工作状态、培训、绩效管理进行详细分析，不仅能提高员工的工作积极性，还能推动人力资源管理者将信息运用到实际的管理过程中。管理员需要对大数据有独特的见解并充分利用它，只有这样，才能提高大数据带给企业的价值。

2. 创新企业的管理制度与人才战略

企业为了更新经营理念，企业的人力资源管理者需要了解大数据的特征。改变自身的传统思想观念，从而改善企业的管理系统，另外，人力资源开发战略也极为重要。现代社会企业间的竞争不仅是市场的竞争，也是产品、服务质量、人才的竞争。企业人才战略是企业发展的核心，直接影响企业发展进程。因此，企业应关注人才发展，充分发挥人才的重要作用。企业人力资源管理部门需要通过大数据技术了解每个部门的情况以及每个部门缺少什么样的员工，从而优化企业人才结构，为企业吸纳更多急需的人才，提高企业的市场竞争力。

（资料来源：李秀俊.大数据时代.企业人力资源管理的创新策略[J].人力资源.2020(2)）

案例分析

案　例

李晓伟是一个人力资源顾问,一家大型造纸公司的总经理给他打来了电话。

总经理：我在这个职位大约一个月了,而我要做的所有事情似乎只是与人们面谈并听取人事问题。

李晓伟：你为什么总在与人面谈？你们没有人力资源部吗？

总经理：我们有。然而,人力资源部不负责雇用最高层管理人员。我一接管公司,就发现两个副总经理要退休,而我们还没有一个可以代替他们的人。

李晓伟：你雇用什么人了吗？

总经理：是的,我从外部雇用了一个副总经理。我一宣布这个决定,就有一个部门经理前来辞职。她说她想得到副总经理的职位,已经8年了,她因为我们从外面雇用了某人而生气。我怎么能知道她想得到这个职位呢？

李晓伟：对另一个副总经理职位你们做了些什么？

总经理：什么也没做,因为我怕又有其他人由于没有被考虑升任这个职位而辞职,但这只是问题的一部分。我刚刚发现,在最年轻的专业人员中,工程师和会计师在过去的两年中的流动率达到了80%,他们是在我们这里成长的人。正如你所知道的,这就是我如何在这个公司开始工作的。我是一个机械工程师。

李晓伟：有人问过他们为什么要离开吗？

总经理：问过,他们都给了基本相同的回答,他们说感觉在这里没有前途,也许我应该把所有的人都召集到一起,解释我将怎样使公司取得进步。

李晓伟：你考虑过实施一个人力资源规划系统吗？

总经理：人力资源规划系统？那是什么？你能帮我设计吗？

问题：

1. 假如你是李晓伟,你会如何回答总经理的第一个问题？
2. 请你帮助这个公司设计一个人力资源规划系统。

（资料来源：Lloyd L. Byars, Leslie W. Rue.李业昆等译.人力资源管理.）

实 践 练 习

1. 调查某一企业,了解其人力资源规划系统,并作分析。
2. 调查某企业今后5年人力资源的需求和供给情况。
3. 避开人力资源规划的陷阱——下列8点是极为常见的障碍:

(1) 身份危机。人力资源规划者工作在一个法规和公司政策不明确、管理风格多样的环境中。除非人力资源规划者具有很强的使命(方向)感,否则当组织质问他们存在的理由时,他们常常会花很多时间来寻找一些有意义的事情去做。

(2) 最高管理层的支持。要使人力资源规划长期存在下去,企业必须保障能够得到至少一名有影响力的高级行政管理人员的全力支持,这种支持能确保企业得到人力资源规划方案获得成功所必需的资源、可见度和合作。

(3) 初始活动的规模。许多人力资源方案的失败源自过于复杂的初始活动。成功的人力资源规划方案要缓慢地开始,获得成功时再逐步扩大,开发精确的技能清单和替代图是一个好起点。

(4) 与其他管理及人力资源职能的协调。人力资源规划必须与其他管理及人力资源职能协调起来。不幸的是,人力资源规划专家往往专注他们自己的职能而不与其他人交流。

(5) 与组织计划的整合。人力资源规划必须源于组织计划。这里的关键是组织计划者在人力资源规划者之间开发良好的沟通渠道。

(6) 定量与定性的方法。一些人把人力资源规划看作一种用来跟踪人员进、出、上、下和跨越组织中不同单位的流动的一种数字游戏,这些人对人力资源规划采用一种严格的定量方法;另一些人则采用严格的定性方法,并把重点集中在员工所关心的个人晋升的可能性和职业发展等方面。这种情况经常出现,因此,求得两方面平衡的方法才能产生最好的结果。

(7) 运营管理者不参与。人力资源规划不完全是人力资源部的职能,成功的人力资源规划需要经营管理者和人力资源人员的协同努力。

(8) 技术陷阱。人力资源规划变得越来越流行,因此,许多组织引进一些新的和高级的技术来协助进行人力资源规划;尽管许多技术很有用,但有时存在着这样一种趋势,即采用一种或多种方法并不是因为它们能做什么,而是由于"每一个人都在使用它们"。人力资源规划人员应该避免仅仅由于一种技术是"新近流行的事物"就迷恋它。

练习:

仔细地回顾上述障碍,然后假设你在一个实际的公司中负责人力资源规划活动,按照你认为的困难程度对以上陷阱进行排序,列为第1位的陷阱应该是你认为最难避开的,列为第8位的是最容易避开的。作出你认为必要的任何假设,并准备为你的排列进行辩护。

项目三　工作分析与工作设计

◇ **学习目标**

1. 了解工作分析与工作设计及有关概念,掌握工作分析在人力资源管理中的作用。

2. 掌握工作分析的过程,掌握工作分析所需的信息和工作分析方法中的定性分析技术,了解定量分析技术。

3. 掌握工作说明与工作规范的内容和作用,并根据有关信息制定和改进工作规范。

4. 了解工作设计的方法,就有关案例进行分析并提出改进措施。

项目三　工作分析与工作设计

导入案例

赛龙舟的故事

有两支龙舟队——龙队和虎队,两支队伍进行了很长时间的训练后,开始了正式的比赛,比赛结果是龙队获胜,虎队落后龙队1 000米。

看到这个结果,虎队的领导很不服气,召集大家开会分析原因,经过研究后发现,龙队成员的组成是8个划桨员,1个掌舵员,而虎队恰恰相反,虎队的成员组成是8个掌舵员,1个划桨员,不过虎队领导并未看重这一点,而是自作聪明地认为,是8个掌舵员当中没有中心,缺少层次。

于是,虎队领导调整了掌舵员的组织结构,其中4个为掌舵经理,全面负责掌握航向,3个为区域掌舵经理,分工负责自己的区域,剩下的1个为行政后勤人员,为掌舵经理提供后勤服务,同时监督划桨员的行为。但是仍然只有1个划桨员。

于是两队又进行了很长的训练后再次进行比赛,这次比赛的结果,不用说大家已经知道了,仍然是龙队赢,虎队落后2 000米。

虎队领导很恼火,比赛结束后马上召集大家开会,经过讨论,大家一直认为是划桨员工作不力,予以开除,行政后勤人员工作监督不力,予以处分,但是考虑他为领导服务细心周到,功过相抵,不予追究,而领导班子成员每人发一个红包,以奖励他们共同发现了根本问题。

有目标就有组织,有组织就有结构,不同结构带来不同结果,这就是工作分析。通过工作分析,可以发现组织管理中存在的结构问题、职责问题、岗位设置问题,从而为企业管理打下基础。

(资料来源:世界经理人网站)

任务一　了解工作分析的概念

一、工作分析的概念

工作分析,又称为职务分析,是人力资源管理中最基本的工作之一,也是人力资源管理最基本的职能。美国劳工部将之定义为:"通过观察和研究,确定关于某种特定职务性质的确切情报并(向上级)报告的一种程序。"具体地说,工作分析是指对职务的工作内容、要求和条件进行调查研究和系统描述,以便对职务工作进行规范、确认、指导和改进,为其他相关的管理工作及其改进提供依据的过程。为了理解工作分析的概念,应了解以下几方面的内容。

专栏 3-1 职务分析的基本术语

1. 工作要素。是指工作活动中不能再继续分解的最小单位。
2. 任务。是指工作活动中达到某一工作目的的要素集合。
3. 职责。是指某人担负的一项或多项相互联系的任务集合。
4. 职位。是指一定时期内,组织要求个体进行的一项或多项相互联系的职责的集合,也称岗位。
5. 职务。是指主要职责在重要性与数量上相当的一组职位的集合或统称。
6. 职业。是指在不同时期、不同组织中,工作要求相似或职责平行(相近、相当)的职位集合。

部分专业技术职务如表 3-1 所示。

表 3-1 部分专业技术职务

行业与系列		V 员级	IV 助理级	III 中级	II 副高级	I 正高级
高等教育	教师		助教	讲师	副教授	教授
	科研人员		助理工程师	工程师	高级工程师	
	实验人员	实验员	助理实验师	实验师	高级实验师	
	图书、档案	管理员	助理馆员	馆员	副研究馆员	研究馆员
科学研究	研究人员		研究实习员	助理研究员	副研究员	研究员
企业	技术人员	技术员	助理工程师	工程师	高级工程师	正高工
	会计	会计员	助理会计师	会计师	高级会计师	正高级会计师
	统计	统计员	助理统计师	统计师	高级统计师	
	管理	经济员	助理经济师	经济师	高级经济师	
农业	技术人员	技术员	助理农艺师	农艺师	高级农艺师	研究员
医疗卫生	医疗、保健	医士	医师	主治医师	副主任医师	主任医师
	护理	护士	护师	主管护师	副主任护师	主任护师
	药剂	药士	药师	主管药师	副主任药师	主任药师
	其他	技士	技师	主管技师	副主任技师	主任技师
出版	编辑		助理编辑	编辑	副编审	编审
	技术编辑	技术设计员	助理技术编辑	技术编辑		
	校对	三级校对	二级校对	一级校对		

(资料来源:顾沉珠.人力资源管理实务.)

1. 工作分析的目的

工作是组织实现其目标的手段,工作分析可以为许多人力资源管理活动提供信息。工作分析的目的是确定什么是一个职务所承担的任务、职责以及如何来完成相应的工作任务,履行规定的职责,以保证组织中各项工作都是按管理者的意愿进行分配,做到人职匹配,以便对职务工作进行规范、确认、指导和改进,为规范和改进有关工作提供指导和依据,有利于提高组织的工作绩效。

2. 工作分析的时机

工作分析

工作分析是人力资源管理的一项常规性工作。要根据工作目标、工作流程、组织战略和环境变化对工作进行相应的动态调整,使责权达到一致。随着组织环境、客户需求、技术、组织战略和组织人力资源队伍的变化,一项工作的内容也可能随着时间的推移而发生变化。在组织还没有确认工作内容和尚未对任职资格进行精确描述或原来的描述已经过时的情况下,就需要进行工作分析。具体地说,组织需要进行工作分析的时机包括:

(1) 建立一个新组织。

(2) 战略调整,业务发展,使工作内容、性质发生变化。

(3) 由于技术创新,劳动生产率提高,需重新进行定岗、定员。

(4) 建立新制度的需要,如绩效考核、晋升、培训机制。

(5) 发现一些工作没人去做,或相互推托;部分员工工作量太少或太多;部分员工工作质量问题或差错较多等。

3. 工作分析的内容

工作分析的内容包括职务调查和职务描述两个方面。

(1) 职务调查。是对职务的工作内容、要求和条件进行系统的调查研究,以获取必要的信息。一般可以从两个角度入手:一是从这一职务已有的职责要求出发,对这一职务进行分析和调查;二是从正在从事这一工作的员工的实际工作入手,对这一工作进行调查和研究。

职务调查的对象可以概括为 7w,即:

① 工作内容(what)。员工要完成什么样的体力和脑力劳动?

② 工作时间(when)。工作将在什么时候完成?

③ 工作地点(where)。工作将在哪里完成?

④ 工作方式(how)。员工如何完成此项工作?

⑤ 工作原因(why)。为什么要完成此项工作?

⑥ 工作主体(who)。由谁(什么样的员工)来完成此项工作?

⑦ 工作条件(which condition)。完成工作需要哪些条件?

(2) 职务描述。是对上述调查所得的信息进行分析、研究和再加工,对职务的工作内容、要求和条件、工作方式进行系统描述。这也是工作分析的结果。

工作分析的结果主要是形成工作说明和工作规范。在大多数情况下,工作说明和工作规范的具体内容将被纳入一份综合性的文件材料,表明需要完成的各种工作的具体内容、特定性质和职责、工作权限、工作关系、工作要求和任职者的资格等。这些内容对于人力资源的其他管理工作来说是必不可少的。必要时还应形成相应的调查报告,提出现实存在的不合理的情况和相应的改进措施,为下一步的工作设计和改进提供依据。

4. 工作说明和工作规范

(1) 工作说明。工作说明是指以书面形式描述一个工作职务的任务、职责、工作要求和工作条件等具体内容。它表明这份工作需要做些什么、为什么要做这些、在什么地方做以及怎样做、需要哪些工作条件等信息。工作说明还应包括相关的工作标准。工作说明告诉人们,对于确定的各项工作来说,什么样的工作效果才是符合要求的。在实际工作中,许多企业的工作说明常常忽略了工作标准。而有些企业虽然制定了工作标准,并且在工作说明中也包括了这些标准,却只提供给企业管理层和人力资源部门,并不是发给所有员工。许多员工因此对这些工作标准所知甚少甚至一无所知。这就使得工作说明的作用未能得到充分的发挥。

(2)工作规范。工作规范又称任职资格,是指任职者要胜任该项工作必须具备的资格与条件。工作规范应详细列出合乎要求的承担这份工作所需要的知识、技术和能力,如受教育水平、工作经历、工作技术、员工能力、智力、体质和个性特征等方面的最低要求。但需要特别注意的是,一份准确的工作规范所依据的标准,应根据一个职务到底需要其任职者具有什么样的知识、技术和能力来确定,而不应根据该工作的现任员工本人实际具有的知识、技术和能力来确定。

工作分析、工作说明和工作规范的关系如图3-1所示。

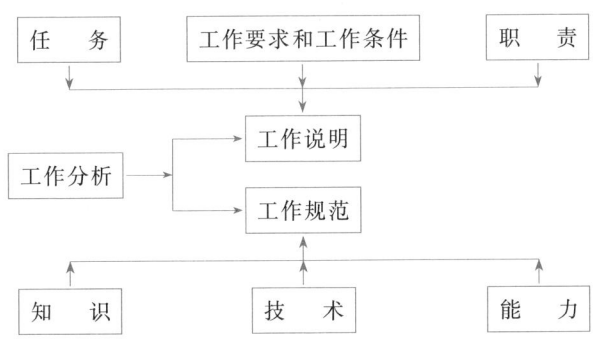

图3-1 工作分析、工作说明和工作规范的关系

二、工作分析的作用

工作分析对于人力资源管理具有非常重要的作用,人力资源管理的每一项工作,几乎都需要用到工作分析的结果。利用工作分析的结果进行工作设计和改进,还可以提高工作绩效,包括提高工作效率、产品质量和降低能耗、物耗,有助于强化员工对企业的认同感,提高员工的敬业精神和工作积极性,工作分析的作用如图3-2所示。以下主要就工作分析在人力资源管理方面的作用作一说明。

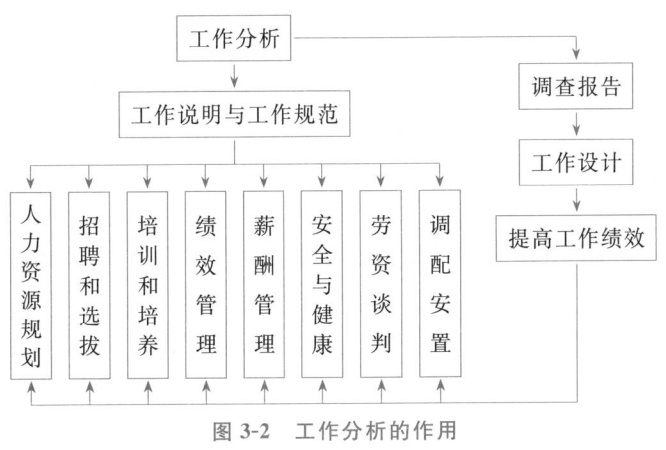

图3-2 工作分析的作用

1. 人力资源规划

企业在工作分析基础上形成的工作说明一般含有当前的各种工作所需的详细资料,包括目前工作的种类、工作和职位的数量以及这些工作之间的隶属关系。这些资料为企业制订人力资源规划时进行的各项审核工作提供了必要的准备工作。

2. 招聘和选拔

企业在制定了工作规范之后,就有了招聘和选拔员工的方向和依据,便可着手计划如何以及从何处招聘用于填补预期职位空缺的员工。填补岗位空缺的人员既可从内部选用,也可从外部招聘。按照工作规范进行内部选拔不仅可以节省招聘费用,它还可以强化员工的责任心,增强员工的归属感。

3. 培训和培养

工作分析确定了各项工作所应包括的具体事项,它们使有关管理者可以更准确地向求职者和新员工进行工作介绍。另外,工作说明和工作规范还向员工表明了企业对那些希望承担某项工作的员工的期望是什么;这方面的信息有助于员工制订自己的职业发展计划。从员工的角度看,通过与工作规范相对照,员工可以发现自己在哪些方面存在不足,从而可以有针对性地提高自己,以便为促进职业发展创造条件。从企业的角度看,工作规范和工作说明也是企业培训效果的衡量依据,工作规范和工作说明的完善程度将在很大程度上影响企业在促进员工发展方面所进行的各种培训工作的效果。

4. 绩效管理

管理者在进行员工业绩考核时,将一个员工应该做些什么与该员工实际上做了些什么进行比较。许多组织往往按绩效付酬。绩效应反映员工在某一职务上所取得的实际业绩情况,而不应仅仅取决于这份职务属于什么级别。

5. 薪酬管理

工作分析资料在制订工作报酬计划方面具有重要价值。一般而言,员工所从事的工作难度越大,报酬就应越高。工作分析信息可用来确定任务、职责和责任的权重,对难度较大的工作给予较高的权数,从而给予更高的报酬。有不少企业就同一岗位给出不同级别的工作规范或考核标准,如海尔将仅符合基本条件的定为试用期员工,能在试用期内完成符合规定要求的工作的为合格员工,能出色、有创新地完成工作的为优秀员工。国家和一些企业对一些有一定技能要求的工作制定了初级工、中级工、高级工、技师、高级技师的工作标准,技术工作有技术员、助理工程师、工程师、高级工程师之别。企业对于经考核达到相应级别要求的员工给予相应的薪酬标准,这有利于激励员工敬业爱岗,在平凡的岗位上做出不平凡的业绩。应该注意,员工关于公正和公平的感受,是通过自己所得与他人所得的比较以及与自己认为应得数量的比较形成的。

6. 安全与健康

工作分析信息的价值,还表现在它可以帮助确定与职务有关的工作条件状况以及可能存在的危险。许多企业建立或正在建立职业健康安全管理体系,有了工作分析方面的信息,管理人员就可以会同人力资源专家共同分析各项工作存在的危险源以及对人员健康的影响,制订必要的职业健康安全管理方案或计划、具体的工作措施和员工培训计划。

7. 劳资谈判

在劳资谈判中，工作说明通常必须确定哪些任务是在工作范围内的，哪些是在工作范围之外的。有时，在决定某些工作是否应包括在劳动合同或企业与工会的合同中时，也需要以工作分析信息为依据。

8. 调配安置

在实际工作中，一些员工可能由于各种原因而导致绩效不同。如一个比较内向的员工可能在销售工作上打不开局面；一个人干一项变化不大的工作，时间长了也会产生惰性。工作分析有助于建立起规范化的工作程序和标准，以此为依据，可以判断一个人是否适合某项工作，必要时为员工提供工作轮换的机会，提高人职匹配的程度，使每一个员工都能发挥自己的潜力。

任务二　认知工作分析过程与方法

一、工作分析的过程

工作分析涉及两方面的工作：一是工作本身，即职位的研究；二是人员特征，即任职资格的研究。工作中的实际情况被集中起来加以分析，并作为一项实际工作业绩被记录下来。工作分析通常由人力资源管理专家（人力资源管理者、工作分析专家或咨询人员等）组织的主管人员和普通员工通过共同努力合作完成。工作分析一般是在有了初步的分工，但还缺少工作说明和工作规范的工作进行过程中完成的。但也有针对已形成工作说明、工作规范和工作设计方案的工作进行进一步的分析，以实现持续改进。

不论采用何种方法，工作分析一般都遵循多步骤的程序。各企业实际采用何种步骤，应根据所使用的方法和所包括的工作种类、分析目的来确定。典型的工作分析的过程如图 3-3 所示：

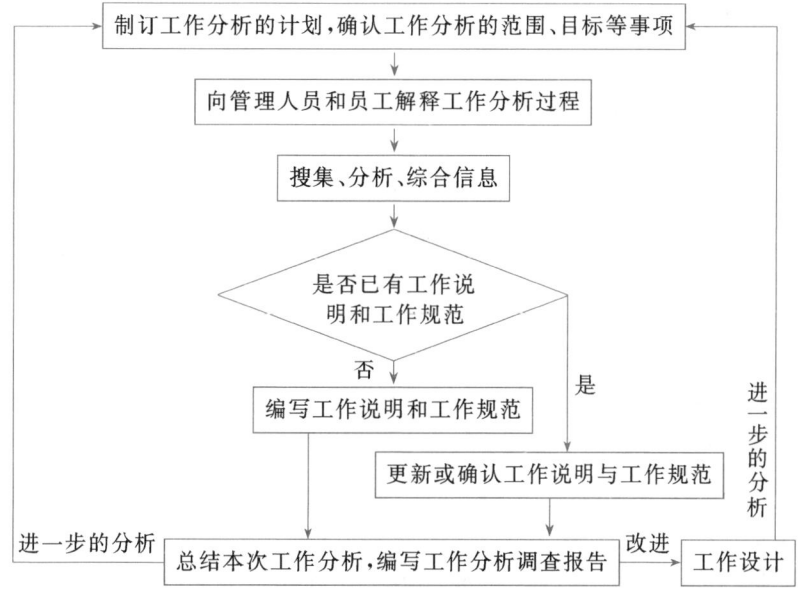

图 3-3　工作分析的过程

1. 制订工作分析的计划，确认工作分析的范围、目标等事项

工作分析的第一步是制订工作分析的计划，确认工作分析的范围和目标等事项，例如，是分析一个部门内的全部工作还是整个企业的全部工作，是为了规范或改进现有的工作还是有为空缺岗位甄选人员的需要。确认阶段的另一部分工作是对现有信息资料进行审查，如现存的各种工作说明书、组织结构图、以往的工作分析信息，以及其他与工作有关的信息资料。在这一阶段，还应选定参与工作分析的人员并明确职责，确定拟采用的方法。另外，还需确定在职员工和管理人员将以什么方式参与这一过程，以及需将哪些员工的工作列入工作分析范围。

2. 向管理人员和员工解释工作分析过程（计划）

工作分析的基本步骤之一，是向管理人员、列入分析范围的员工以及其他有关的人员（如工会的工作人员）说明工作分析的过程。由于在工作分析过程中需进行面对面的仔细考察，员工往往会产生出于本能的戒备情绪。需要解释和说明的事项一般包括：工作分析的目的、拟采取的步骤、分析进度、管理人员和员工如何参与、由谁来进行工作分析、有问题时应与谁沟通等。

3. 搜集、分析、综合信息

分析人员要采取行动去获得工作分析信息。一般情况下，根据具体情况采取分发问卷、安排面谈和到现场进行观察等方法。如果采用了问卷和面谈的调查方法，分析人员还需随时与有关人员保持联系，以提醒管理人员和员工填写和交还问卷或按时参加面谈。在取得了工作分析信息后，分析人员应进行仔细审阅，分析相关信息是否完整。如果有必要，分析人员可安排进一步的面谈，以获得澄清某些问题所需的补充资料。

4. 编写工作说明和工作规范

在获取了所需的信息资料之后，首先应对其进行分类和筛选，然后就可用来起草工作说明和工作规范。起草工作一般由人力资源管理部门负责。在完成初稿后，应分发给有关的经理和员工进行会签或讨论。根据会签意见，再进行各种必要的修改，直到形成最终的工作说明和工作规范。

工作说明和工作规范初稿的发放对象主要是从事这些工作的员工，特别是那些在工作分析中给予了协助的员工。对每位员工，一般应发给与各员工自身工作相关的工作说明和工作规范、管理人员直接下属的工作说明和工作规范，必要时还应发给其相关岗位（如上下道工序）的工作说明和工作规范。让这些在职员工有机会参与讨论和修改、提出需要澄清的问题以及与管理人员及负责人进行讨论，以加强管理者与员工间的相互交流和沟通。在讨论和修改时，员工可能提出各种各样的问题，例如，应以什么方式来从事某项工作，为什么要采用这种方式，可以在哪些方面加以改进，等等。此外，除了让员工参与讨论和修改工作外，在成立了工会的企业，还应邀请工会代表参与审阅和修订工作。这样做可以加强沟通，从而减少今后劳资双方发生冲突的可能性。

5. 更新或确认工作说明与工作规范

在形成了正式版本的工作说明和工作规范之后，还必须建立一套制度使其能够随着情况的变化不断得以更新。对于已有工作说明和工作规范的工作，工作分析的结果应该是更新或确认工作说明与工作规范，企业是动态发展和不断演化的实体，所有工作在多年内始终

保持不变的情况是不可能的。

6. 总结本次工作分析,编写工作分析调查报告

在工作分析的过程中,往往还会有许多对工作有益的信息不能立即进入工作说明与工作规范,如本次工作分析的过程、采用的方法,分析过程发现的不合理的内容和员工提出的抱怨和建议,分析人员想到的改进措施。这就有必要在工作分析完成后对本次工作分析进行总结,编写工作分析调查报告,以利于下一步的工作分析和工作设计。报告内容可以包括工作分析和调查的过程,工作分析的结果,分析过程发现的不合理的内容和员工提出的抱怨和建议,建议下次分析的重点,分析人员想到的改进措施,以及对工作说明与工作规范的必要说明。

二、工作分析所需的信息

工作分析的过程,实际上是一个搜集、分析和对信息再加工的过程,因此有必要在介绍工作分析的方法之前,先介绍一下工作分析所需信息的种类。为了成功地完成工作分析,需要搜集大量的信息。而这些信息又取决于工作分析的性质、目的和内容。工作分析人员要明确工作的实际职责并搜集多种类型的信息,工作分析所需要的信息种类具体如表 3-2 所示。

表 3-2 工作分析所需要的信息种类

信息种类	具体内容
1. 工作活动	(1) 工作活动和过程; (2) 活动记录(例如以胶片形式存在的文档); (3) 所采用的程序; (4) 个人责任
2. 员工活动的识别	(1) 人的行动,如有关工作的肢体动作和沟通; (2) 须分析的基本动作; (3) 对身体方面的工作要求,如体力耗费
3. 所采用的机器、工具、设备和辅助工作	
4. 与工作相关的有形和无形的内容	(1) 所涉及或应用的专业知识; (2) 加工所需要的原材料; (3) 制造的产品或提供的劳务
5. 工作业绩	(1) 失误分析; (2) 工作标准; (3) 工作计量,如完成任务的时间
6. 工作环境	(1) 工作日程表; (2) 物质和非物质激励; (3) 工作条件; (4) 组织和社会的环境
7. 工作对员工的要求	(1) 个人因素,如个性及个人兴趣和爱好; (2) 所需要的专业教育程度和受培训情况; (3) 工作经验

三、工作分析的方法

工作分析以相应的方法和技术为依据,大致上可以分为定性分析和定量分析。

(一) 定性分析

定性分析的方法具体包括:观察法、面谈法、问卷调查法、员工记录法和工作实践法。每种方法都有各自的优缺点,我们在实践中,针对不同的情况选择运用。在成本效益原则限制的情况下,企业也常常同时使用几种不同的方法。下面我们逐一对各种方法加以说明。

1. 观察法

观察法是一种传统的工作分析方法,是指工作分析人员直接前往工作现场,针对某些特定对象(一个或多个任职者)的作业活动进行观察、搜集,记录有关工作的内容,工作间的相互关系,人与工作的关系,以及工作环境、条件等信息,并且用文字或图表甚至摄影等形式记录之,然后进行分析和归纳总结的方法。对一项工作的观察,可以采用在较长时间内连贯不断的方式,也可以采用不定期的观察或访查的方式。具体采取哪种方式,应根据该项工作的特点而定。观察法分为直接观察法、阶段观察法和工作表演法三种,如表 3-3 所示。

表 3-3 观察法的三种形式

形　式	具体实施	适用范围
直接观察法	工作分析人员通过直接对员工工作的全过程进行观察来搜集信息	适用于工作周期短、规律性强的职位及流水线工人职位,不适用于周期长、非标准化的工作,也不适用于各种户外工作及中、高级管理人员的工作
阶段观察法	工作分析人员通过分阶段对某一职位的工作事项进行观察来搜集信息	
工作表演法	工作分析人员通过要求被观察者当场表演某一工作事项并对该工作事项进行观察来搜集信息	

许多工作并没有完整的、容易被观察到的职责或者完整的工作周期,这就使得现场观察法的适用范围十分有限。因此,现场观察法一般只适用于分析重复性较强的作业活动或主要靠体力完成的工作,或者与其他方法结合起来使用;不适用于脑力劳动为主的工作和处理紧急情况的间歇性工作,也无助于得到有关任职者资格要求的信息。

使用观察法时,必须注意观察的客观性。为了保证观察结果的客观,在进行观察时,务必让被观察者的表现不受观察者的影响,应当和平时一样;否则,被观察者一旦意识到自己被观察,就可能过分表现自己,从而造成假象。

2. 面谈法

面谈法又称访谈法,要求工作分析者访问各个工作场所,并与承担各项工作的员工或主管人员和专家交谈。在进行现场面谈时,通常采用一种标准化的访谈表来记录有关信息。在大多数情况下,员工和其直接管理者都被列为访谈对象,以便全面彻底地了解一项工作的任务、职责和责任。面谈耗费较多的时间,尤其是当访谈者与两三个从事不同工作的员工交谈时,耗费的时间就更多。专业性工作和管理性工作较为复杂,往往较难分析,需要更长的时间。因此,面谈法主要扮演问卷调查的后续措施。作为后续措施,面谈法的主要目的是要求员工和有关负责人协助弄清问卷调查中的某些信息所涉及的问题,同时,分析人员也可借机弄清问卷中的某些术语方面的问题。

面谈法主要适用于工作任务周期长、工作行为不易直接观察的工作。面谈法有三种形式,即个人面谈、群体面谈和与职务上司面谈,如表3-4所示。

表3-4 面谈法的三种形式

形 式	具体实施	适用范围
个人面谈	工作分析人员与每个员工进行个别面谈	适用于工作差异较大且工作分析时间较为充足的岗位
群体面谈	工作分析人员对从事某个职业的员工进行集体面谈	适用于工作性质比较接近的岗位
职务上司面谈	工作分析人员同某一岗位任职者的直接领导进行面谈	与以上两种方式结合使用,使所获得的信息更加客观、准确

面谈法有许多优点,如可以对工作者的态度和动机等深层次内容有比较详细的了解,运用广泛,能简单而迅速地搜集多方面的分析资料;有助于与员工的沟通,缓解工作压力。但也存在一些不足,如需要有专门的技巧,需要有受过专门训练的工作分析人员;比较费时,工作成本较高;所得的信息易失真;易被员工认为是对其工作业绩的考核或是薪酬调整的依据,所以会夸大或弱化某些职责。

进行面谈时应注意以下几个问题:一是工作分析人员要同被访谈者建立良好的沟通关系,使之能够将工作中的情况客观真实地反映出来;二是访谈者要注意控制访谈的趋向和进度,防止内容离题或访谈者喧宾夺主,将面谈变成诉苦或者邀功的机会。

3. 问卷调查法

问卷调查法是指采用调查问卷来获取工作分析的信息,以实现工作分析的目的。由有关人员事先设计出问卷,然后由员工或调查人员填写,最后进行归纳分析,其间做好详细记录,并据此写出工作说明,再征求任职者的意见,并进行补充和修改。

问卷设计是实施问卷调查法的关键环节,调查问卷通常有三种形式,如表3-5所示。

表3-5 调查问卷的三种形式

形 式	操作说明	优缺点	问题提问次序
开放式问卷	设计的问卷只有问题而没有给出备选的答案,由被调查者根据自己的判断自由回答	调查者可自由回答问题,容易获得某些新的或更为全面的信息,但搜集到的信息难以统计和对比分析	(1) 将易于回答的问题放在前面; (2) 按逻辑顺序排列问题,如按时间先后、从外部到内部等顺序; (3) 先问范围广的、一般的甚至是开放性的问题,后问职位相关性较强的问题
封闭式问卷	工作分析人员先设计好所要调查问题的备选答案,被调查者在其中选择合适的答案即可	比较规范化、数量化,便于使用计算机对结果进行统计分析,但设计比较费力,不易获得较全面的信息	
混合式问卷	将封闭式问卷与开放式问卷有机地结合,其问题既包括开放式问题,也包括封闭式问题	二者有机结合,能够获得较为全面的信息,容易对调查结果进行分析	

一个典型的工作分析调查问卷通常包括下列方面的问题：
(1) 该工作的各种职责以及花费在每种职责上的时间的比例。
(2) 非常规性的特殊职责。
(3) 工作协调和监管责任。
(4) 所用物资和仪器设备。
(5) 所作出的各种决定和所拥有的斟酌决定权。
(6) 所准备的记录和报告。
(7) 所运用的知识、技能和各种能力。
(8) 所需培训。
(9) 体力活动及特点。
(10) 工作条件。

问卷调查法的优点是，可以在一个较短的时间内，以较低的费用获得大量与工作有关的信息；调查范围广，可用于多种目的、多样用途的工作分析；适用于需要对很多工作者进行调查的情况；调查的资源可以量化，由计算机进行数据处理。不过，有时因为员工缺乏表达能力，使得这种方法达不到预期的效果，一些员工可能会夸大其工作的重要性，提出的责任多于实际情况。另外，设计理想的问卷需花费较多时间、人力、物力，成本较高，问卷使用前，应进行测试，以了解员工理解问卷中问题的情况；为避免误解，还经常需要工作分析人员亲自解释和说明，工作效率较低。因此，采用这种方法时，后续的观察和访谈往往是十分必要的。

4. 员工记录法

员工记录法又称工作日志法，是指要求任职者按时间顺序，详细记录自己在一段时间内的工作内容和过程，以此作为工作分析的对象，然后归纳、分析。一般采用工作日志或工作笔记的形式记录。

不同的工作分析目的，需要设计不同的"工作日志"格式，这种格式通常以一套特定表格来体现，通过员工填写表格，提供有关工作的内容、程序和方法，工作职责和权限，工作关系以及时间等信息。工作日志的实例如表 3-6 所示。

表 3-6 工作日志的实例

(封面)

工作日志

姓名：　　　　　　　年龄：
岗位名称：
所属部门：
直接上级：　　　　　从事本业务工龄：
填写日期自＿＿年＿月＿日至＿月＿日

(封二)

工作日志填写说明

1. 请您在每天工作开始前将工作日志放在手边，按工作活动发生的顺序及时填写，切忌一天工作结束后一并填写。
2. 要严格按照表 3-6 要求进行填写，不要遗漏那些细小的工作活动，以保证信息的完整性。
3. 请您提供真实的信息，以免损害您的利益。
4. 请您注意保存，防止遗失。

感谢您的真诚合作！

(正文)

日期:5月29日　　工作开始时间:8:30　　工作结束时间:17:30

序号	工作活动名称	工作活动内容	工作活动结果	时间消耗	备注
1	复印	协议文件	4页	6分	存档
2	起草公文	贸易代理委托书	8页	1小时05分	报上级审批
3	贸易洽谈	玩具出口	1次	40分	承办
4	布置工作	对日出口业务	1次	20分	指示
5	会议	讨论东欧贸易	1次	1小时30分	参与
…					
16	请示	贷款数额	1次	20分	报批
17	计算机录入	经营数据	2屏	1小时	承办
18	接待	参观	3人	35分	承办

员工记录法的优点是所需费用较少,信息可靠度高,适用于确定有关工作职责、工作内容、工作关系、劳动强度等方面的信息;对分析高水平与复杂的工作,显得比较经济有效;并有助于员工养成及时做好工作记录(有利于事后查证、分析)的习惯。但也存在一些缺点,如:注意力过分集中于活动的过程,而非活动的结果;整理信息的工作量大,归纳工作烦琐;作业者在填写日志时会因为不认真而遗漏很多工作内容,从而影响工作分析结果。

5. 工作实践法

最好的了解工作过程与工作特点的方法就是亲自尝试。工作分析人员实际从事所研究的工作,由此掌握工作要求的第一手资料。用这种方法可以了解工作的实际性内容以及体力、环境、社会方面的要求,适用于短期内可以掌握的工作,如服务性工作、汽车驾驶等。也可以有意识地选择从事过所要分析的工作或对有关工作比较熟悉的员工参与工作分析,往往会起到事半功倍的效果,若是需要长期培训或技术含量较高的工作,就不适合采用这种方法。

上述介绍的几种工作分析方法各有优缺点,在实际工作中应结合使用,如表3-7所示。

表3-7　几种工作分析方法的比较

方　法	优　点	缺　点	适　用
观察法	工作分析人员能较全面深入地了解工作要求	不适于脑力活动为主的工作和处理紧急情况的间歇性工作,不能达到任职资格的要求,被观察者可能会反感	标准化、任务周期较短、以体力活动为主的工作
面谈法	能了解到工作者的工作态度和工作动机等深层次的内容;搜集信息简单迅速具体;缓解员工工作压力	访谈者要受专门训练;费时、成本高、信息易失真	任务周期较长,工作行为不易直接观察的工作

续表

方　法	优　点	缺　点	适　用
问卷调查法	成本低、速度快、调查范围广、结果可量化	问卷设计费时，需对问卷进行解释，员工和调查者之间缺少交流	各种类型的工作；从大群员工中获取信息时
员工记录法	便于获取工作职责、工作内容、工作关系、劳动强度等信息，费用低，分析复杂工作较为经济有效	关注过程而非结果；整理信息工作量大；存在误差；可能影响工作	任务周期较短、工作状态稳定的工作
工作实践法	工作分析人员从实际从事、研究的工作中掌握工作要求的第一手资料	不适用于需要长期培训或技术含量较高的工作	适用于短期内可以掌握的工作

通常，某一工作分析人员并不仅仅使用一种方法，而是将各种方法结合起来，效果通常会更好。例如，在分析事务性和管理工作时，工作分析人员可能会采用问卷调查法，并辅之以面谈和有限的观察法。在研究作业工作时，可能采用面谈和广泛的观察法来获得必要的信息。

（二）定量分析

定性分析虽然操作较为简便，但所获取的信息不够精确。在此基础上，定量分析进一步采用一系列量表对信息进行量化处理，不同的量表体现了不同的分析程度，可以为不同的工作分析服务。具体采用什么方法应根据企业的具体情况和工作分析的具体目标来定。多年来人们一直在努力寻求更有效的工作分析方法，但仍应注意简单实用，如一味追求全面而无微不至，也可能因降低效率而得不偿失。下面介绍几种国外的定量分析技术。

1. 工作分析计划表分析法

美国劳工部创立了一项名为工作分析计划表的系统研究工作和职业的工作分析法。采用工作分析计划表分析法时，由训练有素的工作分析人员负责搜集信息。工作分析计划表分析法的基本内容包括：

(1) 确立的工作名称。
(2) 行业机关的任务。
(3) 社会保险编码和名称。
(4) 工作概要。
(5) 完成工作的等级。
(6) 员工特征等级。
(7) 总体学历名称。
(8) 职业准备。
(9) 工作经历。
(10) 适应时间。
(11) 从业资格。

(12) 与其他工作或员工的关系。
(13) 机器、工具、设备、工作辅助工具。
(14) 原料和产品。
(15) 任务说明。
(16) 术语解释。
(17) 总的评论。
(18) 分析者和审查者的签名、日期、岗位名称、所属部门。

工作分析计划表分析法的一个主要构成部分就是评价完成的工作。在这里,需要对员工在完成一项工作中涉及的有关数据、人员和事务作出评价。工作分析计划中的员工职能等级如表3-8所示。每类指标均由不同层次的职能组成,层次越高越难完成。工作职能部分的编码代表了三类指标中每一种类最高层次的内容。工作分析计划表中的员工特点评价部分主要与工作要求的资料有关。主要包括了总体学历名称、具体的职业准备、能力、个性、兴趣、体力要求和环境条件等几个方面,任务说明部分具体地描述了要完成的工作,既包括常规任务,也包括临时任务。

表3-8 工作分析计划中的员工职能等级

	资 料		人		事
0	综 合	0	指 挥	0	创 立
1	协 调	1	协 调	1	精确工作
2	分 析	2	指 导	2	操作—控制
3	编 辑	3	监 督	3	开动—操作
4	计 算	4	牵 制	4	熟练操作
5	复 制	5	劝 导	5	照 管
6	比 较	6	发表意见——用动作示意	6	装卸工作
7	无重要关系	7	服 务	7	处 理
		8	无重要关系	8	无重要关系

2. 职能工作分析法

职能工作分析法是由美国培训就业局开发的一种综合性工作分析方法,主要是针对工作、员工和组织之间的相互关系。这种方法是工作分析计划表的一种改进方法,是一种以员工所需发挥的功能与应尽的职责为导向来描述工作的方法,它明确了一名员工实际所做的工作,而不是他(她)的责任。职能工作分析法的基本组成如下:

(1) 什么工作与员工如何才能完成工作,这两者之间存在很大区别。在工作分析中,了解后者更为重要。例如,文档处理操作员不仅仅是保持处理系统的顺利运行,在完成这项工作中还必须完成大量的其他任务。

(2) 每份工作都与资料、人和事有关。

（3）当涉及资料、人、事时，员工们以独特的方式发挥作用。

（4）每份工作都要求员工以某种方式与资料、人、事发生联系。

（5）只有一小部分确定的、可识别的职能与资料、人、事有关。

（6）将职能按简单到复杂进行排列。最简单的资料将作为比较资料，而最复杂的则作为综合资料。此外，假设需要某种较高层次的职能，那么必然会需要所有较低层次的职能。

（7）对资料、人、事三个层次提供了两种衡量工作的方法。首先是与资料、人、事有关的相对复杂的一种衡量方法，实质上就是三种职能间相互关系的总和。另一种方法是对每种职能所占比例的衡量。例如，一个人将50%的时间用在分析问题上，30%用于监督管理，还有20%用于操作。

职能工作分析法的优点在于对工作内容提供了非常彻底的描述，对培训的绩效评估极其有用。但是由于工作分析计划表对每项任务要求作详细分析，因而执行起来相当费力气和费时间。

3. 职位分析问卷法

职位分析问卷是一份结构化的工作分析调查表，它采用清单的方式来确认工作要素。美国的职位分析问卷包括194个项目，其中187项被用来分析完成工作过程中员工活动的特征（工作要素），另外7项涉及薪酬问题。职位分析问卷适用于各种类型的工作分析。每个工作项目评价都要依据具体的标准进行，如使用程度、所需时间、工作重要性、发生的可能性和适用性等。职位分析问卷法运用五分法来确定在完成某项特定工作中所涉及的不同任务或工作评估的深度。

借助计算机程序，可以对被研究的每项工作按32种工作规格评分，得出的分数代表了工作的基本状况，再与标准的工作状况相比较，从而可将该工作归入已知的工作类别，即相同性质的工作。职位分析问卷实质上就是识别重要的工作行为并将不同工作分类。使用职位分析问卷法，可根据相对重要性来进行工作说明，重点是各种要素的说明。职位分析问卷应由熟悉研究对象的一个或多个员工来完成，最好是由一个经验丰富的任职者或其直接管理者来完成，然后再由工作分析人员来准备工作说明。

职位分析问卷的优点在于同时考虑了员工与工作两个变量因素，并将各种工作所需的基础技能与基础行为以标准化的方式罗列出来，从而为人事调查、薪酬标准的制定等提供依据；职位分析问卷不需修改就可用于不同组织、不同的工作，使得比较各组织间的工作更加容易，也使工作分析更加准确合理。但是职位分析问卷所需时间成本很高，也非常烦琐；它的通用化格式导致工作特征的抽象化，不能描述实际工作中特定的、具体的任务活动。

4. 职业测定制度

随着信息技术的不断进步，产生了一些新的改进的工作分析方法。职业测定制度使企业能够通过计算机数据库，搜集、储存和分析与人力资源有关的信息。使用计算机能提高工作分析、工作说明和评价的效率，也提高了精确度。计算机的使用还能够有效地利用多元回归统计技术，增加工作分析的客观性，对潜在的诉讼风险能作出迅速反应。职业测定制度主要用来处理以任务为基础的信息，这种制度包含一个具备指导性和概括性信息的小册子，它把结构性工作分析问卷作为基本的输入文件使用。问卷所包含的项目是专门针对它所涉及的职位种类而设置的,回答问卷可采用数据输入或扫描的形式。

职业测定制度是一套完整的计算机软件系统,专门用来加工、分析和显示以任务为基础的信息。

工作分析计划书

四、工作说明书的编写

(一) 编写原则

1. 统一规范

工作说明书的具体形式可能有多种,但其核心内容却不应当改变。对于工作说明书中的重要项目,如名称、工作概要、职责、任职资格等,必须建立统一的格式要求,否则工作说明书难以发挥职务管理作用。

2. 清晰具体

工作说明书是任职者的工作依据和具体要求,内容必须具体明了,使任职者或监督者可以理解、可以操作、可以反馈。语言方面应当符合任职者的水平,不能让人看不懂。

3. 指明范围

在界定职位时,要确保指明工作的范围和性质,如用"为本部门""按照经理的要求"这样的句式来说明。此外,还要把所有重要的工作关系也包括进工作说明书。

4. 共同参与

工作说明书的编写不应当闭门造车,而应由担任该职务的工作人员、上级主管、人力资源专家共同分析协商。只有将各方面的意见考虑在内,编写出来的说明书才会为各方面所接受,才能在工作中真正发挥作用。

(二) 工作说明

通过工作分析获得的信息对工作说明的制定是至关重要的。人力资源管理工作应以这些信息资料为依据,保证各种管理工作的合理性。对员工来说,这些说明是决定他们工作的代表性文件,其内容对每个员工都具有一定的参考价值。工作说明应该是切题的、准确的。它们应该简要地说明期望员工做些什么,还应该确切地指出员工应做什么、应怎么做和在什么样的情况下履行职责。

工作说明中经常使用的术语包括:

(1) 应履行的主要职责。

(2) 在各项职责上所耗费时间的百分比。

(3) 应达到的业绩标准。

(4) 工作条件和可能产生的危险。

(5) 完成工作的人员数和接受其汇报的人数。

(6) 工作中使用的机器和设备。

工作说明的内容根据使用目的的不同而有所变化。表3-9提供了一个工作说明书的范例:

表 3-9 人力资源助理工作说明书

职位:人力资源助理	职务编号:
部门:人力资源	工作地点:
呈报人:人力资源经理	工作分析日期:
起草人:张民	

工作概要:

基本工作职能:
1. 协助人力资源方面的各种工作活动,包括准备工作安排、发布招聘广告、进行招聘面试、安排对公司的现场参观、核实推荐材料、使新员工和实习生熟悉情况(25%)。
2. 根据人力资源经理的要求,撰写内部和外部来往信函,包括备忘录、员工通知和书信(20%)。
3. 从事使全面安全管理计划和职业安全与健康管理局的规定相符合的协调工作,包括主持常规的安全委员会会议,对日常遵守规定情况进行现场督察,组织员工进行安全培训(20%)。
4. 管理员工福利,包括储蓄、退休、因工伤残补偿、健康和保健福利;回答员工的问题和调查索赔问题(20%)。
5. 准备解雇员工所需的文字工作,包括退休金结算、储蓄退发、统一综合财务调节法案规定的福利、最后工时结算以及仍欠假期福利费(6%)。
6. 通过重新调整员工档案中有关资料,使员工休假、病假等假期与实际情况相一致(5%)。
7. 协调指定员工的就业前药物检查和被指定员工的随时性药物检查(4%)。

知识、技能和能力:
1. 关于公司政策、程序、产品和服务方面的知识。
2. 关于人力资源实践工作活动和办事惯例方面的知识。
3. 关于就业法律方面的知识,如:美国残疾人法、家庭和病假法、职业安全和健康法及其他法律。
4. 关于因工伤残补偿索赔管理方面的知识,关于健康保险索赔管理方面的知识。
5. 与该职务相关的基本要求方面的知识,如全国电子编码(National Electric Code)的要求、职业安全和健康法的要求等。
6. 分析思考能力和解决问题方面的技能。
7. 解决冲突的手段与措施方面的技能。
8. 书面与口头交流的技能。
9. 谦恭有礼的和专业的举止,与同事和各种工作上的相关人员进行交往的能力。

受教育程度与工作经历要求:
管理专业或相关领域大专毕业或同等学力,两年的人力资源管理工作实践或同等经历。

体格要求:
视力:必须能够看清计算机屏、数据报告和其他文件。
听力:必须能够与同事、员工和顾客进行正常交流,能参加各种会议和准备公司信息。
站立和行走:正常。
用指拨弄、抓弄、触觉:必须能够写、打字和使用电话。

工作条件:
正常工作条件,不存在令人讨厌的状态。
(注:此处的说明意在描述员工将要从事的工作的一般性质和层面,而不应被理解为是对这类人员的责任、职责和技能的要求的全部。此外,这些说明并非一份就业合同,这些说明的内容是否会有变动,将由雇用方斟酌决定)

工作说明包括了几个主要部分,下面对一些基本的内容作概述:

1. 工作识别

工作说明的第一部分是工作识别,又称工作标识或工作认定。一般包括工作名称、隶属关系、所在部门、所在地点和工作编号。在进行工作识别时,可参照人力资源信息系统中的有关信息。工作识别部分中最常见的项目还包括工作数量、工资等级、免付加班费/非免付加班费等。一个好的工作名称很接近工作内容的性质,并能把一项工作与其他工作区别开来。

为了规范职业名称,各国都编制了相应的标准化文件,如我国人力资源和社会保障部主持编纂的《中华人民共和国职业分类大典》(2022年版)、美国联邦政府编制的《职业名称词典》。企业的职务名称应尽可能与上述标准化文件一致,以免造成误解。

《中华人民共和国职业分类大典》将职业划分为8个大类、79个中类、449个小类、1 636个细类(职业)、2 967个工种。其中绿色职业133个(标注为L),占职业总数的8%;数字职业97个(标注为S),占职业总数的6%;既是绿色职业又是数字职业23个(标注为L/S),反映出数字经济与绿色产业的结合,标志着行业对复合型人才的需求。同时,此次修订还增设了数字技术工程技术人员小类,下设13个数字技术职业,也成了一大新亮点,反映了数字经济发展的需要,顺应了碳达峰碳中和的趋势,契合了创新、协调、绿色、开放、共享的新发展理念,满足了人民美好生活的需要。

《职业名称词典》包括了与20多万种职业相关的信息和对工作职业化的、综合性的描述。这种标准化使不同地区、不同行为的雇主能够更精确地将工作要求和员工的技能相匹配。一个专业的人力资源管理人员如果需要准备大量的工作说明,他就可以依据《职业名称词典》中的工作说明为基础。在此基础上,如有需要,可对《职业名称词典》中的工作说明加以修改,使之适应本企业的具体情况。

《职业名称词典》对一个名为分支机构经理、职业编号为183.137-010的工作所下的定义如表3-10所示。

表3-10 《职业名称词典》定义摘录

(1) 职业代码	183.137-010
(2) 职务	经理
(3) 行业名称	分支(任何行业)机构
(4) 备选名称	地区的/部门的经理;工厂的经理
(5) 重要说明	对产业组织的某分厂或其在某指定区域的生产、分销和营销工作进行指导;根据同产业组织经理制定的政策、原则和程序,协调生产、分销、库存管理和销售活动;与顾客和行业代表商议,以评价和激励改善、扩展地区服务的可能性;开发有效利用机器、人力和原材料的计划;评价并修改生产成本、质量及库存控制计划,以保持分支机构的营利性经营;通过评价竞争地位及开发新市场,采用销售辅助手段、广告、促销项目及相关领域的服务,计划和指导销售工作;指导人事工作;指导会计记录的准备工作,向资方提出预算计划
(6)"可能"的名称	根据管理区域名称的不同可能被命名为行政区域经理(任何行业)、本地经理(任何行业)、地区经理(任何行业)

2. 工作分析日期

工作说明中通常应包括工作分析日期,这种做法有利于企业随时检查工作说明的时效性,有利于企业更新工作说明,以适应工作变化和环境变化的需要。

3. 工作概要

工作概要又称职务摘要,是对工作的简要概括。它通常用一段简练的文字概要地陈述该工作的总体性质、中心任务和所要达到的工作目标。有一位人力资源管理专家认为,工作概要部分的叙述应该是:"用30个或更少的字(指英文文字)描述工作特点。"

4. 基本工作职责

对一个典型的工作说明而言，工作说明的主体应勾画出将完成的主要工作职责。具体来说，包括工作活动内容、工作权限、工作结果等内容。通常一个以行动动词，如"接受""执行""建立"或"装配"为开头的句子，就足以解释每项职责了。这一部分应准确无误和十分精练地表述该工作的任务、职能和责任。一般样式的基本工作职责表述通常包括：①关于动作的动词；②适用于什么对象；③什么、怎么样、多长时间一次。要想既不过分细致又能将职责表述得十分清楚，确实需要很高的艺术。应注意用准确的动词来描述员工的任务、职责和责任。基本工作职责应按照其重要性或基本程度来排列。因此，工作职责的排列应将最基本的（就其重要程度和所花费时间而言）工作职责排在最前面，而将辅助性的和细枝末节的工作靠后。这种排列方式十分必要。零碎的工作事项通常应包括在内，以保证管理灵活性。

（三）工作规范

工作规范常常是工作说明中的一个重要部分。撰写工作规范需要依据多种信息资料。一般情况下，要依据管理人员的经验判断或使用比较精确的统计分析法。工作分析所得的资料显然可作为一个基本的起点。在起草工作规范时，必须注意，规范中对各种知识、技能和能力的要求，必须是该工作的职责实际所需要的。也就是说，工作规范中的各种要求必须针对承担该项目所必须具备的条件来制定，而不应按照一个所谓的理想人选应具备的条件来确定。

工作说明和工作规范都是工作分析的结果，两者之间既有十分密切的联系，又有一定的区别：①从编制的直接目的看，工作说明是以工作为中心对岗位进行全面系统深入的说明，为人事管理提供依据；而工作规范是在工作说明的基础上，解释什么样的人员才能胜任本岗位的工作。②从其内容涉及的范围来看，工作说明的内容十分广泛，包括对岗位各有关事项的性质、特征、程序、方法的说明；而工作规范的内容较为简单，主要涉及对岗位人员任职资格条件的要求。

工作规范也有很多不同的格式，各企业可以根据自己的实际情况设计适合自己的格式，也可以根据不同的岗位强调不同的项目。下面再给出一个工作说明书范本，如表3-11所示。

表3-11　信息部主任工作说明书

工作名称：信息部主任	直接上级：情报系统经理	工资等级：12级
定员：1人	所辖人员：12人	工资水平：66 800～86 400元/年
分析日期：2025.6	分析人：人事部张玉	批准人：人事部经理李剑
职责和权力：1. 基本活动：(1) 听取信息使用者意见 　　　　　　　　　　(2) 定期向上汇报 　　　　　2. 选择、培训、发展人员：(1) 挑选信息处理人员 　　　　　　　　　　　　　　(2) 发展合作精神，增进相互了解 　　　　　　　　　　　　　　(3) 保证下属得到必要的培训 　　　　　　　　　　　　　　(4) 指导下属工作 　　　　　3. 计划、指导和控制：(1) 向下属分配任务 　　　　　　　　　　　　(2) 详细检查下属的工作 　　　　　　　　　　　　(3) 指导和解决问题 　　　　　4. 分析业务，预测发展 　　　　　5. 制订部门发展计划 　　　　　6. 财务方面：有50 000元以下的财产处理权力和15 000元以下的现金处理权力，并在此限定下参与计划和控制 　　　　　7. 接受一般监督		

续 表

资格要求：	因素	细分因素	等级	限定条件
	1. 知识	(1) 教育	5^+	具备硬件、软件方面的知识 四年制工商管理和信息处理技术方面专业的学历证书
		(2) 经验	6^+	五年以上信息处理和程序编制的实际经验
		(3) 技能	7^-	独立上机操作，必须在信息处理的方法、系统设备等方面具有很高的技能
	2. 解决问题的能力	(1) 分析	5^+	熟悉分析评价技术理论和具备人事管理方面的能力
		(2) 指导	4	根据下属业务能力状况，把复杂任务转化为可理解的指令和程序
		(3) 通信/交流	6	具备广泛的沟通能力，能使用简单的语言交流技术。维护本部门和其他部门以及硬件销售单位之间的联系
	3. 决策能力	(1) 人际关系	5^-	能紧密结合下属工作和其他管理人员的活动，运用正式或非正式的方法指导、辅导、劝说和培养下属，并具备处理人际关系的能力
		(2) 管理方面	4	具备在复杂的环境中指导下属运行信息处理系统的技术能力
主要责任：成功地完成所分配的任务，增加信息使用者的理解力和满意度，提高工作效率					

任务三　认知工作设计

工作分析除了应形成工作说明和工作规范外，还应形成相应的调查报告，提出现实存在的不合理的方面和相应的改进措施，为下一步的工作设计提供依据。工作设计是工作分析的最终成果，是为了有效地达到组织目标，提高工作绩效，对工作内容、工作职责、工作方式、工作关系等有关方面进行变革和设计。

虽然工作分析和工作设计都以职务工作为对象，但工作分析的重点是将已有的工作规范化、文件化，工作设计的重点是对工作进行变革和重新设计；工作分析基本上在不改变员工工作现状的基础上使其更明确工作职责，而工作设计的结果就是改变工作现状以提高工作绩效。图3-2、图3-3同时也说明了工作分析和工作设计的关系。作为工作分析的一个产物，工作设计所关心的是在分析过程中发现的不合理的方面和员工提出的抱怨和建议，分析人员以此想到的改进措施，以及如何提高工作绩效。对组织内部进行持续改善或重组可能会改进他们的工作，以便删除不必要的工作任务或找到更好的工作方法。工作设计一方面应该帮助组织顺利地达到其目标，提高工作绩效；另一方面，工作设计应该考虑那些从事这方面工作的人们的能力和需要。工作设计是通过满足员工与工作有关的需求来提高工作绩效的一系列管理方法，因此，其对激励员工的工作动机、增强员工的满意度以及提高生产率都有重大影响。

工作设计主要包括工作内容、工作方法、工作职责、工作关系、工作结果、工作结果的反馈和任职者的反应七方面内容，也会涉及工作说明和工作规范的各项内容。工作设计方法包括以下几类：①以任务为中心的科学管理方法；②以人为中心的人际关系方法；③员工参与决策的方法；④其他辅助方法。

一、以任务为中心的科学管理方法

对工作设计的研究是科学管理的一项重要贡献。其核心内容是把工作简单化、标准化和专业化,把每项工作简化为最简单、最优化的程序,然后让员工在严密的监督下完成工作。按照科学管理的方法进行工作设计的基本途径是进行时间的动作分析,实现工作的简单化和标准化并确立时间标准。它在研究工作循环的基础上,确定可以对哪些环节进行修正、组合、重新安排或删除,最终减少完成工作循环所需的时间,用秒表或工作样片技术记录下来,从而确定时间标准。把每一个环节的时间组合在一起,就得到了所需的总时间。然后考虑其他员工的技术和努力,以及在完成工作过程中可能会出现的间歇,再对时间进行调整。这样,经过调整的时间就成了某一特定工作循环的时间标准。它可能删除在工作循环中重复的过程,或是把两个员工的任务合并在一起,还可以进一步研究员工的动作和习惯与产品质量、安全生产、物耗、能耗、周围环境之间的关系。这样设计出来的工作的优点是工作效率高、安全可靠而且成本低。

专栏 3-2　科学管理之父泰勒

弗雷德里克·泰勒(Frederick W.Taylor,1856—1915)是美国古典管理学家,科学管理的创始人。他不断在工厂实地进行试验,系统地研究和分析工人的操作方法和动作所花费的时间,逐渐形成其管理体系——科学管理。他在多家公司进行科学管理的实验。在斯蒂尔公司,泰勒创立了成本会计法。在西蒙德滚轧机公司,泰勒改革了滚珠轴承的检验程序。在伯利恒钢铁公司大股东沃顿的邀请下,以顾问身份进入伯利恒钢铁公司,此后在伯利恒进行了著名的"搬运生铁块试验"和"铁锹试验"。泰勒的主要著作有《科学管理原理》(1911)和《科学管理》(1912)。

(资料来源:新浪网财经频道)

二、以人为中心的人际关系方法

人际关系思想在工作设计中运用的方法是在按照传统方法设计出来的枯燥的工作内容中增加管理的成分,增强工作对员工的吸引力。这类方法强调工作对承担这一工作的员工的心理影响和人际关系变化,主要有:

(一)工作丰富化和工作轮换

工作丰富化指通过给优秀员工增加更多有意义的任务来提高工作的挑战性、工作任务的统一性和工作中的独立自主性,同时给予更多的工作回报,使员工认可工作回报并提高满意度,以激励员工的工作热情的工作变革方法。任何为赋予员工的工作以更大的意义、提高员工工作满意度而作出的努力都可被称作工作丰富化。

鼓励员工在参与决策过程中假设自己是一个重要的角色,并更加投入地参与到他们自己工作的计划、组织、领导和控制活动中去。工作丰富化也可以通过将员工组织成团队,并赋予这些团队更大的自我管理的权力实现。

工作轮换是指定期或不定期地让员工的工作得到轮换,一方面消除员工对某一工作的惰性,提高其工作兴趣;另一方面也拓展了员工的技能,使企业和员工都有了更多的适应和选择的机会。这一方法在日本非常流行,同时经过轮换的员工会有更多或优先的升职机会。工作轮换的基本过程如图3-4所示。

图3-4 工作轮换的基本过程

(二)工作特性模式

当行为科学家将焦点放在识别各种能够同时改善组织的效率和员工的工作满意度的工作上时,理查德·哈克曼(J. Richard Hackman)和格雷格·奥尔德姆(Greg Oldham)提出了工作特性模式,认为一名上岗人员的三种心理状态将导致工作绩效的改善和更低的缺勤率及人事变动率。高动力、高满意度和高生产率的员工具有以下特征:①真正体会到工作的意义;②拥有对工作结果负责的责任心;③拥有对工作绩效结果的认识。这三种心理状态的实现可以使员工将这一工作做得更好。

哈克曼和奥尔德姆相信五个核心工作特性导致了这三种心理状态。这五个工作特性是:

(1)技能多样化。一个工作包含许多不同的活动,这就要求上岗人员具有许多不同的技能和才华。

(2)任务识别。一项工作任务的完成,需要一个完整而又可识别的过程,即从开始到结束有一个可见的结果。

(3)任务的重要性。他或她所从事的工作对生活或其他人的工作都有实际的影响,无论他或她是在当时的组织中还是在外在的环境中。

(4)自动化。提供了工作安排处理及执行任务时所使用的程序。

(5)反馈。完成这一工作所需的各种工作活动将给予他或她个人有关的业绩有效性的直接而清晰的反馈。

这五个工作特性中的每一个都将不同程度地影响员工的业绩,认识到这一点是非常重要的。由于工作特性相互融合产生了上述的三种心理状态,因此,当这五个特性都存在时,员工将获得最大的激励。结合弗雷德里克·赫兹伯格(Frederick Herzberg)的激励与保健因素理论,通过工作丰富化来重新设计工作的方法可以用到工作特性模式上来。

当满足一定的条件时,工作特性模式可以发挥出最大的作用。这些条件的其中之一是员工必须有这种心理需求,如希望技能多样化、高度责任感和希望工作丰富化的挑战等。当这种人员特性缺乏时,员工可能会抵制做工作重新设计的种种努力。另外,当员工缺乏生理或心理技能、能力,或完成这一工作所需要的教育时,工作重新设计的种种努力几乎必然失败。由于缺乏这些特性而强迫个人实施工作丰富化就有可能导致员工产生挫折感。因此无论采取何种方法,都应该是因人而异的。

(三) 人类工程学

在以人为中心的人际关系方法基础上产生了人类工程学,它认为应让机器与人相适应,而不是让人去适应机器,改善了科学管理的缺陷。人类工程学综合各种科学的方法,设计出能够更加容易和有效地被人类运用的设备和系统,并将可能引起次品、设备损坏甚至人员伤亡的粗心、疏忽和其他人类容易犯的错误所造成的危害降到最低限度。人类工程学要求设备设计必须考虑到操作人员的体能情况,包括设备的使用和通过视觉、听觉对设备传达的信息作出反应,使设备的控制和操作与人员的体能、反应能力以及工作环境相适应。人类工程学也考虑到多元化劳动力的要求,比如,纯体力的工作对体力较弱的人来说就比较困难。

专栏 3-3　以人为本——梅奥人际关系理论

梅奥(George E.Mayo)等人开启的人际关系理论的重要贡献主要有四个方面:发现了霍桑效应,即一切由"受注意了"引起的效应;职工是社会人;企业中存在非正式组织;新的领导能力在于提高员工的满意度。仅就霍桑效应而言,就有很大的实用性,如承包制试点时,受注意了,一路开"绿灯",经过推广,虽有些成绩,但也是不宣而败。试点—推广模式值得再思考。股份制在试点能否推广,值得深思!此外,作为第一要素的人在管理方面的回归也是梅奥等人的重大贡献。

(资料来源:[美]帕特里克·J.蒙塔纳,[美]布鲁斯·H.查诺夫.沈国华译.管理学.)

三、员工参与决策的方法

员工参与决策的方法实质上是以人为中心的人际关系方法的进一步发展,它强调不仅管理人员在进行工作设计时应注重以人为中心的思想,而且要让员工主动参与进来,从而使员工多做贡献不仅成为许多经理追求的目标,并且也成为众多自我激励型员工的工作愿望。

员工参与决策方法的实施产生了一系列的有利因素,包括对组织目标的承诺、意见一致的决策的执行和鼓励在完成任务时发挥的团队精神。为了更好地发挥这些有利因素的积极作用,员工授权、员工参与小组、工作团队等方法引起了工作设计者的注意。

员工参与决策的方法具体包括:

(一) 向上的沟通机制和态度调查

向上沟通可以帮助组织从员工那里获取有用的建议以解决问题,鼓励和促进员工信守对组织的承诺。普遍采用的方法是鼓励员工提出各种建议,通过专门的机构讨论并采纳其中合理的建议,根据建议的效益给予相应的奖励。该机制涵盖的内容有工作方法和程序、产品质量、设备设计、安全装置及其他与组织的有效性相关的事项。

促进员工多做贡献的另一种方法是态度调查或访谈。从员工对调查的回答中,经理可以了解员工对工作、他们的领班、工资、工作条件和其他就业方面的看法。尽管市场上商业性调查的效果相当不错,但是,专为一组员工设计问题,这种特有的调查也许是最好的。

(二)员工授权

员工授权是指赋予员工处理问题的权力,以鼓励他们成为工作的主人。如授权一线员工发现质量或安全问题可立即停止生产,直至问题解决。在组织中,管理者可以通过员工授权来激发员工的积极性。像工作参与一样,授权和鼓励员工成为他们自己工作的改革者和管理者,并且用这种方法促使他们参与到工作中去,给予他们更多的控制权。为了支持这种高度的参与性,组织必须在工作小组中共享信息、知识、报酬和行动的权力。

(三)员工参与小组

员工参与小组是指5～10个员工组成的团体从事相似或相关的工作,他们定期聚在一起共同就存在的问题进行识别、分析并寻找解决问题的方法。这一小组通常称为员工参与小组(employee involvement group,EI)或质量圈(quality circle,QC)。其目的是改善产品或服务的质量、削减成本,通过员工的建议使员工参与到组织目标实现的过程中去。通常情况下,EI或QC将他们的解决办法或建议推荐给管理者,让管理者来决定是否实施这些办法。

如果实施了这些解决方案,并且可以测量这些结果,那么在通常情况下就会确认EI或QC和其成员所做的贡献。一般情况下,EI或QC每个月要碰面一次,会议由从小组中选举出来的一位小组领导主持。这位领导者并没有一个权威的职位,但是他作为一位讨论的推行者发挥着作用。

(四)工作团队

通过工作团队构建的工作职能是针对群体的,而不是针对个人的,而且团队成员有一定的决策权,这些在传统意义上被认为是管理层的特权,例如过程改善、产品或服务的完善及个人的工作任务。团队是一组员工,他们在生产和服务过程中起着极为重要的作用。团队提供了一个论坛,使员工通过它将他们新的思想运用到日常的营运中或识别并解决组织中的问题;也可以包括群体决策的制定,以此鼓励员工分享他们的知识并解决营运中的问题;而且由团队物色到的工作小组的组成成员会共同分担他们对小组业绩所承担的责任。

工作团队改变了传统的管理者与员工之间的关系。随着团队日益增长的权力和威信,当确定组织战略和策略时,就必须将它们考虑进去。当团队公开运行并且不受限制地获得信息时,当团队成员能够承担起多种多样的工作职责时,当团队有高效而充足的成员时,团队对组织业绩将作出更大的贡献。当参与者被认为有价值并对成功至关重要时,团队成员就实现了他们的最大价值。

对以上三类工作设计方法的总结如表3-12所示。

表 3-12　三类工作设计方法的总结

类　　别	方法举例	优　　　　点	缺　　　　点
科学管理方法	工作简化	创造安全、简单、可靠、高效率的工作，对员工的脑力要求低	令人厌烦，令人产生卑贱感、机械感
	工作扩大化	减少工作间的等待时间，扩展了员工的技能，减少对辅助人员的需要	失去工作简单化的优点，部分员工对复杂工作会有抵触情绪
人际关系方法	工作丰富化和工作轮换	认识到员工的价值，设计出将员工劳动、员工满足和工作效率相结合的工作，扩展了员工的技能	需要一定的激励，一些员工可能不愿意承担更多责任；不是所有的工作都适合于工作轮换
员工参与决策方法	工作团队	通过给员工更大的自控权，提高员工的能力	需要适合公司实际和精心组建的团队，团队内的关系必须加以管理；需要较多的讨论时间

四、其他辅助方法

工作设计的辅助形式是改变员工们每周 5 天在预先设定的时间同时上班、同时下班的工作周。雇主们摒弃传统的工作日或工作周，在员工工作时间内给予更严格的控制，以提高组织的生产率和士气。常用的辅助设计方法包括缩短工作周、弹性工作制、工作分享及运用现代信息技术。

（一）缩短工作周

在缩短的工作周中，每周的工作天数在减少，而每天的工时延长。典型的情况是每周工作 4 天或 40 小时。员工们在 4 天工作周中可能从星期一到星期四每天工作 10 个小时。这种日程是最广为人知的。另外的一些压缩了的日程包括每周工时压缩到 38 或 36 个小时，或安排 9 天 80 小时的日程，每隔两周多休一天。

缩短工作周有利于提高机器设备的利用率，节约能源，可能有助于日程安排。工作日程安排的关键是为一项特定的任务设定时间进度，以便创造更高的周生产率。同时它给员工闲暇活动的时间，方便了员工看病和其他个人安排的时间。其他的好处还包括提高员工的工作满意程度和士气，减少缺勤和迟到，方便招聘。

（二）弹性工作制

弹性工作制要求员工在核心时间（如上午 10 点到下午 3 点）必须工作，并在每周工作满一定工时的基础上允许员工自由决定上班和下班的时间。弹性工作制使员工在安排他们的工作日程时有了更多的自由。这种工作时间在服务性组织如金融机构、政府机构或大型文职机构中是很普遍的。弹性工作制给员工和雇主都带来了一些好处。它给予员工更加灵活的工作日程，可以避免一些拖拉、缺勤和离职的情况。

（三）工作分享

让两个员工共同承担一个全职员工的工作职责称为工作分享。分享者通常每周工作 3~4 天，用一天进行面对面的讨论。然而，分享者经常要承担原来工作以外的责任。采用分享制的行业主要是法律、广告和金融服务业。

分享制适合于配偶中一方或双方都想供职的家庭，也适合于老年员工减少工作时间的需要,作为退休过渡之用,还适合于需要不间断工作的服务行业。对雇主来说,分享制员工的日程可以安排在日常工作中的最高峰,也可以减少企业对某些特殊员工的过分依赖。在经济困难时期,分享可以减少解雇。最后一个好处是参与分享的员工每周可以有空闲的时间安排自己的事情,从而减少了缺勤。

(四) 运用现代信息技术

运用现代信息技术,通过使用计算机网络通信技术和其他信息技术,在家里就能完成传统意义上只能在办公室完成的工作。随着信息技术的不断发展和广泛的运用,员工身处任何地方都可以通过网络和办公室随时保持联系,它的好处在于可以降低成本,及时地获取和加工信息,提高员工的满意程度。然而,有些管理者可能会担心由于员工不在场而对其失去控制或者考虑到安全问题而不愿接受现代信息技术。

总之,不同的组织可能选用不同的工作设计方法,在同一组织的不同层次和不同工作类别,也可以实行不同的工作设计方法。在具体使用时,既可以使用一种工作设计方法,也可以同时使用几种设计方法。各个组织应根据本组织的具体特点和实际工作环境,选用一种或几种适合本组织需要的工作设计方法。

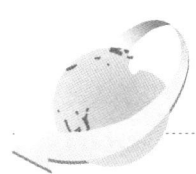

项 目 小 结

工作分析是指对职务的工作内容、工作要求和工作条件进行调查研究和系统描述,以便对职务工作进行规范、确认、指导和改进,为其他相关的管理工作及其改进提供依据的过程。工作分析有多种方法,每种方法都有各自的优缺点,在实践中,要做好工作分析,在成本效益原则限制的情况下,企业也常常同时使用几种不同的方法。工作说明是指以书面形式描述一个工作职务的任务、职责、工作要求和工作条件等具体内容。工作规范是指任职者要胜任该项工作必须具备的资格与条件。工作设计是工作分析的最终成果,是指为了有效地达到组织目标,提高工作绩效,对工作内容、工作职责、工作方式、工作关系等有关方面进行变革和设计。

复习思考题

1. 什么是工作分析与工作设计?说明工作分析在人力资源管理中的作用。
2. 工作分析的过程包括哪些步骤?进行工作分析需要哪些信息?

3．工作说明与工作规范的内容有哪些？通过观察、调查和分析，编写一份你较熟悉的工作说明与工作规范(如打字员)。

4．工作设计的内容和方法有哪些？为什么在强调"以人为本"的今天，仍然需要以任务为中心的科学管理方法？

5．试说明工作分析与工作设计的区别与联系。

 阅读资料

某专业彩印公司的主要业务是冲洗底片和印刷商业及工业照片。公司由70个员工组成，有10个管理人员。艺术部(11名女员工和1名女管理人员)曾遇到过大量困难，包括人事变动频繁、产量少得可怜、质量低劣以及交货不及时等。人事变动频繁的程度几乎到了一半以上的员工只工作了不到3个月的地步。

艺术部门的基本工作是修描、构图、填空点及清洁印刷品。典型的任务包括从肖像画上去掉污点，在背景的空白处填上色和纠正人物眼睛的色彩等。如果组织得当，这些工作其实是很有趣的。在工作丰富化之前，主管人接收所有的任务，将它们归类整理，然后按工人的技术水平分派任务，指定完成期限。工作负担过重时，主管者本人也要完成一部分工作。完成工作后，她必须检查所有的产品，而后将认可的产品送到印刷部，将有问题的放进待修补的相片箱中。

对主管人而言，待修补的相片是个令人头痛的问题，它需要大量的重复工作，而且总是有许多积压，以致顾客经常抱怨交货拖延。主管人必须对付来自顾客和印刷部的抱怨，她还要负责订购原料。结果她忙得几乎没有时间培训员工，尽管教新职员怎样进行诸如去掉相片上的污点之类的复杂工作是十分必要的。

同时，不合理的奖励机制使情况更加恶化。奖金的基础是完成任务的数量而不考虑工作难易。这使那些有经验的工人由于从事耗时较多的复杂工作而几乎不可能获得高额奖金，而那些做着简单工作的新员工却能得到很高的奖金。

职工们不能互相交谈或相互建议工作应该怎样干。正如一个工人所说的那样："他们把我们当幼儿园的孩子对待。"

于是该公司对艺术部的工作进行了重新设计。共分成3个组，即商业印刷组、工业印刷组和婚礼肖像组。每个组由一名熟练工人，即所谓技术专家领导。组长负责分类和分派新工作以及训练新工人。这样对工人的监督大大减少了。除了刚来的新手，每个工人负责自己的工作质量并纠正错误、返工，不论好坏，都直接返回本人，修补中心不复存在。加工过程中出现问题时员工直接与顾客联系。每个工人自己订购所需原料。工资支付方式改变为直接以小时工作率计算工资，产量增大，工资也升高。不允许彼此交流的规定也取消了。

这些改变使艺术部月产量增加了35%。由于提高了质量,产品大多一次合格,工作也更令人满意了,人事变动大大减少。

(资料来源:MBA智库百科)

案 例 分 析

一个工作分析面谈样本

某公司在对销售经理这个岗位的各项特征进行问卷调查后,觉得还有很多问题没有彻底弄清楚,决定找有关经理进行面谈。在面谈之前,公司人力资源部拟了一个面谈样本,具体内容如下所示。

销售经理岗位面谈样本

(1) 了解岗位的目标。

这项岗位最终要取得怎样的结果?

这项岗位具有哪些重要意义?

为这项工作投入经费会有何收益?

(2) 了解工作的意义。

计算用于这项岗位的一年经费,比如经营预算、销售额、用于员工本身的开销。

岗位主管能否为部门或机构节省大笔开支?且能否年年如此?

岗位主管能否为公司创造不菲的收益?且能否保持业绩?

(3) 了解岗位在机构中的位置。

他直接为谁效力?

哪些职位与他同属一个部门?

他最频繁的对内对外联系有哪些?

他出差吗?去何处?因何故?

(4) 了解他的助手。

他主管哪些工作?

简要说明每位下属的工作范畴:规模、范围,及存在原因。

他的下属是何种类型的员工:是否称职、是否经验丰富等?

他如何管理下属?

使用何种信息管理系统?

他经常与哪些下属直接接触?

他是否须具备和下属同样丰富的专业或技术知识? 为何如此?

(5) 了解这一岗位须具备何种技术、管理及人际关系的协调能力。

岗位的基本要求是什么?

岗位主管(他)的工作环境在技术、专业以及经济方面的状况如何?

需要哪些专业技术,按重要程度列出。按事件发生的先后顺序,请他举出工作中的实例来说明。

如何掌握技术知识,脱产培训还是在职培训?

公司是否有其他渠道提供类似的技术知识? 他能否有机会接触这些知识?

他对下属工作士气的影响如何?

下属是否拥护他的管理和指导,是否需要他的配合?

他在说服级别相同或更高的人接受他对本领域或其他领域的意见时,是否要颇费口舌?

他可向谁寻求帮助?

他的自主权限有多大?

他向哪级主管负责?

他大部分时间在做什么?

日常工作中,与技术知识相比,处理人际关系的技巧重要程度如何?

(6) 了解管理工作中需解决的关键问题以及所涉及的事项。

他认为工作中最大的挑战是什么?

最满意和最不满意的地方是什么?

工作中最关切或最重要的问题是什么?

在处理这些棘手或重要问题时,以什么为依据?

其上司以何种方式对其进行指导?

他是否经常请求上司的帮助,或者上司是否经常检查或指导他的工作?

他对哪类问题有自主权?

哪类问题他需要提交上级处理?

解决问题时,他如何依据政策或先例?

问题是否各不相同? 具体有哪些不同?

问题的结果在何种程度上是可预测的?

处理问题时有无指导或先例可参照?

以先例为依据和对先例进行分析解释,是不是解决问题的唯一途径?

他能否有机会采取全新的方法解决问题?

他是否能解决交给他的问题,或者说他是否知道该如何解决这些问题?

着手解决问题之前需对问题做的分析工作是由他本人还是他的上司来完成?

要求他举例说明问题是通过谁、以何种方式解决的?

(7) 了解他的行为或决策受何种控制。

他依据怎样的原则、规章制度、先例和人事制度办事？

他是否经常会见上司？

他与上司讨论什么问题？

他是否改变自己部门的结构？

要求他举例说明曾做出的重大决定或举措。

(8) 在以下几方面他有何种权力。

雇佣和解雇员工。

动用资金。

决定近期开支。

确定价格。

改变方法。

改变岗位设计、政策和薪金。

(9) 了解管理工作最终要取得的重要成果。

除能圆满解决问题之外，他还直接负责什么工作？

他是具体负责处理某事还是负责监督别人来处理此事？

用何种标准衡量事情的结果？

是由他来确定任务还是由他来组织完成任务？

他对事情的成败是否有决定性作用？

问题：

除了以上工作分析面谈问题，你觉得还有什么可以补充？

实 践 练 习

设计一份工作分析问卷，对你选择的一个实际的工作承担者进行访谈。在完成工作分析问卷后，为这项工作撰写一份完整的工作说明书。

项目四　员工招聘与配置

◇ **学习目标**

1. 了解招聘的概念及其对组织的作用。
2. 了解招聘的基本程序。
3. 掌握内部招聘和外部招聘的各种具体途径及特点。
4. 了解职业生涯发展规划的内涵,掌握制订职业生涯发展规划的方法。

导入案例

耐顿公司招聘失败案例分析

耐顿公司是×××化学有限公司在中国的子公司,属于中型企业,主要生产、销售医疗药品。随着生产业务的扩大,为了对生产部门的人力资源进行更为有效的管理开发,20××年初始,分公司决定在生产部门设立一个新的职位,主要职责是负责生产部与人力资源部的协调工作。部门经理希望从外部招聘合适的人员。

根据公司安排,人力资源部经理国建华设计了两个方案。一个方案是在本行业专业媒体中进行专业人员招聘,费用为3 500元。好处是对口的人才比例会高些,招聘成本低;不利条件是企业宣传力度小。另一个方案为在大众媒体上进行招聘,费用为8 500元。好处是可以扩大企业影响力度;不利条件是非专业人才的比例很高,前期筛选工作量大,招聘成本高。公司初步决定选用第一种方案。总经理看过招聘计划后,认为公司在中国大陆地区处于初级发展阶段,不应放过任何一个宣传企业的机会,于是选择了第二种方案。

在一周的时间里,人力资源部收到了800多份简历。国建华和人力资源部的人员在800份简历中筛出70份有效简历,最后留下5人。于是他来到生产部门经理于欣的办公室,将此5人的简历交给了于欣,并让于欣直接约见面试。于欣经过筛选后认为可从李楚和王智勇两人中作选择。

李楚和王智勇的基本情况相当。但值得注意的是,王智勇的招聘简历中没有上一个公司主管对他的评价。公司通知两人一周后等待通知,在此期间,李楚在静待佳音;而王智勇打过几次电话给人力资源部经理,第一次表示感谢,第二次表示非常想得到这份工作。

人力资源部和生产部门的负责人对这两位候选人的情况都比较满意,虽然王智勇的简历中没有前主管对他的评价,但是生产部门负责人认为这并不能说明他一定有什么不好的背景。虽然感觉他有些圆滑,但还是相信可以管理好他,再加上他在面试后主动与公司联系,生产部门负责人认为其工作态度比较积极主动,所以最后决定录用王智勇。

王智勇来到公司工作了六个月,在工作期间,生产部门负责人发现王智勇的工作表现不如期望的好,指定的工作他经常不能按时完成,有时甚至表现出不能胜任其工作的行为,显然他不适合此职位,所以引起了管理层的抱怨,认为必须对其加以处理。

然而,王智勇也很委屈。在来公司工作了一段时间后,他发现招聘所描述的公司环境和各方面情况与实际情况并不太一样,原来谈好的薪酬待遇在进入公司后又有所减少,工作的性质和面试时所描述的也有所不同,也没有正规的工作说明书作为岗位工作的基础依据。

(资料来源:中国人力资源开发网)

招聘是指组织根据人力资源规划,按照一定的程序和方法,招募、挑选、录用具备资格条件的合适人选的过程。在企业招聘过程中,招聘和录用工作是建立在两项工作的基础上来完成的:一项为企业人力资源规划和招聘规划工作,另一项是岗位分析工作。有了这两项工作作为基础,企业可以进入科学的招聘和录用工作的操作阶段。一次招聘工作好坏的评价标准取决于两个方面:一是是否符合招聘成本的要求,即招聘员工时花费的费用的多少;二是招聘来的人员进入公司后工作的情况。其中第二个标准更重要,对企业的影响也更长远。

耐顿公司的招聘显然是不成功的,不仅招聘成本比较高,而且新聘人员的工作表现与公司的预期也有比较大的差距。从耐顿公司此次招聘工作中可以看出:他们没有长期的人力资源发展规划和招聘计划来支持人力资源部门实施企业的招聘计划。这导致企业的招聘工作出现问题。

任务一　了解员工招聘的概念

一、员工招聘的概念

简历制作与履历分析

员工招聘是指通过各种方式,把具有一定技术、能力和其他特性的申请人吸引到企业空缺岗位上的过程。员工招聘实际上是一种企业与应聘者个人之间双向选择和匹配的动态过程。在这一过程中,企业和应聘者都应扮演积极的角色,而不是企业主动、应聘者被动的不平等关系。

招聘的最终目的是要实现员工个人与岗位的匹配,也就是人与事的匹配。这种匹配包含两层意思:一是岗位的要求与员工个人素质相匹配;二是工作报酬与员工个人的需要相匹配。实现这双重的匹配,才能既保证员工胜任某一岗位,同时也使岗位对员工保持长久的吸引力。

每个岗位都对从事该岗位的员工的知识、技能、经验及体力等有特殊的要求,只有员工的素质与岗位的要求相匹配,员工才可能胜任工作。企业想要招聘到优秀的员工,必须使工作对员工有吸引力,也就是要使工作报酬与员工个人的需要相匹配。这里所指的是广义的工作报酬,包含了员工希望从工作中获得的各种需要的满足。这些报酬包括:较高的待遇与福利,便捷的工作地点,优雅的工作环境,良好的公司声望,良好的人际关系和雇佣关系,开明的领导,具有挑战性和趣味性的工作,快捷的晋升机会,国内或国外的培训、进修机会,以及公司规范的管理等。企业只有满足员工的这些需要,才有可能较长期地留住人才。实现以上两种匹配的招聘才是有效率、成功的招聘。

二、员工招聘的作用和原则

(一)员工招聘的作用

(1) 及时、合理的员工招聘可以确保企业发展所必需的高质量的人力资源,为企业不断补充新生力量,实现组织内部人力资源的合理配置。

(2) 企业对外所招聘的高层管理人员和专业人员,可以为企业带来新的管理思想和经营管理理念,可以给企业带来技术上的重大革新,为企业增加新的活力。

(3) 对外招聘高级经营管理人员和专业技术人员,还可以为企业节约大量的培训费用。

(4) 员工的招聘可以扩大企业的知名度,每次招聘都要做许多宣传工作,这无形中为企业做了广告。

(5) 通过招聘可以更多地了解企业内外员工工作的意向及对企业的要求。

(6) 可以促进劳动力的合理流动,使人才市场更加活跃,并符合经济和社会发展的需要。

(二)员工招聘的原则

员工的招聘必须有计划、有目标、有步骤地展开,具体应遵循以下原则:

(1) 因事设岗,因岗择人。员工的招聘录用要以提高企业的经济效益、促进企业更好地发展为目标。所以,招聘和录用工作要依据企业的发展战略和人力资源规划来进行,做到人人有用,没有闲人和无用之人。

(2) 任人唯贤,择优录用。招聘录用员工的目的是使企业的人力资源得到合理的配置以满足企业用人的需要,切不可在招聘之中拉关系走后门,录用那些不符合职位要求的人。

(3) 量才录用,用其所长。在员工的招聘和录用中,必须考虑有关人选的专长,量才录用,做到"人尽其才""人事相宜",这既有利于调动员工的积极性和创造性,又能为企业的发展造就人才。特别是高级经营管理人员和专业技术人员的招聘更应如此。否则,会使他们感到英雄无用武之地,并给企业的发展带来损失。

(4) 公开公平,竞争上岗。企业在招聘录用员工时,应对所有的应聘者一视同仁,公布所招聘职位的名称、数量及任职资格,然后对所有应聘者进行科学的测评,根据测评结果确定人选。

专栏 4-1 小周的"错位"与公司的改变——人才与岗位匹配

计算机专业高材生小周,编程能力突出,却在入职人工智能公司后日渐沮丧。原来公司让他做客户沟通,每天打电话、整理需求,这让擅长安静写代码的他很不适应,效率越来越低。

与此同时,公司研发部正为紧急项目缺人发愁——急需技术过硬的程序员,HR 翻遍简历库也没找到合适的人。其实小周完全能胜任研发岗,只是当初 HR 觉得他"口才不错"就安排了客户岗。

这是典型的"人才与岗位错位"。很多快速发展的企业招人凭感觉:只看名校背景,不考虑岗位实际需求;岗位职责靠老员工口头描述,选人权凭领导主观判断。

后来公司做了改变:先把每个岗位的工作内容写清楚——研发岗要会哪些编程语言,客户岗需要什么沟通能力;再给不同岗位设计测试题,比如让应聘研发的写段代码,让应聘客户岗的模拟接待。公司还建了"人才档案库",记录每个人的技能、性格,HR 输入岗位要求,系统就能快速推荐合适的人。

调整后,小周去了研发岗,很快成了骨干;原本在研发岗总出错的小李,调到客户岗后业绩突飞猛进。越来越多的人找到合适位置,公司效率明显提升。

这就是"人才与岗位匹配"的意义——把对的人放在对的位置,员工开心,公司发展也更顺畅。

三、员工招聘的程序和途径

(一) 员工招聘的程序

根据招聘活动的规律性,可以把招聘过程划分为几个相互独立又相互联系的阶段,招聘程序就是按照这些阶段来进行安排的。为了能够按照招聘的原则办事,必须严格遵循一定程序组织招聘工作。

一个较为典型的企业招聘流程如图 4-1 所示。

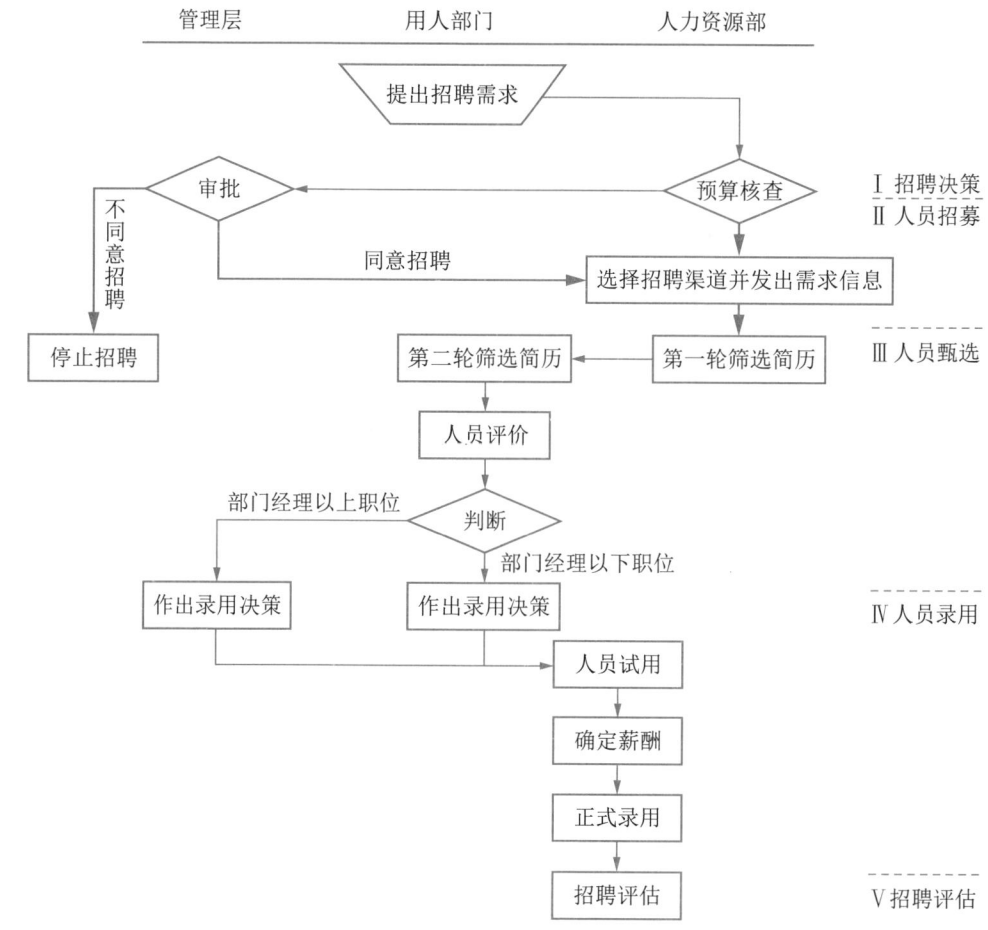

图 4-1　企业招聘流程图

1. 制订招聘计划

人力资源管理部门在制订招聘计划时要有一定的依据。例如,公司的生产经营规模、公司内部人员的变动情况和业务变动需要的管理人才。通过对这些数据的搜集和整理,提出可行的招聘计划。一般来说,招聘计划的具体内容应包括:①招聘的岗位、每个岗位的人员需求量、每个岗位的具体要求;②招聘信息的发布时间、方式、渠道和范围;③招聘对象的来源和范围;④招聘的方法;⑤招聘实施的部门;⑥招聘预算;⑦招聘结束时间和新员工到岗时间。

2. 组建招聘班子

在通常情况下,大规模招聘员工,不论是周期性的,还是临时性的都必须组建专门的招聘班子。它一般由人力资源部门负责,吸收各用人部门人员参加,必要时也可以请一些专家、学者参加招聘工作。

在西方的一些大公司里常设有专门的招聘办公室,直接归人力资源管理部门负责。在我国,目前设有专职招聘部门的公司较少,一般从各部门抽调人员组成,因此,招聘班子中的组成人员往往缺乏招聘的知识与技巧。所以,在落实招聘组织时,要进行必要的培训,使他们更好地理解招聘政策和掌握技巧,提高招聘的效率。

3. 发布招聘信息

公司要通过有效的渠道向社会发布招聘信息,将本公司的用人计划、所需人员的素质要求、招聘时间、招聘地点、联系电话、联系人等情况告诉大众,以确保应聘人员的广泛性和高素质性。发布招聘信息时应注意以下问题:

(1)信息发布的范围。信息发布的范围应由招聘对象来确定。发布信息的面越广,接收到该信息的人越多,招聘到高素质人才的可能性越大。但同时招聘费用也会上升。

(2)信息发布的时间。在可能的情况下,招聘信息应该尽早向社会发布,这有利于缩短招聘时间,同时也可以吸引更多的人前来应聘。

(3)招聘对象的层次性。由于对人员素质具有要求,一般来说,招聘的对象大致都处于某个特定的层次上,因此在发布信息时,要根据招聘岗位的要求与特点,向某些特定的人员发布招聘信息。

4. 接受应聘者的资料

向社会发布招聘信息后,有意向的应聘者会向招聘单位提出应聘申请。这时,招聘部门可以开始搜集应聘者的个人资料。这些资料包括如下几个方面:

面试技巧

(1)申请表。申请表是搜集应聘者有关资料的最常用方法,一般可从申请表中获取健康、教育、工作经验和社会关系等方面的资料。

(2)应聘者原工作单位的评价材料。对于一些不是首次就业的人来说,了解原单位对应聘者的评价和离职原因,有助于了解应聘者的真实情况。

(3)各种学历、技能、成果(包括获得的奖励)证明。

(二)员工招聘的途径

1. 内部招聘

(1)内部招聘与外部招聘相比有许多优点:第一,决策者对本企业员工比较了解,准确性比较高。第二,可以激励员工的进取精神,提高员工对企业的信赖和忠诚度。第三,内部员工对企业的环境比较熟悉,应聘者可以更快更好地熟悉工作。第四,可以降低成本,一方面可以使企业培训员工的投资得到回报,另一方面企业可以节约招聘费用。

内部招聘也存在一些局限性:第一,招聘来源局限于企业内部,选择面较小;第二,容易形成裙带关系,造成"近亲繁殖",难以把德才兼备的人选拔上来;第三,可能会因操作不公或员工的比较心理,造成员工之间以及员工与领导之间的矛盾。

(2)内部招聘的途径和方法。

① 提升。组织在某些岗位上出现人员(特别是管理人员)短缺时,从组织内部寻找合适的人员填补空缺是最常用的方法。

② 工作调换。工作调换也称为"平调",是指职务和职别不发生变化,而工作岗位发生变化的情况。工作调换可提供员工从事组织内多种相关工作的机会,为员工今后提升到更高的职位做好准备。

③ 工作轮换。工作调换一般用于中层管理人员,而且时间更长,甚至是永久性的。而工作轮换主要适用于一般员工,它既可以使有潜力的员工积累不同岗位的工作经验,又可减

少员工因长期从事某项工作而带来的枯燥和无聊。

④ 重新聘用。一些组织由于经营效果不好或者机构重组等原因,会暂时让一些员工下岗,待组织情况好转、机构重组已经就绪时,再重新聘用这些员工。通过这种方式,达到组织内部人力资源优化配置的目的。

2. 外部招聘

(1) 相对于内部招聘来说,外部招聘具有四大优点:一是人员来源较广,选择的余地大,有利于企业招揽到一流人才;二是新员工能够给企业带来新思想、新方法;三是可以避免人情关系,减少"近亲繁殖",并且可以在一定程度上平息或缓和内部竞争者之间的矛盾;四是企业可以利用现成的人才,为企业减少和节省培训费用。

但是,外部招聘也存在一些局限:首先,被招聘员工对企业的基本情况缺少了解,进入角色较慢;其次,企业对应聘者的了解有限,有可能被应聘者的表面现象所迷惑,而导致所招人员不尽如人意;第三,由于招聘了外部人员,使内部员工得不到机会,有可能使他们的积极性受到挫伤。

(2) 外部招聘的途径和方法。

① 媒体广告。企业通过大众媒体对空缺职位进行广告招聘,是外部招聘的一个重要渠道。企业可以通过广播、报纸、电视和行业出版物等媒体向公众传达组织的岗位需求信息。招聘广告应该包含以下内容:组织的基本情况;招聘的职位、数量和基本条件;招聘的范围;薪资待遇;报名的时间、地点、方式以及所需的材料;其他有关注意事项等。表 4-1 是几种主要媒体广告的优缺点比较。

表 4-1 几种主要媒体广告的优缺点比较

媒体类型	优 点	缺 点	适 用
报纸	标题简短精练;广告大小可灵活选择;发行集中于某一特定的地域;各种栏目分类编排,便于积极的求职者查找	容易被未来可能的求职者所忽视;集中的招募广告容易导致招募竞争的出现;发行对象无特定性,企业不得不为大量无用的读者付费;广告的印刷质量一般比较差	当组织想将招募限定于某一地区时;当可能的求职者大量集中于某一地区时;当有大量的求职者在翻看报纸,并且希望被雇用时
杂志	专业杂志到达特定的职业群体手中;广告大小富有灵活性;广告的印刷质量较高;有较高的编辑声誉;时限较长,求职者可能会将杂志保存起来再次翻看	发行的地域太广,故在希望将招募限定在某一特定区域时通常不能使用;广告的预约期较长	当所招募的工作承担者较为专业时;当时间和地区限制不是最重要时;当与正在进行的其他招募计划有关联时
广播电视	能够比报纸和杂志更好地让那些不是很积极的求职者了解到招聘信息;可以将求职者来源限定在某一特定地域;极富灵活性;能比印刷广告更有效地渲染雇用气氛;较少因广告集中而引起招募竞争	只能传递简短的、不是很复杂的信息;缺乏持久性;求职者不能回头再了解(需要不断地重复播出才能给人留下印象);商业设计和制作(尤其是电视)不仅耗时而且成本很高;缺乏特定的兴趣选择;为无用的广告接收者付费	当处于竞争的情况下,没有足够的求职者阅读印刷广告时;当职位空缺有许多种,而在某一特定地区又有足够求职者时;当需要迅速扩大影响时;当在两周或更短的时间内足以在一地区展开并引起求职者对广告的注意时

续 表

媒体类型	优 点	缺 点	适 用
宣传资料（现场发放）	在求职者可能立即采取行动的时候，引起他们对企业的兴趣；极富灵活性	作用有限；要使此种措施见效，首先必须保证求职者能到招募现场来	在一些特殊场合，如为劳动者提供就业服务的就业交流会、公开招聘会、定期举行的就业服务会上布置海报、标语、旗帜、视听设备等；当求职者访问组织的某一工作地时，向他们散发招募宣传材料

② 职业介绍机构。随着人才流动的日益普遍，应运产生了一些职业介绍机构，如人才交流中心、职业介绍所、劳动力就业服务中心。这些机构承担着双重职能：既为组织择人，也为求职者择业。借助于这些机构，组织与求职者均可获得较为充分的信息，同时也可传达企业与求职者双方的信息。在招聘过程中，经常使用的职业介绍机构主要有私人职业介绍机构和公共职业介绍机构两类。

在我国，由于在经营上尚存在一些规范问题，一般只是在招聘临时员工时才通过私人职业介绍机构进行。但是随着市场经济的发展，"猎头公司"开始在招聘中高级管理人员中发挥着越来越重要的作用，特别是在一些经济较为发达的省份和城市。

公共职业介绍机构主要包括人才交流市场、职业介绍所、劳动力就业服务中心等。这些机构通过定期或不定期举行人才交流会，为供需双方面对面进行商谈提供机会，增进了彼此的了解，缩短了招聘与应聘的时间。

③ 学校招聘。学校是人力资源的重要来源。一般地说，对学校毕业生的招聘方法主要是一年一次或两次的人才供需洽谈会，供需双方直接见面，双向选择。除此之外，组织也可以有针对性地到一些院校召开专门招聘会、在学校里散发招聘广告等，有的则通过定向培养和委托培养的方式，直接从学校获得所需要的人才。

④ 员工推荐。员工推荐法可以用于对企业内部的员工进行招聘，也可以用于招聘外部人员。这种方法是由本组织员工根据组织的用人需要，推荐其熟悉的符合条件的人员，供用人部门和人力资源部门进行选择和考核。由于推荐人对用人部门和被推荐者的情况比较了解，使被推荐者更容易获得组织与职位的信息，便于被推荐者决策，也使用人部门更容易了解候选人情况。

⑤ 网络招聘。随着信息技术的发展和计算机的不断普及，网上招聘在招聘员工中的作用日益受到青睐。在计算机网络上进行招聘，主要有两条途径：招聘组织可以在互联网上发布招聘广告；组织可以利用求职人员输入计算机中的资料进行搜寻，物色员工。

通过网络招聘，用人单位只要将企业招聘广告张贴于组织网站的主页，或者张贴到一些行业网站上，也可以在一些专门的招聘网站发布信息，应聘者可以随时浏览组织的招聘信息。同时，应聘者可以将个人的有关资料发送到这些招聘网站上，便于用人单位和应聘者的互动，有利于供需双方成功匹配。

四、员工的选拔和测试

员工的选拔是招聘过程中最关键的一步，也是技术性最强的一步。它是指从应聘者中选出企业所需要的人员的过程,需要经过初选、面试、笔试、体检、取证等环节。

(一) 员工选拔的重要性

(1) 有效的员工选拔可以保证企业在员工身上的投入有较高的产出。企业对员工的投入能否有较高的产出,取决于员工的工作积极性和劳动生产率。前者取决于员工的工作满意度,后者取决于员工的知识、经验及劳动技能。所以在员工的选拔过程中,首先要考虑那些对该项工作较为满意,并愿意为企业效力的人,同时员工的知识、经验和技能也要符合工作及企业发展的需要,这样才能使劳动力和生产资料得到有机结合,并使企业和员工共同得到发展。

(2) 有效的员工选拔可以节省企业总体上的招聘成本。招聘工作需要花费大量的人力、物力和财力,有效的选拔可以减少辞退员工和员工辞职的可能性,为企业节省离职成本。此外,有效的人员选拔还可以节约企业的培训费用。剔除不适当的人选应当在候选人被雇用之前,而不是在雇用之后。

(3) 有效的员工选拔可以为企业内部和外部的应聘者提供公平竞争的机会。通过一系列的面试、测试,使每一个应聘者均有机会展示自己的才能,从而得到更好的发展。

(二) 员工选拔的过程与方法

1. 资格审查和初选

资格审查和初选是招聘小组根据求职者的申请表来进行的。申请表的基本内容包括应聘者过去和现在的工作经历、学历、特长、职业兴趣等,资格审查和初选的任务是从求职者中挑选出基本符合招聘要求的人员参加面试。当然,资格审查和初选往往带有一定的盲目性,主要凭借招聘人员的主观判断,而且美国的一项调查发现,有30%的工作申请人的简历至少有一处重大的虚构。因此,在条件允许的情况下应尽量增加参加面试的人员数量。

2. 面试

面试是普遍使用的一种选拔方法,它是一种既有效度又有信度的选拔工具。通过面试企业能较深地了解求职者的各种信息,对求职者的工作态度、工作热情及智力作出判断,为企业的录用决策打下基础,并且也可以使求职者对企业有更多的了解,从而决定他们的求职意向,所以面试是双向选择的一个有效手段。

3. 体检

体检是员工选拔的必要步骤。其目的是检查求职者的身体状况是否能够适应工作的需要,特别是能否满足工作对任职者身体素质的特殊要求,避免事故和损失。

4. 调查取证

调查取证主要是对求职者的重要经历加以调查,一般通过原单位的人事部门及其他途径了解求职者原来的工作绩效、人际关系、工作态度等。企业在采用这一步骤时,要注意三个问题:第一,只调查与工作有关的情况,不干涉他人隐私;第二,慎重选择调查对象;第三,调查材料的正确性。

(三) 员工测试

测试是在面试的基础上进一步对应聘者进行了解的一种方法。通过测试可以更全面地了解求职者的能力和潜力。员工录用测试的方法和类型很多,可以将它们归纳为以下几类:

1. 智能测试

智能测试包括一般的智力测试、技能测试和专业知识测试。

(1) 智力测试。智力(IQ)测试一般是对求职者的数字能力和语言能力进行测试。一般来说,在智力测试中成绩较好的人,在日后的工作中具有较强的能力来关注新信息,善于找出主要问题,其业绩也不错。进行这种测试,必须首先设计出一套问题,让应试者回答,从答案中计算得分。由于智力水平是从事各项工作的基础,所以,智力测试得到了广泛的应用。

(2) 技能测试。这是对特定职位的特定技能进行的测试,其内容因岗位的不同而不同。如对会计人员需考核珠算、记账、核算等能力;对秘书则需测试其打字、记录速度和公文起草能力;外商投资企业还对应聘者的外语能力进行测试。技能测试有多种形式,可进行现场测试,也可验证应聘者已获得的各种能力证书,如会计上岗证、计算机能力培训合格证、外语四级或六级证书等。

(3) 专业知识测试。这是对特定职位所要求的特定知识的测试,其内容也因岗位的不同而不同。如对国家公务员要实行行政管理知识、国家方针政策、法律法规知识的考核,对管理人员要测试管理的基本知识,等等。各种能力证书既是对能力的证明,也是对其所掌握的专业知识的承认。

2. 运动和身体能力的测试

对求职者的运动能力测试包括协调性和敏捷性的测试,例如,手工操作灵巧性、手臂运动速度、反应速度等;身体能力测试包括力量和耐力测试,如静态力量(举重)、动态力量(拉动)、身体协调(如跳绳)和耐力。这类能力测试可以用来分析应试者适应或胜任工作的时间,以及是否能最终胜任应聘的工作。

3. 个性测试

个性测试可以测试求职者的基本方面。个性是一个人能否施展才华,能否有效发挥作用并完成工作的基础。不同工作需要不同个性的人,当然明显的个性缺陷往往会使人的能力发挥受到很大影响。个性测试在员工选拔中有着十分重要的作用,其预测力相当高。

在企业中用得较多的个性测试主要有两种:一种是自陈式测试;另一种为投射测试。

自陈式测试是由美国伊利诺伊州立大学卡特尔教授(R.B.Cattell)于1963年发明的。他制作了16种个性特征问卷。该测试由187个问题组成,最后可得出个人的个性特征,还可进一步分析个人的心理健康、专业有无成就、创造力、成长能力等状况,卡特尔个性特征问卷测定的主要特征如表4-2所示。

表4-2 卡特尔个性特征问卷测定的主要特征

特 质	低程度特征	高程度特征
乐群性	缄默、孤独	乐群外向
聪慧性	迟钝、学识浅薄	聪慧、富有才识
稳定性	情绪激动	情绪稳定
恃强性	谦虚顺从	好强、固执
兴奋性	严肃审慎	轻松兴奋
有恒性	权宜敷衍	有恒、负责

续 表

特　质	低程度特征	高程度特征
敢为性	畏缩退却	冒险敢为
敏感性	理智、注重实际	敏感、感情用事
怀疑性	依赖、随和	多疑、刚愎
幻想性	现实、合乎成规	幻想、狂放不羁
世故性	坦白直率、天真	精明能干、世故
忧虑性	安详沉着、有自信心	忧虑抑郁、烦恼多疑
实验性	保守、服膺传统	自由、激进
独立性	依赖、随群附众	自主、当机立断
自律性	矛盾冲突、不明大体	知己知彼、自律严谨
紧张性	心平气和	紧张困扰

投射测试可以判断个体内在的、隐蔽的行为或潜意识的、深层次的态度和动机。在测试中，给应试者提供一个模糊的图画，要求应试者对此图画作出解释。由于图画是模糊的，所以应试者的解释实际上是他的心理特征的一个反映，主试者可以根据这一测试来了解应试者进行想象推理的方式和他的性格结构。

4. 兴趣测试

兴趣测试也是较为有用的方法。一个人的职业兴趣往往决定他的工作热情。一个对工作岗位有兴趣的人，他在工作中成功的可能性往往比那些对此项工作不感兴趣的人要大。许多人去干某一项工作（如会计）并非对此项工作感兴趣，而是由其他因素决定的，如工资等，所以在工作中常常感到厌烦；而对于真正对此工作感兴趣的人来说，却是乐在其中。所以如果能根据求职者的职业兴趣来录用员工，那么就可以最大限度地发挥员工的工作积极性，使其工作做得更好。

专栏 4-2　霍兰德兴趣理论的 6 个类型与相应职业

类型	喜欢的活动	重视	职业环境要求	典型职业
现实型 R	用手、工具、机器制造或修理东西；愿意从事实物性的工作、体力活动，喜欢户外活动或操作机器，而不喜欢在办公室工作	具体实际的事物，诚实，有常识	使用手工或机械技能对物体、工具、机器、动物等进行操作，与"事物"工作的能力比与"人"打交道的能力更为重要	园艺师、木匠、汽车修理工、工程师、军官、兽医、足球教练员、烹饪

续 表

类型	喜欢的活动	重视	职业环境要求	典型职业
研究型 I	喜欢探索和理解事物,学习研究那些需要分析、思考的抽象问题,喜欢阅读和讨论有关科学性的论题,喜欢独立工作,对未知问题充满兴趣	知识,学习,成就,独立	分析研究问题、运用复杂和抽象的思考创造性地解决问题的能力,谨慎缜密,能运用智慧独立地工作,一定的写作能力	实验室工作人员、生物学家、化学家、心理学家、工程设计师、大学教授、医生
艺术型 A	喜欢自我表达,喜欢文学、音乐、艺术和表演等具有创造性、变化性的工作,重视作品的原创性和创意	有创意的想法,自我表达,自由	创造力,对情感的表现能力,以非传统的方式来表现自己;相当自由、开放	作家、编辑、音乐家、摄影师、厨师、漫画家、导演、室内装潢设计师
社会型 S	喜欢与人合作,热情关心他人的幸福,愿意帮助别人成长或解决困难、为他人提供服务	服务社会与他人,公正,理解,平等,理想	人际交往能力,教导、医治、帮助他人等方面的技能,对他人表现出精神上的关爱,愿意担负社会责任	教师、社会工作者、牧师、心理咨询师、护士、法律
企业型 E	喜欢领导和支配别人,通过领导、劝说他人或推销自己的观念、产品而达到个人或组织的目标,希望成就一番事业	经济和社会地位上的成功,忠诚,冒险精神,责任	说服他人或支配他人的能力,敢于承担风险,目标导向	政治运动领袖、营销商、市场部经理、电视制片人、保险代理
常规型 C	喜欢固定的、有秩序的工作或活动,希望确切地知道工作的要求和标准,愿意在一个大的机构中处于从属地位,对文字、数据和事物进行细致有序的系统处理以达到特定的标准	准确、条理、节俭、盈利	文书技巧,组织能力,听取并遵从指示的能力,能够按时完成工作并达到严格的标准,有组织有计划	文字编辑、会计师、银行家、薄记员、办事员、税务员、计算机操作员

(资料来源:北森测评技术有限公司.人力资源测评.)

5. 成就测试

成就测试用来鉴定一个人在一般的或是某一特殊的方面,经过学习或培训后实际能力的高低。在学校里参加的测试大多是成就测试。企业招聘中的学历、学位要求属于成就测试。日本、韩国、新加坡等亚太国家和地区往往以求职者的教育背景(如学历、毕业学校等)作为选择的重要依据。

专栏 4-3 ▶ 什么是 EQ

戈尔曼认为,EQ(Emotional Quotient,通常指情绪商数)包括抑制冲动、延迟满足的克制力,包含了如何调适自己的情绪,如何设身处地地为别人着想、感受别人的感受的能力,以及如何建立良好的人际关系、培养自动自发的心灵动力，简单说来，EQ 是一种为人的涵养，是一种性格的素质。

戈尔曼在其著作中举了一个很有趣的例子：研究者请来了一批小孩，把他们一个个带进房间，告诉他们："这里有棉花糖，你们可以马上吃，但如果你们等我出去办完事，回来才吃，你们就可以得到双份棉花糖。"他说完走了。有些孩子看他一走，便急不可待，拿起棉花糖，往口里塞；另一些孩子等了几分钟，便不再等，也把棉花糖吃了。剩下的孩子，决心等研究者回来。这项实验的结果是，那些有耐心等的孩子，长大后比较能适应环境，比较讨人欢心，比较敢冒险，比较有信心，比较可靠；那些急于满足眼前欲望的孩子，他们没有办法克制自己，他们的 EQ 比较低，长大后各方面的成就都比能克制自己的孩子低。

（资料来源：百度文库）

任务二　员工录用与招聘评估

一、员工录用过程

（一）试用合同的签订

员工进入组织前，一般要与组织签订试用合同，员工试用合同是对员工与组织双方的约束和保证。试用合同应该包含以下内容：试用的职位、试用的期限、员工在试用期的报酬与福利、员工在试用期应接受的培训、员工在试用期的工作绩效与应承担的义务和责任、员工在试用期应享受的权利、员工转正的条件、试用期组织解聘员工的条件与应承担的义务和责任、员工辞职的条件与义务、员工被延长试用期的条件等。

（二）员工的初始安排

员工进入组织以后，组织要为其安排适当的岗位。一般来说，员工的职位均是按照招聘的要求和应聘者的应聘意愿来安排的。有时组织可以根据需要，在征询应聘者意见的基础上，把员工调换到别的职位上。

（三）试用

解雇已被录用的员工对组织和个人来说都是很痛苦的事情，但是，录用不合格的员工对组织来说也是一个损失。为了避免此类事情的发生，企业应该在正式录用之前，留出几个月的时间作为试用期，在试用期内由人力资源管理部门对新员工进行培训和进一步考查。为使新员工尽快熟悉组织的内部情况和业务，应该将一些组织介绍资料和组织内部刊物等发给新员工，用人部门主管应给新员工介绍本部门的业务范围、业务流程。在试用期内表现合格的员工可以正式录用，表现有差距的员工可以通过职位调整或继续培训的方式进行处理。

（四）正式录用

试用期满后，如果新员工表现良好，能够适应组织要求，那么就应如期正式录用。正式录用一般要与员工签订正式录用合同。正式录用合同一般应包括以下内容：当事人的姓名、性别、住址和法定社会身份；签订劳动合同的法律依据；劳动合同期限；工作内容；劳动保护和劳动条件；劳动报酬；劳动纪律；变更和解除劳动合同的条件与程序；违反劳动合同的责任与处置;其他条款;双方签字及盖章。

总之,组织招聘、录用员工是一个有计划、有步骤的程序性工作,尽管在操作的过程中会因职位和组织环境的不同而有所变化,但基本工作流程是大体一致的,组织员工招聘录用流程如图4-2所示。

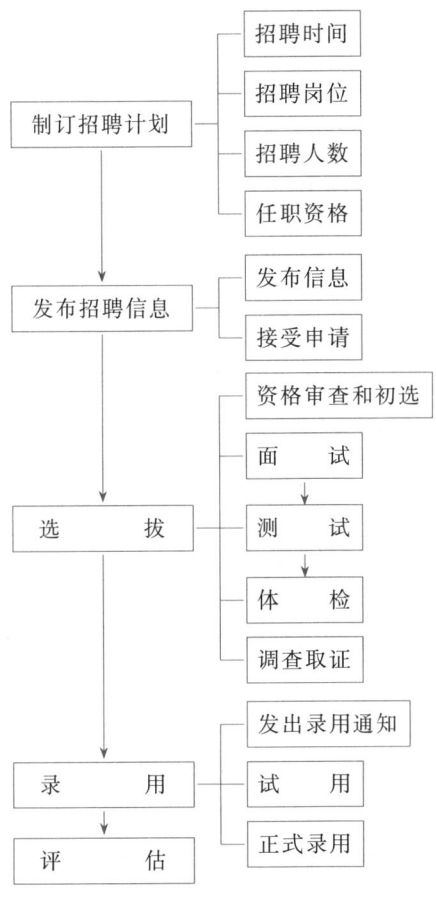

图4-2 组织员工招聘录用流程图

二、招聘评估

对招聘工作进行考核是十分重要的。通过对各种考核指标的核算和分析,发现招聘过程中规律性的东西,有利于企业不断改进招聘方式,使招聘工作更加有效。招聘评估的指标有许多,招聘工作评估的指标体系如表4-3所示。

表4-3 招聘工作评估的指标体系

指标类型	常 用 指 标	
一般评估指标	补充空缺的数量或百分比 平均每位新员工的招聘成本 留职至少一年以上的新员工的数量或百分比 对新工作满意的新员工的数量或百分比	及时地补充空缺的数量或百分比 业绩优良的新员工的数量或百分比

续 表

指标类型	常 用 指 标	
基于招聘者的评估指标	参加面试的招聘者的数量 职业前景介绍的数量和质量等级 推荐的候选人中被录用而且业绩突出的员工的比例 平均每次面试的成本	被面试者对面试质量的评级 推荐的候选人中被录用的比例
基于招聘方法的评估指标	引发的申请的数量 平均每个申请的成本 平均每个被录用的员工的招聘成本	引发的合格申请的数量 从方法实施到接到申请的时间 招聘的员工质量(业绩、出勤等)

在实际的招聘评估过程中,必须根据企业和职位的特点,选取一些特定的指标作为重点分析对象。

(一)招聘成本评估

招聘成本评估是指对招聘中的费用进行调查、核实,并对照预算进行评估的过程。

(1)招聘预算。每年的招聘预算应该是全年人力资源开发与管理的总预算的一部分。招聘预算主要包括:招聘广告预算、招聘测试预算、体格检查预算、其他预算。其中,招聘广告预算占据相当大的比例,一般来说按 4∶3∶2∶1 比例分配预算较为合理。当然,每个企业可以根据自己的实际情况来决定招聘预算。

(2)招聘核算。招聘核算是指对招聘的经费使用情况进行度量、审计、计算、记录等的总称。通过核算可以了解招聘中经费的精确使用情况,是否符合预算以及主要差异出现在哪些环节上。

(3)评估招聘成本。这是对招聘效率进行考核的一个重要指标。如果成本低,录用人员质量高,录用人数多,就意味着招聘效率高;反之,则意味着招聘效率低。招聘成本通常以招聘单价来评估:

$$招聘单价 = 总经费(元) \div 录用人数(人)$$

(二)录用人员评估

录用人员评估是指根据招聘计划对录用人员的质量和数量进行评价的过程。录用人员的数量可用以下几个数据来表示:

$$录用比 = (录用人数 \div 应聘人数) \times 100\%$$
$$招聘完成比 = (录用人数 \div 计划招聘人数) \times 100\%$$
$$应聘比 = (应聘人数 \div 计划招聘人数) \times 100\%$$

如果录用比越小,一般来说,录用者的素质越高;反之,则可能录用者的素质较低。如果招聘完成比等于或大于 100%,则说明在数量上全面或超额完成招聘计划。如果应聘比越大,说明发布招聘信息效果越好,同时说明录用人员的素质可能较高。

(三)招聘方法的效果评估

招聘方法的效果是指测试是否尽可能地选择了符合要求的人,尽可能地排除了不符合要求的人。招聘方法的效果可以从以下几个指标进行评估。

(1)标准化。标准化是指与实施测试有关的过程和条件的一致性。为了能根据同样的测试来比较若干求职者的表现,所有人都必须在尽可能相似的条件下接受测试。例如,提供的内容说明和允许的时间必须相同,测试环境也必须相似。如果一个人在一间喧闹的房间内接受测试,另一人在安静的环境中接受测试,测试结果很可能有差别。

(2) 客观性。当给测试者评分的每个人对同一答案所得的结论都相同时,测试就具客观性。多项选择和判断对错的测试是客观的,这种测试的评分是高度机械化的过程,即利用机器评分。

(3) 规范化。一个规范化的测试,受测试者的分数应服从正态分布。规范化为将一个求职者的表现与其他求职者相比较提供了一种参考框架。

(4) 可靠性。人员招聘的可靠性是指招聘中所采用的测试方法的可信程度。可靠性是用信度来衡量的。信度通常可分为再测信度、副本信度和分半信度。

再测信度是检验时间间隔对测试分数的影响。用同一种测试方法对同一组应聘者在两个不同时间进行测试,两次测试结果之间的相关系数就是再测信度。

副本信度又叫等值信度,是指将一种心理测试的结果与另外一种心理测试的结果进行相关性分析,两次测试结果之间的相关系数就称为副本信度。

将同一测试的题目分成对等的两半或若干部分,对同一组应聘者进行测试,各部分测试所得的分数间的相关系数,称为分半信度。

(5) 有效性。可靠性高的测试方法不一定有效。人员招聘的有效性指的是一项测试所测量的内容,如应聘者的有关能力、个性特点等,是不是招聘者真正想要测试的内容。招聘的有效性用效度来衡量。效度是指测量的结果与想要测量的内容之间的相关系数。效度的取值范围在-1~+1之间。

任务三 员工配置与职业生涯发展

一、员工配置

员工招聘结束之后,就要将他们配置到相应的工作岗位上,同时,有些缺员的岗位还可以通过内部调剂,实现员工岗位的再配置。另外,企业实行战略转移或结构调整时,也会对内部员工进行重新配置。

AI 数字化助力企业精准招聘

(一) 员工与岗位的动态化匹配

员工与岗位的动态化匹配,是指员工选择企业和岗位、企业按岗位选择员工的双向选择过程。在这个过程中,双方的权利应该是相等的。如果有一方的权利受到限制或者获得的满意度太低,那么这种匹配就会被打破,另一方就会被"炒鱿鱼"。进一步而言,员工和岗位之间的匹配是一个动态的、长期的过程。过去是匹配的并不说明现在就匹配,现在匹配的,也不意味着将来就一定匹配。因此,在这个变动过程中,员工需要进行一定的自身调整,企业需要进行一定的人力资源管理工作,才能谋求双方在共同的发展过程中形成长期的、动态的匹配。

员工和企业以及岗位之间的匹配过程始于员工招聘。员工招聘就是员工和企业双向选择的第一个回合。员工录用上岗,就意味着最初匹配的成功。除了员工招聘之外,员工和企业岗位之间的动态匹配还体现在企业运转的以下过程中。

1. 员工轮岗

员工轮岗是企业为了更合适地配置员工,同时也为了企业更有效地利用内部人力资源而采用的一种员工动态配置方法。员工轮岗通常针对新招聘的员工,也可能为了某种特殊需要而对老员工实行。对新员工来说,通过一段时间的轮岗,可以全面熟悉企业的总体情况,企业也可以对他们作出较为全面的观察,发掘新员工的特长,了解新员工的个性和意向。轮岗后,企业和员工再经过协商和磨合,完成员工的定岗匹配。这对企业、员工来说都是双向选择之后的一个很好的适应与调整过程。同时,在轮岗中员工对其他岗位也有了一定的了解,这又为以后的企业内部人力资源流动和人员余缺调剂打下了基础。

2. 岗位调整

由于一些内部的或外部的原因,企业经常会对内部的岗位作出调整。任何一次岗位调整都会引发员工的再配置,即员工和岗位之间的重新匹配。企业在作出岗位调整的决策时,应当充分考虑如何借助于岗位的调整,来带动员工知识技能的调整和提高,更好地实现员工的再配置,进一步提高员工的满意度和企业的效率。

3. 员工再配置

出于企业的需要,或者由于员工情况的改变,都可能要求对企业的某些员工进行重新配置,如晋升、降职和员工的内部调动。晋升是员工与岗位在更高层次上的重新匹配,容易形成双方满意的结果;降职一般是由于员工不能胜任本岗位的工作,将其重新配置到与他相匹配的较低层次的岗位上去。员工与岗位在低一层次上重新匹配的情况不容易处理好。因此,企业在人力资源管理中,应该重视员工的日常培训,不断地提高员工的知识水平与能力,尽量避免对员工实行降职使用。员工的内部调动从职位等级来说是不升也不降,但是对员工的愿望和需求可能影响很大。例如,有些员工愿意从事管理类的工作,而且其知识、才能也胜任,如果将他们从原来的技术工作岗位调动到管理工作岗位上,尽管级别未升,但是同样满足了员工的愿望和需要,对企业来说,将从事过技术工作的员工调动到管理岗位上,也有利于实行管理。

4. 薪酬变化

员工与企业岗位的匹配或者说员工的配置与再配置,都包含着劳动力的价格因素及员工薪酬状况。如果双方对彼此的其他条件都满意,而企业提供的薪酬没有吸引力,那么员工还是招不进来,即使招聘来最终也会流失。员工对岗位的满意与否既体现在岗位本身,又体现在与该岗位相对应的薪酬上。假定某一员工在某一岗位上工作了一定的时间,企业没有给他提薪,或者给他提薪的幅度小于劳动力市场上同类劳动力的平均薪酬的涨幅,那么,这位员工就会不满意,时间长了,难保不会离职。所以,员工与岗位的动态化配置,一定要考虑薪酬因素。

(二)员工的群体配置

在员工处于分工合作的工作方式背景之下,员工的配置,既要讲求员工个体配置得当,也要讲求员工群体配置得当。

在现代化企业体系中,团队代表了一种优化的员工群体配置。一般的工作群体,只是为了共享信息、协同工作,共同完成某个目标,但群体中的员工不一定积极配合,也不和群体共同承担责任。团队则不同,它通过团队成员的共同努力,实现团队的集体绩效,团队成员对团队的运转和发展共同承担责任;同时,团队中的员工技能不是单一、随机的,而是根据团队的需要相互补充的。因此,组织高绩效的团队,就是企业实行高绩效员工群体配置的一种形式。

企业的核心人才配置,需要达到一定的规模才能发挥作用。科研开发人员要配套、管理人员要充足,这样才能够发挥他们应有的作用。如果企业的核心人才配置不具规模,高级科研人员没有助手,高级管理人员的策划没有人去实施,势必造成人才浪费,不能形成企业的人才规模效应。因此,当企业在引进人才、招聘人才时,就应当考虑核心人才的规模配置,实行人才的团体引进、团体招聘,以便迅速形成企业的生产力。

二、职业与职业生涯发展

(一)职业与职业生涯

从经济学的意义上讲,职业同社会分工的细化是紧密相连的。劳动者相对稳定地担任某项具体的社会劳动分工,或者较稳定地从事某类专门的社会工作,并从中获取收入,那么这种社会工作便是劳动者的职业。这一概念包括四个方面的内容:①职业是社会分工体系中劳动者所获得的一种劳动角色;②职业是一种社会性的活动,具有社会性;③职业具有连续性和稳定性;④职业具有经济性。

职业生涯是指一个人一生中实际在工作岗位上度过岁月的整个经历。它由个人与工作相关的行为活动、与认知工作的态度和价值两大方面组成。前者表明职业生涯的客观特征,后者体现一个人职业生涯的主观特征。

(二)职业生涯发展

职业生涯发展简称职业发展,是指个体经过努力,遵循一定的道路或途径,不断地制定和实施新的职业目标,逐步实现其职业生涯目标的过程。职业生涯发展是员工在自己职业理想的追求中,经历的一系列不同阶段所构成的整体过程,员工和组织在每个阶段都有不同的开发任务、开发关系和开发活动内容。它实质上是在个人和组织的共同作用下,员工个人追求理想和抱负,在职业生涯中不断追求进步,提升个人地位和价值,获得事业发展与成功的相关活动内容。它的显在表现是一个人在一生中不断进步并占据的一连串不同职位所构成的一种连续终身的过程。它包括了一个人从首次参加工作开始,依次从事的所有工作活动与经历的全过程,往往按年份序列串接。

一个人的职业生涯发展阶段可归纳如下:

(1)职业探索阶段。个人关于职业的概念来自媒体、家庭、学校和书本。有了职业梦想,对自己的职业需求进行了大概的评价,已经能够意识到自己的长处和弱点,并通过学习,选择职业发展的路径。这一阶段职业生涯发展的主要任务是学会自我洞察和自我判断,寻找有关职业和工作角色的信息和机会。

(2)早期的职业确立阶段。个人由求职者变成职业组织的成员。这一阶段职业生涯发展的主要任务是进入最初的职业体验,接受第一项工作任务;发现和处理职业梦想与现实之间不吻合带来的问题和焦虑,调整自己的态度和价值观,尽快熟悉组织文化,符合组织行为模式;提出进一步的个人职业生涯发展道路,决定积极地调整自我与工作的适应程度,寻求提拔、晋升的机会,决定混日子或者选择离开现在的组织或岗位。

(3)职业生涯的持续阶段。此时的主要任务是,处理好自我发展与家庭发展的矛盾,使其与工作协调起来;进一步学习,发展自己的职业绩效标准,巩固在组织中的地位;认识或评价职业对自己未来发展的意义,或者作出新的职业选择决定;学会使用权力的技能和技巧。

(4)退休或离职阶段。个人逐步从组织中退出,收缩了原有职责和权力。此时的主要任务是认识和接受退休的现实,学会在家庭和社会活动中寻找新的满足源;学会用已有的知识和技能从事自己的"职业后生涯",平静地度过晚年。

在个人职业生涯发展的后三个阶段,尤其是中间的两个阶段中,组织对个人发展的意义重大。其过程实质上就是组织与个人相互交往和作用的过程,是组织需要与个人满足不断适应的过程。

专栏 4-4　萨帕(Donald E. Super)的职业选择发展理论

该理论指出,人的职业选择和发展贯穿于人的一生,应根据不同的职业发展阶段实行不同的方式和内容的指导。发展论者把人的职业生涯划分为不同的职业发展阶段,并对各个阶段的特点和任务进行描述。虽然不同的学者在阶段划分上有所差异,但都认为各个阶段是相互联系的,前一阶段的发展情况,关系到下一阶段的职业发展状况,并以"职业成熟"来评判人员的职业成功程度。

这个理论注意到人的职业心理处于一种动态的过程中,个人和职业的匹配不是一次就可以完成的,从而能从动态角度来研究人的职业行为和职业发展阶段。

(资料来源:[美]帕特里克·J.蒙塔纳,[美]布鲁斯·H.查诺夫.沈国华译.管理学.)

(三)职业生涯发展规划

1. 职业生涯发展规划的内涵

职业生涯发展规划是指一个人为实现期望、寻求理想的职业发展途径,有意识地思考和列出自己期望从事的职业目标,并在此基础上,不断丰富和发展自我的职业知识、能力和技术结构的一系列活动与步骤,是努力开发自身潜质的行为和过程。

职业生涯发展规划包括的内容有:①认识和提出自己的职业发展目标,规划自己与职业有关的活动;②自我洞察与自我判断,认识自身的兴趣、能力和性格,寻找适合自己的职业种类;③认清来自各方面的职业限制性因素,发现目前状况与职业发展或职业理想之间的差距;④设计各种发展方案,探求其可行性和成功概率,作出相应选择;⑤根据职业生涯发展的要求,拟定自身的教育培养计划和工作计划,不断完善自我。

2. 职业生涯发展规划的作用

人们之所以重视并实施职业生涯发展规划,是因为职业生涯规划对企业及个人来说都能产生积极的作用。职业生涯发展规划对企业的作用有保证企业未来人才的需要、为企业留住优秀人才、使企业人力资源得到有效开发等方面。

职业生涯发展规划对个人的作用有如下几个方面：

(1) 规划能帮助个人确定职业发展的目标。卢梭说过："选择职业是人生大事，因为职业决定一个人的未来。"只有有了明确的目标，才会激励人们去努力奋斗，并积极去创造条件实现目标。人们进行职业生涯发展规划时，会对自己进行分析，了解自己的长处与兴趣所在，发现自己的短处与差距在哪里，同时观察社会的发展变化状况和各种职业的特点，从而确定一个知己之长短、知环境之利弊、扬长避短的职业发展目标，这种职业发展目标是客观的、可行的，符合个人实际情况的。一个人如果不进行职业生涯发展规划，是很难明确自己的职业发展目标的，那样，就会浪费宝贵的时光，不能走好自己的人生道路，进而导致事业上的失败。有了职业生涯发展规划，人们便能正确设定职业发展目标，发挥自己的才能，选择适合自己的职业，化解人生发展中的危机与陷阱，使事业获得成功。

(2) 规划能鞭策个人努力工作。职业生涯发展规划制订出来之后，人们对自己的未来就有了一个明确的认识，为了把职业发展目标变为现实，人们便开始制订行动计划，分析在行动过程中会出现的各种困难，为目标的早日实现而努力。每个人都有理想，对未来充满着憧憬。一般来说职业发展目标是有吸引力、令人向往的。人们都知道要完成职业生涯发展规划，不能靠别人，只有靠自己脚踏实地、一步一步扎扎实实去创造条件。为此，人们便在学习和工作中珍惜时间，不断地去完善自我，朝着自己的目标迈进。在现实生活中，我们不难发现那些在学习和工作中勤奋的人，都是有远大理想和职业发展目标的人；那些学习和工作懒散的人，都是胸无大志和没有前进目标的人。职业生涯规划像发动机，催促着人们奋进。

(3) 规划有助于个人抓住重点。人们每天要做的事可分为必须做的、可做可不做的、不能做的三种，但不是每一个人都能将这些分清。不少人将不能做的事当成了必须做的事，不少人经常做可做可不做的事而忽视了必须要做的事。制订职业生涯发展规划有助于人们安排日常学习和工作的轻重缓急，集中精力去做必须做的事，必须做的事就是有助于职业发展目标实现的事。有了职业生涯发展规划，人们能厘清头绪，抓住重点，一步一步地靠近职业发展的目标。没有职业生涯发展规划，人们便会感到很空虚，不知道哪些是重要的事，容易陷进日常小事当中去，成为琐事的奴隶，空余时间还易受社会上一些不良风气的影响，走向成功之路的反面。规划能使人们紧紧抓住生活和学习的重点，提高效率，增加成功的可能性。

(4) 规划能引导个人发挥潜能。每一个正常的人，都有自己的潜力和能力，也都有惰性。大多数时候人们自己都不知道甚至不相信自身的潜力和能力，而惰性会时时表现在生活的方方面面。有了职业生涯发展规划，人们能看到美好的未来，产生实现愿望的强烈情感，促使着人们去创造条件，吸引力、向心力会转变成压力，使人们的潜能在信念的鼓励下激发出来，从而克服困难，取得令人瞩目的成绩。没有职业生涯发展规划，人们可能无所事事、没精打采，久而久之，上进心就会荡然无存，原有的潜能被埋没。有了职业生涯发展规划，即使资质不是很好的人，也能笨鸟先飞，充分调动潜能，取得不错的成绩。资质好的人，发掘潜能后那就是如虎添翼，能早日实现自己的职业发展目标。发挥潜能能使人们全神贯注于自己规划的事情，使自己的优势得到进一步的发展而有所作为。

(5) 规划能评估目前的学习和工作成绩。评价人们学习和工作成绩的状况，必须有一个参照物，有了职业生涯发展规划，人们对自己目前学习和工作的好坏便有了一个评估的标准。如果你的规划是客观、具体的,步骤是清晰的,实施结果是可量化的,你就可以根据规划的进程来评价你目前学习和工作的状态,评估出成绩的好坏。当你目前的学习和工作成绩与规划的时间、要求一致时,你便可以明确规划出下一阶段要完成的任务,明确努力的方向,增强成功的信心。当你目前的学习和工作成绩与规划的时间、要求有差距时,你便会有紧迫感,尽快找出没有及时达到规划要求的原因,赶快想办法提高成绩。若是规划设计有不合实际的地方,就要尽快调整。失败者面临的共同问题,就是他们极少评估自己所取得的进展,他们大多数人要么不明白自我评估的重要性,要么无法度量取得的进步。

为了有效地实现自我价值,以保证在事业上取得更大的成就,人人都需要对个人所要从事的职业、要加入的工作组织和单位、要担任的工作职务以及在工作职位上的发展道路进行全面的规划,确立明确的目标,并为实现各阶段的事业目标自觉地进行有关个人的知识、技术与能力的开发活动。

3. 制订员工职业生涯发展规划的方法

(1) 建立职业发展的信息与预测系统。在人力资源规划的同时,建立有关职业的信息系统。职业发展信息内容包括:某职业的性质、职业在社会中的地位和发展方向、从事职业必备的资格条件、职业的收入水平、职业生涯发展要求的知识结构与素质、在职业中晋升的通道等。

(2) 提供职业咨询。职业咨询的内容包括:帮助员工分析自身的特性、长处和短处;帮助员工学习职业生涯发展的知识,使其能够更积极地管理职业生涯;提供组织内外部的可选择职业;克服职业发展中出现的各种问题。

(3) 制订职业生涯通路。职业生涯通路,是对前后相继的工作岗位和经验所作的客观描述,即一种职业中个人发展的一般路线或理想路线。它建立在将职业角色放在一个不断变化和发展状态的基础上,为员工的合理使用和其能力拓展提供各种机会。

(4) 向员工开放工作岗位。将组织内每个工作岗位的信息对员工开放,要求员工或求职者根据自己的条件和职业期望选择适当的岗位,使工作建立在自愿的基础上。

(5) 教育、培训。组织针对职业发展的要求和员工素质的缺陷,进行有计划的培训。

4. 员工职业生涯发展规划与人力资源规划相匹配过程

(1) 组织参与个人职业生涯发展规划的过程,是开发、发展人力资源这一现代管理观念的具体体现,它强化了组织的培训目标。组织之所以将参与职业生涯规划作为人力资源管理的一项新职能,是因为在职业生涯规划设计过程中,组织的参与和配合,可以更多地了解员工的认知、价值观、期望与自我判断,从而有针对性地制订人员培养与开发规划,检视其培训政策,更好地引导员工为组织目标发挥自己的聪明才智。

(2) 组织参与员工职业生涯发展规划,有助于使员工在组织环境下,明确地认识自身的角色和努力的目标,不断发展自己。组织指导和参与员工的职业生涯发展规划,不仅可以使员工更加明确工作环境特性和自我定位的关系,而且在个人与组织的不断匹配过程中,将工作与员工个人特长有机协调,提高工作绩效与员工的满足感。

隐藏在招聘启事中的玄机

(3) 将员工职业生涯发展规划与人力资源规划结合起来,有助于人力资源的合理使用和合理流动,实现人与事的最佳组合,在完成组织目标的同时,员工个人也能获得事业的成就感。

(4) 在员工个人职业生涯发展规划与组织人力资源规划的相互匹配过程中,组织与个人不断调整各自的价值观,有助于组织形成和谐的文化氛围和良好的人际关系,建立团结的组织气氛。

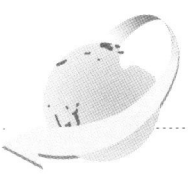

项目小结

　　员工的招聘与配置是人力资源管理中的一项重要工作,如何招聘和配置关系到组织的绩效和发展。招聘可以从内部招聘,也可以从外部招聘。组织如何从众多的应聘者中选择合格者,这是选拔要完成的任务。员工招聘录用需经过制订招聘计划、选拔、录用、评估等几个阶段。

　　员工职业生涯发展规划的制订与实施需要企业与个人的共同参与,企业要为员工的职业发展提供机会和条件,以实现"企业发展、员工成就"的目标。

复习思考题

1. 内部招聘和外部招聘各有什么优缺点?
2. 员工录用环节有哪些?为什么要设计这些环节?
3. 假如你是人力资源部门负责人,你会选择何种测试法?为什么?
4. 招聘结束后为什么要对招聘工作进行评估?评估的方法有哪些?
5. 如何制订与实施员工的职业生涯发展规划?

阅读资料

阿里巴巴人才培训体系长什么样

　　在阿里巴巴集团,人被视为最宝贵的财富。将每一位阿里人的个人能力成长融入持续的组织创新实践、集体文化传承,是对阿里巴巴集团建立学习型组织的最基础要求。

与阿里巴巴成长历程相伴而生的,是一个坚持"知行合一"的学习体系。阿里巴巴集团学习体系分为四个部分:新人培训、专业培训、管理者学习以及在线学习平台。

1. 新人培训——"百年阿里"面向全集团所有新进员工

从看、信、行动(探寻求证)、思考、分享五步骤,动、静结合地去体验五天之旅。以"客户第一"为线索,还原阿里的核心价值理念,有机连接新员工与客户的关系;通过8年以上员工经验的分享、与高管面对面等活动来传递阿里人的精神与秉持,建立新员工与组织历史、文化的连接。

2. 专业培训——运营大学、产品大学、技术大学及罗汉堂

(1) 运营大学:基于运营专业岗位的胜任力模型和公司战略方向,为全集团的运营人员提供学习内容和环境。

纯自主研发适合阿里巴巴集团业务情境的100门专业课程,涵盖四大运营领域岗位,针对不同人群提供精细化的学习方案,例如,保证新人快速胜任岗位的脱产学习,提供进阶技能的岗中学习,开展以主题沙龙形式进行的专业研讨会以及成立促进高潜力员工交流成长的运营委员会等。

(2) 产品大学:基于互联网产品经理的能力图谱,自主研发了接近100门课程,以业务方向为导向,采用多元化形式,提供综合培养手段。

"PD新人特训营"针对入职3个月内的产品经理,通过全脱产的系统性培训学习,加速员工认知集团产品架构,加深对产品经理岗位认知,快速胜任岗位。"产品大讲堂"提供进阶课程,解剖实战案例,组织线上线下交流。面向各个垂直领域员工的产品经理委员会,则通过定期、不定期的产品研讨、产品体验、游学交流等活动,实现沉淀专业知识的目的,解决业务疑难问题。

(3) 技术大学:服务于阿里巴巴集团技术专业领域人才的成长培养,近3年的统计中已开发课程400余门,培养内部讲师近800人,提供培训50 000余人次。

在专业课与公开课的基础之上,建立ATA技术沙龙,形成开放的技术人员交流平台,旨在挖掘值得推广的思想、理念、技术等;同时根据公司重点发展的技术领域,邀请外部嘉宾,引入优质内容及分享议题,引导相关领域人员学习了解前沿技术,拓宽眼界,促进内部人员思考成长。

(4) 罗汉堂:服务于阿里巴巴集团一线,且入职在3年以内员工的通用能力培养。

自主研发的5门课程:情绪管理、沟通其实很简单、在合作中成长、组织高效会议、结构化思维与表达。课程内容深度内化,贴合阿里工作情境,所有课程植入互动体验式模块,以启发个体思考、创造行动改变。

3. 管理者学习——"管理三板斧""侠客行"及"湖畔大学"

(1) 管理三板斧:突破管理层级的集体行动学习。

"管理三板斧"包含管理人员的三项基础能力要求:"Get Result""Team Building"和"Hire&Fire"。以全景实战的方式,在真实的业务背景中,通过推动集体思考的方式,提升团队的整体业务能力以及团队管理能力,也是组织能力、组织文化传递强化落地的实战场。

(2) 侠客行：面向阿里巴巴集团一线管理者的培养。

分别以业务线和层级进阶推进管理学习的覆盖，培养了近百名内部管理者讲师。根据阿里巴巴集团"管理能力图谱"，自主研发了管理者的进阶课程体系，辅以部分引进课程；通过"课上真实案例演练＋课后真实作业练习＋课后管理沙龙"的不间断学习方式，保证持续对焦管理者在"角色与职责"上的统一认知；根据不同管理场景与复杂度，输出完整的领导力提升方法和应用技巧；并在侠客行"管理沙龙"形成"良师"（资深阿里管理者）"益友"（同期管理者）之间共同的语言、心力和能量场。

(3) 湖畔大学：面向阿里巴巴集团高阶管理人员的成长培养。

在湖畔大学，以学习的参与者为中心，建立平等、开放的学习体验，通过不同背景、经历的高阶管理者之间的分享交流，解决高阶管理者的融入、战略的对焦、领导力的修炼以及文化的传承。

在常规的学习安排之外，也设置了不定期的"湖畔大讲堂"，引入国内外杰出学者、业界领袖的分享，提高眼界和视野，通过"业务沙龙"促进协同，建立全局观，提升整合能力；通过"文化沙龙"挖掘管理背后的问题，传承阿里文化。

4. 阿里学习平台——为全体阿里人提供内部学习和交流平台

在这里，所有阿里人可以自由报名参加线下培训；查阅过往学习的视频、文档；可以创建学习计划，监测管理学习的进度；通过即时问答系统得到答疑解惑。

阿里巴巴集团学习、培训体系的特点：知识都是有情境的，没有情境、背景的知识只是信息。因此，学习内容无论是专业或是管理，无论是技巧、工具或是理念、文化，都已浸透阿里巴巴集团业务场景和组织历史。

阿里专业和管理学习中所沉淀的相应能力图谱和知识体系的价值是：课程只是学习的形式之一，绝不等于学习；每一位员工的发展图谱比任何一种或多种课程都要重要得多。

（资料来源：百度文库）

案 例 分 析

百货公司选拔总经理的情景面试

某企业集团为其下属百货公司选拔一名总经理。经过初试、复试环节，最后企业决定对一路过关的四位候选者使用情景面试的方法。四名候选者被安排同时观看一段录像，内容如下：

画面呈现的是一座小城市，画外音告知这是一个中等发达程度的小县城。镜头聚焦于一家百货商场，时间显示当时是上午9时30分。这时，商场的正门入口处出现了一位身高1.80米左右、穿皮夹克的年轻小伙子。他走进商场，径直走向日用品柜台。柜台里有一位30岁出头的女售货员。小伙子向女售货员要了支"中华牌"牙膏，价钱是3.8元。小伙子掏出钱包，取出一张100元的人民币，女售货员找给他96.2元。小伙子将钱和牙膏收好，走出了商场。

画面重新回到了百货商场正门，时间显示是上午10时整。这时，一位身高1.65米左右、穿着笔挺西装的小伙子出现在门口，并径直向日用品柜台走去。这位小伙子要一支牙刷，价钱是2.8元。小伙子掏出钱包，取出一张10元的人民币递给了女售货员。女售货员给小伙子一只牙刷并找回7.2元。然而，小伙子突然说："同志，你找错钱了，我给你的是100元。""你给我的明明是10元呀！"女售货员吃惊地说道。"我给你的就是100元，赶快给我找钱，我还有事情要做！"小伙子提高了嗓门，语气也相当严厉。女售货员急了，声音也提高了："你这人怎么不讲理呢？你明明给的是10元，为什么偏要说是100元呢，你想坑人啊？"这时，日用品柜台边已经聚集了十几位买东西的顾客看热闹。这位小伙子似乎实在难以容忍了，向整个人群说道："大伙都瞧瞧，这是什么服务态度！你们经理呢？我要找你们经理。"

说来也巧，百货商场的总经理正好从楼上下来，看到这边有人围观，便走了过来。总经理来了，像来了救兵一样，女售货员马上委屈地向总经理告状。总经理看上去是一位二十八九岁的年轻人。"怎么回事？"总经理问道。女售货员说："经理，这个人太不讲理了，他明明给我的是10元，硬说是100元。"经理见她着急的样子，立即安慰她说："张姐，别着急，慢慢讲，他买了什么？你有没有收一张100元的人民币？"这位被总经理称为"张姐"的女售货员心情似乎平静了些。"他买的是牙膏，啊……不，他买的是牙刷。对了我想起来了，今天，我收了几张100元的人民币，有一位高个儿给了我100元，他买的是牙膏。这个人给我的就是10元。"总经理听了张姐的话，眉头有些舒展，转身走向人群中那位身高1.65米左右的小伙子，很有礼貌地说道："很不好意思出现了这种事情。您能告诉我事情的真实情况吗？"小伙子也似乎恢复了平静，同样有礼貌地坚持自己付给女售货员的是100元，是女售货员将钱找错了。这时总经理环视了一下人群，然后将视线定格在这位小伙子身上，继续有礼貌地说："这位先生，根据我对这位销售员的了解，她不是说谎和不负责任的人，但是，我同样相信您也不是那种找茬的人。所以，为了更好地将事情弄清楚，我可否问您一个问题？""什么问题？"小伙子问道。"您说您拿的是100元，请问您有证据吗？"总经理问道。小伙子的眼睛一亮，马上提高了嗓门说："证据？还要什么证据？不过我想起来了，昨天我算账的时候，顺手在这张钞票的一面的右上角处写了2888四个数字，你们可以找一下。"总经理立即吩咐女售货员在收银柜中寻找，果然找到了一张一面写有2888的100元纸币。这时，小伙子来了精神，冲着人群高喊："那就是我刚才给的100元，那个2888就是我写的。不信，可以验笔迹。"

人群开始骚动，顾客们明显表示出对商场的不满。镜头在人群、小伙子、女售货员和总经理之间切换，最后定格在总经理身上。

这时录像结束，并在屏幕上弹出一个问题：假如您是该百货商场的总经理，您将如何应付当时的局面?

四位候选者被要求准备10分钟,然后分别向专家组陈述自己的答案,时间不超过5分钟。

问题:

1. 如果你本人就是这次招聘活动的应聘者,你应该如何来回答这个问题?

2. 在当前的人力资源管理学界,普遍认为情景模拟实施起来困难比较大,你认为这是为什么?

3. 请对该百货公司的这次面试程序做一个评价。

(资料来源:张岩松,李健等.人力资源管理案例精选精析.)

实 践 练 习

1. 如果你是一家制药公司的人力资源部经理,请设计一张招聘销售部经理使用的工作申请表。

2. 十年后,你希望取得什么样的成就?结合本人情况,为自己编写一份个人职业生涯发展规划。

项目五　员工培训与开发

◇ **学习目标**
1. 了解员工培训与开发的重要性。
2. 掌握各种培训方法的特点。
3. 熟悉员工开发的程序。
4. 了解说明各种员工开发方式。

导入案例

别具一格的杜邦培训

作为化工界老大的杜邦公司在很多方面都独具特色。其中,公司为每一位员工提供独特的培训尤为突出。因而杜邦的"人员流动率"一直保持在很低的水平,在杜邦总部连续工作30年以上的员工随处可见,这在"人才流动成灾"的美国是十分难得的。

杜邦公司拥有一套系统的培训体系。虽然公司的培训协调员只有几个人,但他们却把培训工作开展得有声有色。每年,他们会根据杜邦公司员工的素质、各部门的业务发展需求等拟出一份培训大纲,上面清楚地列出该年度培训课程的题目、培训内容、培训教员、授课时间及地点等,并在年底将大纲分发给杜邦各业务主管。根据员工的工作范围,结合员工的需求,参照培训大纲为每个员工制定一份新年培训计划,员工会按此计划参加培训。

杜邦公司还给员工提供平等的、多元化的培训机会。每位员工都有机会接受像公司概况、商务英语写作、有效的办公室工作等内容的基本培训。公司一直很重视对员工的潜能开发,会根据不同员工的教育背景、工作经验、职位需求提供不同的培训。培训范围从前台接待员的"电话英语"到高级管理人员的"危机处理"。此外,如果员工认为社会上的某些课程会对自己的工作有所帮助,就可以向主管提出,公司就会合理地安排人员进行培训。

人力资源社会保障部等8部门关于推动技能强企工作的指导意见

为了保证员工的整体素质,提高员工参加培训的积极性,杜邦公司实行了特殊教员制。公司的培训教员一部分是公司从社会上聘请的专业培训公司的教师或大学的教授、技术专家等,而更多的则是杜邦公司内部的资深员工。在杜邦公司,任何一位有业务或技术专长的员工,小到普通职员,大到资深经理都可作为教师给员工们讲授相关的业务知识。

(资料来源:百度文库)

任务一 了解员工培训与开发的概念

俗话说:工欲善其事,必先利其器。培训是人力资本投资的重要形式,是开发现有人力资源和提高人员素质的基本途径。招聘到优秀人才并不等于企业拥有了优秀的员工。作为企业的管理者,应该清楚地认识到,如何通过组织学习来帮助员工获得成功的信息与技能、提高工作的自主性与自觉性是非常重要的。正如一位专家所说:终身学习不是一种特权或权力,而是一种需要。因此,开发员工的潜力,规划员工的发展,是每一位管理者应尽的责任。本项目将从培训体系构建、培训营运管理、员工职业生涯等方面来阐述培训对推进管理工作、增强企业核心竞争力、提高组织绩效的重要作用。

一、员工培训与开发的基本概念

员工培训与开发是一个为组织员工灌输组织文化、道德,提供思路、理念、信息和技能,帮助他们提高素质和能力、提高工作效率、发挥内在潜力的过程。从管理角度看,培训的主要目的是使员工掌握目前和未来工作所需要的思路、知识和技巧,充分发挥自身的潜能(积极性、创造性),能不断适应新情况、新环境的需要,卓有成效地完成组织正式员工的综合发展工作;从教育和管理角度来看,是一种在组织目标和岗位任务规定下的,对员工实施继续教育、终身教育,促使人的素质提高,开发人力资源的活动。

广义的员工培训与开发包括组织一般员工的教育与培训(岗前与在岗两种)、管理人员培训与发展(管理开发计划)、员工职业生涯管理等内容;狭义的员工培训与开发则指普通员工教育与培训,以及管理人员开发等内容。

二、员工培训与开发的意义

员工是组织的血液,是现代组织最核心的生产力要素。他们的作为——如何对待工作、如何对待客户、如何对待同事、如何处理日常事务,将决定组织事业的荣辱成败。

通过人员招聘,组织虽然雇用到优秀的人才,但是并不等于就拥有了优秀的员工。因为组织即使招聘到了合格的人员,也不能保证人与工作、团队和环境的完全匹配,不能保证其知识、技术、观念等永不落伍,因此,几乎所有的员工都需要进行培训与开发,才能令人满意地完成组织的工作。优秀的员工还必须掌握能帮助组织获得成功的理念、信息、知识和技能,以及组织文化、行为规范、人际关系、团队精神等。组织对员工实施培训与开发就是要系统而有步骤地帮助员工了解掌握这样的理念、信息、知识和技能。能否持之以恒、科学有效地开展员工培训与开发工作,是决定一个组织能否保住自己在人员招聘、人员维持(养护)等方面的投资,能否真正获得优秀职工的最重要、最基础的工作之一,可以说,员工的培训与开发是一切组织"生意中的生意"。

培训与开发可以满足员工自身发展的需要,调节人与事、人与人之间的矛盾,促进优秀组织文化和团队精神建设,提高人的素质和工作的积极性,培养优秀员工。

培训与开发可以满足并提高员工和企业适应环境变化的能力,在知识、能力、理念、素质等方面跟上时代前进的步伐。依靠这种人力资源开发与管理的持续动力和活力,增强人们的主观能动性、创造力和工作效率,支持和满足企业的市场竞争需要,从而提高企业的短期和长期效益。

培训与开发能够增加员工对本组织和竞争对手及其文化的了解,理解如何与他人合作,学会在群体中进行有效的工作,能够确保员工不断掌握提高企业生产率所必需的新知识、新技术、新方法,持续提高员工的能力;能够通过纠正无效管理者的行为,以及提高或更新员工技能,来改善不良管理实践和低劣工作绩效,从而减少有价值员工的流失;能够通过控制培训与开发的成本效率而对企业人力资源核心竞争力有所贡献,提高组织的竞争优势。有远见的企业不仅把培训与开发作为发展员工能力的一个有效途径,而且也作为吸引、激励和留住人才的一件有效"法宝"。

三、员工培训与开发的类型

员工培训与开发的项目和方式品种繁多,可以从不同角度分类概括。

(一)按照培训与开发的对象与重点划分

根据培训与开发的对象层次,可分为高级、中级和初级培训。若按照对象及其内容特点的不同来分,则一般可划分为以下类型。

1. 新员工导向培训

新员工导向培训又称为新员工定向培训、上岗培训或社会化培训，是指向新聘用员工介绍组织情况和组织文化，介绍工作任务和规章制度，使新员工认识必要的人，了解必要的事情，尽快按组织要求开始上岗而做的一种培训。

2. 员工岗前培训

员工岗前培训主要包括新员工导向培训及老员工岗位变动所接受的培训。

3. 员工岗上培训

员工岗上培训又称为员工上岗后的培训或员工在岗培训，是指组织围绕工作需要，对从事一定岗位工作的员工开展的各种知识、技能和态度等形式的教育培训活动，以及为员工提供思路、信息和技能，帮助他们提高工作效率的各种培训活动。员工岗上培训可以按员工类别不同分为操作人员培训、技术人员培训、管理人员培训等。

4. 管理人员开发

管理人员开发又称管理开发或管理人员培训与开发，主要对象是管理人员和一部分可能成为管理人员的非管理人员，通过研讨、交流、案例研究、角色扮演、行为学习等方法，使他们建立正确的管理心态，掌握必要的管理技能，学习和分享先进的管理知识和经验，进而改善管理绩效。

5. 员工职业生涯开发

员工职业生涯开发以组织的所有成员（重点是组织中的关键人才和关键岗位的工作者）在组织中的职业发展为开发对象，通过各种教育、训练、咨询、激励与规划工作，帮助员工开展职业生涯规划与开发工作，使个人目标与组织目标结合起来，培育员工的事业心、责任感、忠诚感与奉献精神。

（二）按照培训与开发与工作的关系划分

根据培训和开发与员工工作活动的关联性状况，一般可以分成以下三类。

1. 不脱产培训

不脱产培训也叫在职培训，是指员工边工作边接受培训，主要是在实际工作中实施培训。

2. 脱产培训

脱产培训即员工脱离工作岗位，专门去各类培训机构或院校接受培训。

3. 半脱产培训

半脱产培训是脱产培训与不脱产培训的一种结合，其特点是介于两者之间，可在一定程度上取两者之长，弃两者之短，较好地兼顾培训的质量、效率与成本等因素。但两者如何恰当结合却是一个难点。

（三）按照培训与开发的内容划分

根据学习内容与学习过程的不同特点，可以把培训与开发分为知识、技能和态度等三种类型。这种分类法在教育界、培训界被广泛使用。

1. 知识培训

知识培训也称为知识学习或认知能力的学习，要求员工学习各种有用知识，并运用知识进行脑力活动，促进工作改善。知识学习的例子包括记忆和推理、行为规范和行事规则，符号图案的辨认和对策的制定、生产与管理知识的回忆和应用,以及知识驱动的工作场所、学习性组织等项目内容。组织对员工的知识培训也可按传授知识的性质分为三类:对员工的工作行为与活动效率起基础作用的(数理化、语文、外语等)基础知识;与组织生产经营职能和员工本职工作密切相关的理论、技术和实践的专业知识;与科技发展、时代特点、组织经营环境和业务特点相关联的背景性知识。

2. 技能培训

技能培训包括对员工的运动技能和智力技能的培训。也有人认为技能培训即是对员工使用工具,按要求做好本职工作,处理和解决实际问题的技巧与能力的培训。运动技能培训也叫肌肉性或精神性运动技能学习,主要是教授员工完成具体工作任务所需的肢体技能,能够精确按要求进行有关的体力活动,如操作机床、驾驶汽车等。智力技能培训则是教授员工学习和运用可被推广的知识要领、规则与思维方法,来分析问题、解决问题,改进工作并发明新产品、新方法、新知识等,如设计并改进组织结构和工作程序等。

3. 态度培训

态度培训又称态度学习或情感性学习,它主要涉及对员工的价值观、职业道德、认知、情感、行为规范、人际关系、工作满意度、工作参与、组织承诺、不同主体的利益关系的处理,以及个人行为活动方式选择等内容和项目的教育与培训。

四、员工培训与开发的体系

在现代化大生产与市场竞争中,培训已成为企业生存的必需和在竞争中求胜的武器。培训并不仅仅是人力资源部门的事情,而且已成为组织各层次和各部门共同关心、共同参与的任务。员工培训与人力资源管理其他环节的关系如图5-1所示。

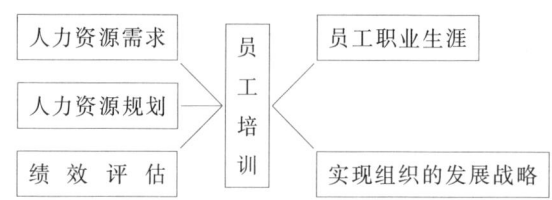

图 5-1　员工培训与人力资源管理其他环节的关系

1. 员工培训与组织的人力资源需求直接相关

组织所需要的各种类型、各种层次的人力资源,可以直接通过员工培训来得到部分的满足。

2. 员工培训是组织人力资源规划中的重要内容之一

人力资源规划必须为组织发展的长远规划作出人力资源供求预测,并提出实现人力资源供求平衡的方案和途径。为此,人力资源规划的子系统中必须包含员工的培训计划。

3. 员工培训与员工绩效评估密切相关

当员工绩效评估的结果和反馈信息,显示了某些人员需要参加特定内容的培训,或者在绩效评估中,某些人员表达了参加培训的意愿,那么,组织就要分析并满足上述这些需要或意愿。通过员工培训,提高员工下一阶段的工作绩效。

4. 员工培训是员工职业生涯的阶梯

员工为了获得发展、实现抱负,最直接的方式就是通过参加培训来提高自己的综合素质。目前,员工单一的职业生涯已逐渐转变为复合型的职业生涯。因此,接受多方面的知识技能培训,将自己培养成复合型的人才,已成为员工职业生涯发展的重要前提。

5. 员工培训是实现组织发展战略的重要步骤

通过培训来提高员工的劳动生产率,已被证明是企业最有效的发展手段。

对于组织内不同层次的人力资源来说,他们所接受的培训应具有不同的侧重点。基层员工以接受技术能力的培训为重点,而高层管理者则以接受创新决策能力的培训为重点,中层管理者应两者兼而有之。

专栏 5-1 快餐店的高效培训法

一家连锁快餐店新员工培训总出问题:新人记不住流程,老员工带教还耽误干活。

店长改了方法:把点餐、配餐步骤拍成 1 分钟小视频,新人扫码就能看;画了彩色流程图贴在操作台上,关键步骤标红;让老员工带教时用"说一遍、做一遍、看着做一遍"的三步法。

新员工 3 天就能独立上岗,比原来快了一半。原来培训不用讲太多大道理,把步骤做细、方法做简单,效率自然就高了。

任务二 员工培训与开发工作的具体实施

培训与开发工作是非常复杂的活动,为了保证其顺利实施,在实践中应当遵循一定步骤。一般来说,培训与开发要按照下面的步骤来进行:首先要进行培训需求分析;接着就是培训计划设计,包括制定培训计划和做好培训前的准备等;然后是培训方案的具体实施,其中有很多项工作内容需要完成;最后是培训成果转化和培训评估。培训与开发实施步骤如图 5-2 所示。

西门子的多级培训制度

图 5-2 培训与开发实施步骤

一、培训需求分析

培训需求分析的一般过程是:发现和汇集现实中的问题,认知导致培训需求的原因或"压力点",通过组织、任务、人员等评估内容和培训背景分析,确定是谁需要培训、到底在哪些方面需要培训等。一般而言,培训需求分析主要包括组织分析、任务分析与人员分析三个层面的内容。

(一)组织分析

组织分析是对环境、战略和组织资源进行检查,以确定培训的重点。影响员工培训需求的因素一般包括以下几个方面:

第一,政府的政治经济政策往往会对许多机构的培训需求产生广泛的影响。如中国加入世贸组织(WTO)后,企事业单位的许多管理人员就需要进行 WTO 的政策、法规、准则等的学习。

第二,组织发展战略的实施或改变也会影响到培训需求。例如,企业合并与兼并一般要求员工扮演新的角色,承担新的职责,适应新的企业文化和开展业务的方式。另外,技术的革新、经济全球化、企业再造和全面质量管理等,都会影响到工作方式的改变和完成工作所需要具备的各项技能的更新。

第三,机构重组、规模缩减、权力下放和团队合作会立即产生培训需求。

第四,员工极大地注重自身的发展与个人成长,也将转变成对学习的强烈需求。

组织分析涵盖了对众多资源的分析,包括技术方面、财务方面及人力资源方面。组织通常先搜集数据,然后进行分析。数据包括直接与非直接员工的劳动力成本、产品或服务的质量、经常性无故旷工情况、员工流动率和工伤事故信息等。

(二)任务分析

任务分析是以工作任务和义务的研究为基础,来确定培训项目内容的过程,它包括检查工作说明书及要求,发现从事某项工作的具体内容和完成该工作所需具备的各项知识、技能和能力。其总体目标是决定培训课程的确切内容,并挑选最有效的培训方式。

任务分析的第一步是详尽列出所有包含在工作中的任务与职责,第二步是列出员工完成每一项工作任务的具体步骤,然后确定完成工作的类型与所需的技能和知识。

目前,任务分析已从注重一系列固定任务的分析转变为对出色完成任务所需的更多更灵活的能力的分析。由于工作的改变或更多的工作需在团队中完成,这就要求在必要时改变行为方式。能力评估注重员工获得成功所需具备的知识和技能,特别是针对那些以决策为导向和知识密集型的工作。

(三)人员分析

人员分析主要用于确定哪些员工需要培训,哪些员工不需要培训。人员分析往往通过绩效评估来进行。但员工的工作绩效好坏是由多种原因引起的,如员工本身的能力、组织的激励及其他因素,培训只对那些由于本身能力问题而引起绩效差的人起作用,而对其他原因引起的绩效不佳,培训往往是达不到效果的。

人员分析非常重要。首先,全面的分析可以避免组织派遣那些本不需要培训的员工去参加培训;其次,人员分析还可以帮助经理们了解受训者在参加培训之前的长处和短处,从而在课程设计时加强针对性。

二、培训计划设计

培训计划设计包括确定培训内容、选择培训对象,以及运用学习原则设计培训方法等方面。

1. 培训内容

培训内容在不同的时期往往有所不同。表 5-1 所示的是某企业为员工提供的培训类型。从表中可以看出,随着科学技术的发展和管理的现代化,基本的计算机技能培训上升的比例较大,另外如沟通技能、新方法、新程序等方面的培训比例上升也较快。

表 5-1　某企业为员工提供的培训类型

培训类别	员工数量在 50 人以上的组织所占的比例/%	员工数量在 100 人以上的组织所占的比例/%
管理技能或原理发展	78.5	86
基本的计算机技能	51.2	86
沟通技能	66.3	84
监督技巧	69.3	83
技术和知识	65.0	82
新方法或新程序	56.5	75
客户关系或服务	55.3	73
行政能力	57.8	73
个人成长	49.1	69
文秘技能	56.7	65
员工或劳动关系	39.9	59
保健知识或福利	37.6	57
客户教育	29.7	57
销售技巧	40.2	55
补习教育	18.8	40

2. 培训对象的选择

要使培训取得成功,首先必须选出合适的培训对象,保证他们有足够的背景知识与技能,以便消化即将接受的培训内容。一般根据培训对象接受能力的不同分成不同的培训小组或班级,进行不同等级的培训,在特殊情况下可以安排特别的指导。

另外,应考虑培训对象的欲望。为了达到最佳的培训效果,培训者必须保持强烈的求知欲望。所以,必须使培训目标与个人发展紧密联系,这将有助于员工在培训课程中取得成功。

3. 学习原则

培训计划的成功或失败与学习原则有很大的关系。在人力资源管理中,学习是指由经验引起的在知识、技能、理念、态度或行为方面发生的相对持久的变化,因此学习应遵循一定的原则,包括确立学习目标、示范、个体差异的考虑、积极反复地实践、反馈等方面。

(1) 确立学习目标。确立学习目标是指培训者通过激励的方式来强化培训对象的动机,使培训更加有效。当培训者花时间向受训者解释目标,或当受训者自己设定目标时,受训者对培训的兴趣程度、理解力及付出的努力都会增加。在确立学习目标时,其难度要适中,既不要太容易,也不要太难;而且应该把目标分解为多个子目标,使其逐个实现,让受训者有成就感。

(2) 示范。示范可以增强行为表现在培训中的效果。示范者起了引路人的作用,也就是起到传统的"师傅带徒弟"的作用。示范强调的是通过向他人学习,边看边学,比自己摸索要快得多,效果会比读一本书或听一次讲座理想得多。

示范可以采取多种形式。例如,真实生活的表演或录像带通常行之有效,甚至照片和图画同样可以传递视觉信息。最重要的是,示范能够表达出要求学习的行为表现或方式。

(3) 个体差异的考虑。培训对象的学习风格和接受能力各不相同。例如,有些人过目不忘,有些人则过耳不忘;而另一些人要看若干遍或者听若干遍才能理解和记住。又如有些人适合小班听课,有些人却适合大班听课。对于这些个体差异,在条件允许的情况下要适当考虑,使培训工作符合各类学员的实际需要。

(4) 积极反复地实践。听和看虽然重要,但更重要的是要亲身体验,动手做一做,应该给培训对象更多的机会去工作实践,实践能使他们的理论知识更好地与实际相结合。在实践中,培训对象会不断地发现和纠正一些操作细节上的错误,使之逐渐步入正确和规范的轨道,通过不断的反复的实践,强化技能,做到一种条件反射式的熟练。例如操作计算机,在一开始时,人们总是寻找键盘上各个键的位置,但当操作到一定的熟练程度后,就不会再考虑具体哪个键在哪个位置,而是更多地考虑操作中的其他问题。

(5) 反馈。通过反馈可以检查培训的学习效果,并激发进一步学习的兴趣,从而巩固前一阶段的学习成绩。不管是培训者还是受训者都需要这种反馈。反馈的重点应该是告诉受训者经培训后达到了何种目标,或者使其明白在培训前后发生了什么变化,掌握了何种技术,达到了什么程度。

(6) 学习进展图。学习进展可以用学习曲线来表示,如图 5-3 所示。从图中可以看出,许多学习都有阶段性,在初期往往上升速度较快,但到一定程度后,会出现一段时间的"停滞"状态,也就是学习好像没有什么进展,曲线表现较为"平脊"。平脊的产生是由于动力降低或工作中采用了低效的方式,这是学习中经常碰到的现象,过后又会恢复。

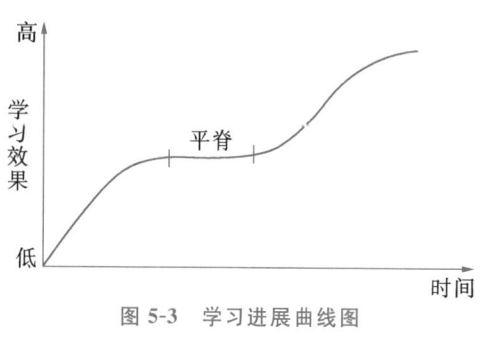

图 5-3 学习进展曲线图

三、培训方案实施

(一) 在职培训与脱产培训

培训方案设计完成后,必须用具体的培训形式加以实施。从目前来看,培训形式可以分为在职培训和脱产培训。

（1）在职培训。在职培训就是员工在实际工作中得到的培训，它是让员工在领班或培训老师的指导下获得第一手经验。在职培训的优点是十分经济，不需要另外添置场所、设备，而是利用现有的人力、物力来进行培训，而且培训对象不脱离岗位，可以不影响工作或生产。另外，可以为经理们提供与员工建立良好关系的机会。但在职培训的缺点是缺乏完善的培训环境，经理人员的培训设计不规范，对在职培训的重视不够，往往很难达到较好的效果。此外，在职培训也存在一定的风险，员工在培训期间，由于操作不当，有可能损坏设备，生产出不合格产品，浪费原材料。

为了使在职培训更加有效，应努力做好以下几方面的工作：①针对每一个在职培训领域，制定实际的目标和衡量标准；②为每一位培训对象制定具体的培训时间表（包括设定评估与反馈时间）；③帮助经理营造良好的学习气氛；④培训结束后，进行阶段性评估，巩固成果。

为了使在职培训取得成功，一般应按照一定步骤进行，在职培训基本步骤如表5-2所示。

表5-2 在职培训基本步骤

步　　骤	内　　　容
步骤一 培训者的准备	1. 确定为能够有效、安全、经济、聪明地从事一项工作而应培训的内容 2. 准备好正确的工具、设备、补给品和材料 3. 合理地安排工作场所
步骤二 培训对象的准备	1. 让培训对象放松 2. 了解培训对象已有的知识 3. 激发培训对象对学习和工作的兴趣和渴望
步骤三 展　示	1. 告知、展示、说明和询问，引导出新知识和新方法 2. 每次一个要点，循序渐进地、清晰地、完整地、耐心地指导 3. 检查、询问并重复 4. 确保培训对象真正掌握
步骤四 工作演练	1. 通过实践，测试员工的掌握程度 2. 对培训对象进行提问（为什么、何时、何地、怎样） 3. 观察表现、纠正错误、反复指导，直到完全掌握
步骤五 跟　踪	1. 让培训对象自行工作 2. 经常性检查，确保培训对象按要求工作 3. 减少额外的监督，结束跟踪，一直到员工可以在正常的环境下独立工作

（2）脱产培训。组织可以把员工送到各类学校、商业培训机构或自办的培训基地接受培训，也可以选择本单位外的适宜场地自行组织培训。脱产培训的优点是：由于学员脱产学习，没有工作压力，时间集中，精力集中，其知识技能水平会很快提高，效果比较好。这种形式的缺点是需要资金、设备、专职教师、专门场所，所以成本较高。

脱产培训的方法包括演讲、会议、函授课程、阅读、闭路电视和录像行为示范、计算机辅助教育、案例分析、角色扮演、群体练习和商业游戏等。为了降低成本和风险,一般采用模拟训练的方式。表5-3是各种脱产培训的方法及其应用程度。

表5-3 脱产培训的方法及其应用程度

培训方法	应用程度/%	培训方法	应用程度/%
录像带	92	安全研究	41
演讲	90	自我评价或自我测试	41
一对一教学	79	非计算机化的自学	27
角色扮演	62	多媒体	17
游戏或模拟	54	远程电话会议	11
录音带	51	远程可视会议	10
幻灯片	46	计算机联网会议	3
电影	43		

从表中可以看出,运用最多的方法是录像带和演讲。前者比较形象,培训对象对录像中的行为可以展开讨论,来总结成功和失败的原因,作为自己的工作经验教训。演讲的优点是可以直接和受训者沟通,学习效果较好。

(二)职前教育、非管理人员的培训和管理人员的培训

根据培训对象的不同,培训的形式又可分为职前教育、非管理人员的培训和管理人员的培训。

(1)职前教育。新员工进入组织往往会受到组织文化的冲击,有效的职前教育可以减少因冲击而发生的摩擦,缩短员工的适应过程,培养员工的归属感。

职前教育主要包括以下内容:企业文化培训、企业规章制度的培训和业务培训。

(2)非管理人员的培训。随着科学技术的发展,以及企业内外环境的变化,非管理人员的培训变得十分必要,如岗位培训、转岗培训等。培训的内容涉及文化知识培训、技术培训、企业文化的强化培训等。培训的方法可以采用师傅带徒弟的传帮带、办培训班(课堂培训)、视听培训、计算机培训、互联网培训及情景模拟。特别是后三种培训的方式目前发展较快。培训的形式可以是在职培训或脱产培训。

(3)管理人员的培训。许多非管理人员的培训方法同样适合于管理人员的培训,但管理人员的培训进一步扩大了个人的经验范畴,并对个人在机构内的长远角色给予了精心的指导。所以对管理人员的培训还需要一些专门的方法。从近几年的发展来看,世界经济的竞争主要是人才的竞争,企业的发展需要优秀的领导者、经理和主管。管理人员的培训正是为经理们提供获得成功所需的技能和知识的一项工具。

对管理人员的培训主要有:在职经验积累、案例研究、角色扮演、敏感性训练、决策训练和跨文化管理训练等。

四、培训成果转化与评估

(一) 培训成果转化

在培训计划制订与组织实施工作展开的同时,应当进一步策划并逐步落实培训成果的转化环节和配套措施。培训成果转化或培训内容转化工作,主要是指将员工在培训开发中所学到的知识、技能、行为等内容应用或转移到实际工作之中,把由培训学得的东西有效地转化为工作能力提高、工作绩效改善等的过程。

培训成果转化的主要影响因素和转化过程如图 5-4 所示。

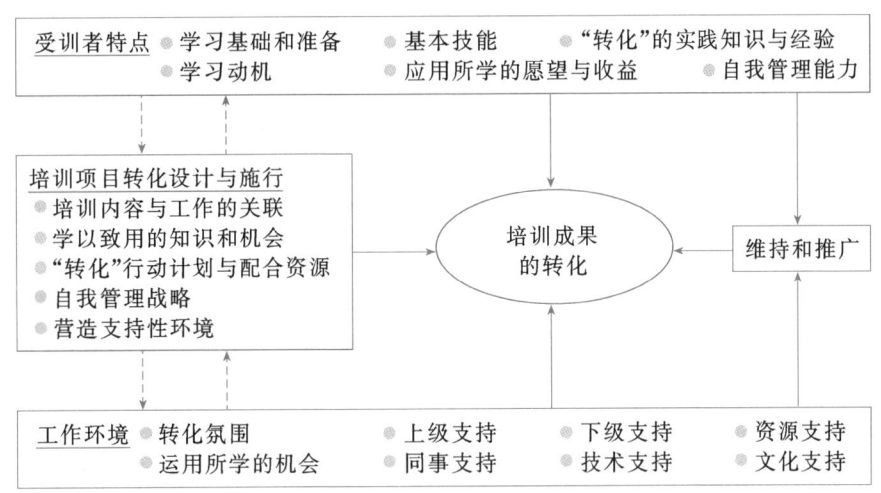

图 5-4 培训成果转化的主要影响因素和转化过程

培训成果转化包括将培训内容转化到工作之中,并能够在较长时间持续应用新获得的技能,以及在遇到与培训情景类似,但又有所变化的情况时能够灵活运用所学的知识和技能的过程。培训成果的转化过程以及受训者应用所学知识和技能的转化和推广能力,直接受到受训者个人特点、受训者个人的工作环境、培训项目设计特别是培训项目转化环节的设计与施行这三个方面因素的影响,其中,培训项目及其转化环节的设计与施行在模型中是最为关键的主动性影响因素。

培训项目及其转化环节必须以受训者特点和工作环境为基础进行设计和施行,才能有的放矢;同时,它的设计与施行可作用和影响于受训者特点及工作环境的变化。培训项目的设计和施行,一方面可以提高受训者学以致用的知识能力和实践体验而直接提高培训成果的转化比率;另一方面又可以通过影响受训者特点及其工作环境的改善,来保障和促进培训成果的转化、巩固与推广。

(二) 培训评估

培训以后要及时进行评估,其目的有两个:一是检查培训的效果。员工的行为在培训后有无发生变化?这些变化对组织目标的实现有什么作用?二是为下一次培训提供依据。是否继续进行培训?应该做哪些改进?

1. 培训效果评价的内容

培训评估一般从培训对象的反应、学习效果、行为改变和培训结果四个方面来进行。

（1）培训对象的反应。培训对象对培训作出的反应是培训评估中使用的最简单、最普遍的方法。这主要是评估培训对象对培训的印象和感觉，如对培训科目、培训者及自己收获的大小作出评价。一般可以用问卷的方式，让培训对象对一些具体项目进行打分，然后再汇总。

（2）学习效果。学习效果的评估一般是用测试的方式，通过测试来比较培训前后知识和技能的变化，看其是否有所进步，对培训内容到底掌握了多少。

（3）行为改变。行为改变也就是培训对象经过培训后，将其所学的知识和技能运用到实际工作中去，使培训前后的工作行为发生变化。当然工作行为的改变也有可能是由其他原因引起的，如经验的积累、组织的激励等。一般可以在培训前设置一个参照组，参照组不参加培训，然后将经过培训的一组再与其进行比较，则可以发现由培训引起的行为的改变程度。

（4）培训结果。培训结果的评估是最有意义的评估，培训的最终目的就是要达到组织目标。衡量培训结果的具体标准一般包括提高劳动生产率、提高员工的工作热情、减少抱怨、降低成本、提高利润等。与培训结果相关，组织往往会考虑培训的实际效果，即投入培训费用后所得到的收益，如果培训的成本高、收益低，则说明培训的实际效用低；反之，则实际效用高。

2. 培训效果评价的方法

（1）学识技能的测试。对参加测试的员工在培训前后以同样的样本，先后做两次测试，依据两次测试的结果进行比较。

（2）工作态度调查。在开始培训和结束培训时，用同样的方式调查参加培训的员工对工作的态度。

（3）员工培训改进建议调查。在结束培训时把调查表发给受训员工，征求他们对培训的意见，如员工确能提出有价值的改进建议或其他意见，则表明员工不仅对培训已予以重视，而且具有更深的认识，由此可断定培训已有成效。

（4）受训者工作效益调查。培训后一段时期，如培训后每隔六个月，以书面调查、实地访问的方式，调查受训者在工作上的获益情况。

（5）工作实况实地观察。如根据实地观察所得，受训员工在工作上确能表现出高昂的工作热情、良好的工作态度、高度的责任心等，则可认定培训已有成效。

（6）受训人员人事记录分析。如受训人员的绩效考核较以前有进步，缺勤和请假次数减少，受表扬次数增加，则表示培训产生了效果。

任务三 员工培训与开发的主要方法

在实践中，进行培训与开发时有多种方法可选择。方法选择的恰当与否对于培训与开发的实施以及效果有着重要的影响。企业在进行培训与开发时，应当根据培训的内容、培训的对象、培训的目的以及培训的费用等因素来选择合适的方法。虽然培训和开发存在一定的区别,但由于实质相同,在方法上也存在很大的共通性,所以本章将培训的主要方法和开发的主要方法融合在一起进行介绍。

培训的方法,按照不同的标准可以划分为不同的类别,这里主要是按照培训的实施方式将培训的方法分为两大类:一是在岗培训;二是脱产培训。

一、在岗培训

在岗培训的方法主要有以下几种:

1. 学徒培训

简单地说,学徒培训(apprenticeship)是一种"师傅带徒弟"的培训方法,由经验丰富的老员工和新员工结成比较固定的"师徒关系",由师傅对徒弟的工作进行指导和帮助。这种培训方法大多用于那些需要一定技能的行业,如电工、美发师、木匠等。这种方法比较节约成本,而且有利于工作技能的迅速掌握。问题是培训的效果受师傅的影响比较大;会影响到师傅的正常工作,降低工作效率;还容易形成固定的工作思路,不利于创新。在高科技企业,这种形式又称为"导师制",如国外的摩托罗拉公司和国内的华为公司都采用了这种培训方法。

2. 辅导培训

辅导培训也叫导师指导,是指受训者以一对一的方式向经验丰富的组织成员进行学习的方法。辅导者通常是年长或有经验的员工,可以是企业中任何职位的人。这种方法类似于学徒培训,不同的是辅导者的身份不一定就是师傅,可以朋友、知己或者顾问的身份来对受训者进行辅导,两者的关系也不像学徒培训中师傅与徒弟的关系那样紧密。为了保证辅导的效果,辅导者与受训者的兴趣最好一致,必须相互理解对方的心理。导师的挑选以人际关系技能和技术能力作为依据,为了帮助导师更好地指导被指导者,企业应该对导师进行培训。大学毕业生的在职业务培训就是一种辅导培训。

3. 工作实践体验

工作实践体验是指让员工实际体验不同岗位工作中会遇到的各种关系、问题、任务、需求等,来对员工进行培训与开发的方法。由于不同工作岗位对员工的要求并不相同,能够胜任现有的岗位并不代表同样能够胜任其他岗位,所以有必要拓展员工新的技能,以帮助其适应新的工作岗位。工作实践体验所包括的途径主要有工作轮换、临时派遣等方法。

工作轮换(job rotation)是指让员工在特定时期内变换职位,以获得不同职位工作经验的培训方法。通过工作轮换可以丰富员工的工作经验,扩展他们的知识和技能,使他们了解其他职位的工作内容,从而能够胜任多方面的工作。工作轮换虽然有利于员工熟悉不同职位的工作情况,掌握不同职位所要求具备的知识、技能与能力,但是并不利于员工在某一专业领域的提升,因此工作轮换常用于培训管理人员,而较少用于培训职能专家。临时派遣主要有两种情况:企业允许员工到别的企业中去从事一段时间的全日制工作,或组织允许员工利用休假等时机离开公司去更新或开发新的技能。

此外,在岗培训还有教练培训、实习培训等其他的方法。一般来说,正式的培训采用在岗培训的比较少,大多采用脱产培训。

二、脱产培训

脱产培训(off-the-job training)就是指员工离开自己的工作岗位,专门参加的培训,这种培训方法的优缺点与在岗培训恰恰相反。脱产培训的方法主要有以下几种:

1. 授课法

授课法是最为普遍也最为基本的一种培训方法,就是通过培训者讲授或演讲的方式来对受训人员进行培训。这种方法的优点在于:可以同时对一大批受训人员进行培训,成本比较低;培训者能够对培训过程进行有效的控制。同时,它的缺点也非常明显:由于讲课的内容往往比较概括和一般化,因此要求受训人员同质程度比较高,例如文化程度和工作要求需要比较相似,以方便培训者讲得更为具体和实用;这种方法主要是一种单向沟通的方式,很少有对话、询问和讨论的机会,缺乏反馈、练习,受训人员比较被动;没有练习的机会,不适用于技能的培训。因此这种方法大多用于一般性的知识培训。

2. 讨论法

讨论法是指由培训者和受训者共同讨论并解决问题的培训方法。实践中,首先由培训者综合介绍一些基本的概念和原理,然后再围绕某一主题进行讨论,这也是应用比较广泛的一种方法。讨论法的优点在于:受训人员能够参与到培训活动中,可以提高学习兴趣;有利于受训人员积极思考,加深对学习内容的理解;在讨论中可以相互学习,有利于知识和经验的共享。此外,还可以同时培养他们的口头表达能力。这种方法的缺点是:为了保证讨论的效果,参与人数不能太多;不利于对基本知识和技能的系统掌握;讨论过程中容易偏离主题,因此对主持人的要求比较高。

3. 案例分析法

案例分析法(case study)是指给受训者提供一个现实的案例,首先让他们自己独立地去分析这个案例,然后再和其他受训者一起讨论,从而提出自己对问题的解决办法。案例分析法的好处是:案例大多来自现实,通过对案例的分析,有助于解决类似的实际问题;案例分析强调个人的独立思考,对培训者的依赖程度比较低,因此有助于培养受训人员独立分析问题、解决问题的能力;它的最终目的不是给出一个确定性的答案,而是要借助这种方式,教会受训人员如何分析问题和解决问题。这种方法的缺点是:案例的搜集和提炼往往比较困难,案例虽然要来自现实但又不能是现实的直接反映,而要经过一定的加工;这种方法对培训者的要求比较高,要求能够给受训者以启发。

4. 角色扮演法

角色扮演法(role playing)是指给受训人员提供一个真实的情景,让他们在其中分别扮演不同的角色,表现出他们认为适合于每一种角色的行为和情感,在扮演过程中培训者随时加以指导,在结束后组织大家讨论,各自对扮演角色的行为发表意见,这其实就是通常所说的"换位思考"。

通过角色扮演,受训人员可以体会到与自己工作有关的其他角色的心理活动,从而有助于纠正过去工作中的不良行为,利于建立良好的人际关系,例如让一个售货员扮演顾客角色,让其体会到顾客受到冷落时的心理感受,从而改善自己的服务态度。这种方法的缺点在于操作起来比较麻烦,更多地用于态度改变的培训,对知识和技能的培训往往不太适用。

5. 工作模拟法

工作模拟法(simulations)就是指利用受训者在工作过程实际使用的设备或者模拟设备,根据实际要面临的环境来对他们进行培训的一种方法。这种方法的好处在于:由于和实际的工作比较接近,因此培训效果比较好;能够对培训的过程加以有效的控制;可以避免因在实际工作中进行培训而造成的损失。缺点是:培训的费用比较高;不可能做到与真实的工作情境完全一样;也存在培训的转化问题。这种培训特别适用于那些出现错误的代价和风险比较高的工作,例如飞行员的培训、管理决策的培训等。

6. 网络学习法

近些年来,随着计算机和网络技术的发展,利用网络进行培训的方法正在逐渐兴起。网络学习法(e-learning)突破了传统培训的固有模式,打破了培训的时间和空间限制,培训者和受训者不必面对面地进行培训,这带来了培训与开发方式的重大突破。

根据国内较早倡导网络培训的知识天地公司近期公布的数据,网络培训相比传统的培训方法,具有一些明显的优势。采取网络培训,学习新知识所需的时间是传统面授方式的40%;而对知识的记忆保持力,又提高了25%~60%;学习所接收的新信息量,比传统模式增加了56%;从培训时间来说,比传统方式减少了30%;这种方式还大大降低了知识传递过程中的偏差。但是采取这种方法也有缺点,由于需要建立良好的计算机网络系统,因此培训的成本比较高。此外,有一些内容无法使用这种方法培训,例如设备的操作培训、人际关系交往能力的培训等。

7. 拓展训练

拓展训练(adventure learning)也叫冒险性学习法,是指利用户外活动来开发团队协作和领导技能的一种培训方法。拓展训练最适合开发与团队有效性相关的一些技能,如加强团队成员的自我意识、提高解决问题的能力、冲突管理能力和风险承担能力等。拓展训练一般通过一些户外的、耗费大量体力的、高难度的、具有挑战性的体育活动来实现,通常还会把参与者分为不同的小组,让他们进行比赛,例如攀岩比赛、徒步负重跑、信任跳、沙盘演练等形式,主要是让参与者在这种高难度的活动中,学会相互合作、相互信任,同时也更加了解彼此,从而有助于未来团队工作顺利、有效地开展。需要注意的是,拓展训练由于从事的大都是一些具有挑战性的体育活动,而且在室外举行,存在很多危险因素,所以进行户外拓展时一定要注意安全。最好由专业的户外拓展机构或工作人员全程给予保护,同时也能够使拓展训练的效果最大化。

8. 行动学习法

行动学习法(action learning)是指给团队或工作小组一项在实际工作中会真实遇到的难题,让他们想办法解决这一难题的培训方法,团队成员需要制定行动计划并实施。一般而言,团队包括6~30人,成员的构成可以不断变化,并且最好多元化,来自不同的领域。成员可以从自己所从事的工作领域角度贡献自己的意见和想法,以帮助团队达成最终的解决方案。有时候，该小组成员还包括客户和经销商。行动学习法最早起源于英国，后来在欧洲得到了普遍的使用。行动学习法更多的是为各级管理人员提供培训，实际解决的问题也都是公司内部会实际遇到的困难。如果大规模复制，行动学习法还有助于公司变革得以实现。尽管对行动学习法尚未进行正式的评估，但它将学习和培训成果转化为现实的能力确实是最大的，因为它解决的问题本来就是组织或员工实际面临的问题，可以实现"学"和"用"的紧密结合。

此外，脱产培训还有公文筐处理训练、行为模拟法、敏感性训练等方法。

项目小结

员工培训是指组织在将组织发展目标和员工个人发展目标相结合的基础上，有计划、有系统地组织员工从事学习和训练，提高员工的知识水平和工作技能，改善员工的工作态度，激发员工的创新意识，最大限度地使员工的个人素质与工作需求相匹配，使员工能胜任目前所承担或将要承担的工作与任务的人力资源管理活动。

为了保证培训活动能最大限度地改善员工个人与组织的绩效，组织应该采用系统的方法。企业应根据自身的特点和不同员工、不同类型的培训来选择不同的培训方法。培训效果评价工作做得好坏直接影响企业培训工作的质量。

人员开发又称员工开发，它主要是指有助于员工为将来工作和今后发展做好准备的正规教育、在职体验、人际互助以及个性和能力测评等各种有益的活动。

复习思考题

1. 什么是员工培训与开发？为什么要进行员工培训与开发？联系实际论述员工培训对企业的重要意义。
2. 什么是培训需求？如何确定培训需求？如何评估培训需求？如何对培训效果进行评价？
3. 离岗培训有哪些方法？各种方法有什么特点？
4. 人员开发与管理开发有何异同？
5. 分别说明一般员工、管理人员开发规划中须注意的步骤和要点。

阅 读 资 料

海尔的新员工培训四部曲

较有实力的企业每年都要引进一批大学毕业生,然后像"宝"一样进行培训,希望他们成长为企业未来的顶梁柱。而每年新进员工的离职率之高又让不少企业头疼。毕业生进入企业后,往往待上一段时间,就会出现一个跳槽高峰期。因为初入社会的年轻人思想难免偏于理想化,而工作后会发现现实并非想象的那么完美,容易出现心理落差。这当然与大学生对社会和企业了解不充分、思想不够成熟有一定关系,但是企业对新员工初期的培训方式也是相当重要的一个原因。不同的培训方式会产生不同的结果。好的培训方式能引导帮助大学生正确、客观地认识企业,进而留住他们的"心"。海尔作为一个世界级的名牌企业,每年招录上千名大学生,但是离职率一直很低,离开的大部分是被淘汰的(海尔实行10/10原则,奖励前10%的员工,淘汰后10%的人员),真正优秀的员工多半会留到最后。那么海尔是怎样进行新员工培训的呢?

第一步:让员工把心态端平放稳。

这第一步很重要。有些企业迫不及待地向新进毕业生灌输自己的企业文化或职业技能,强迫他们去接受,希望他们能尽快派上用场,而不顾及他们的感受。毕业生新到一个陌生的与学校完全不同的环境,总会有些顾虑:待遇与承诺是否相符;会不会得到重视;升迁机制对自己是否有利;等等。在海尔,公司首先会明确待遇和条件,让新人把"心"放下,做到心里有"底"。接下来会举行新老大学生见面会,让师兄师姐用自己的亲身经历讲述对海尔的感受,使新员工尽快客观地了解海尔。同时,人力中心、文化中心和旅游事业部的主管领导会同时出席,与新人面对面地沟通,解决他们心中的疑问,不回避海尔存在的问题,并鼓励他们发现、提出问题。另外还与员工就如何进行职业发展规划、升迁机制、生活方面等问题进行沟通,让员工真正把心态端平放稳,认识到没有问题的企业是不存在的,企业就是在发现和解决问题的过程中发展的。关键是认清这些问题是企业发展过程中的问题还是机制本身的问题,让新员工正视海尔内部存在的问题,不走极端。

第二步:让员工把心里话说出来。

员工虽然能接受与自己的理想不太适应的东西,但并不代表他们就能坦然接受了,这时就要鼓励他们说出自己的想法——不管是否合理。让员工把话说出来是最好的解决矛盾的办法,如果你连员工在想什么都不知道,解决问题就没有针对性。所以应该为他们开条"绿色通道",使他们的想法能第一时间表达出来。海尔给每位新员工都发了"合理化建议卡",员工有什么想法,无论制度、管理、工作、生活等方面都可以提出来。对合理化的建议,海尔会立即采纳并实行,对提出人还有一定的物质和精神奖励。而对不适用的建议也给予积极回应,因为这会让员工知道自己的想法已经被考虑过,他们会有被尊重的感觉,更敢于说出自己心里的话。

在新员工提的建议与问题中,有的居然把"蚊帐的网眼太大"的问题都反映出来了,这也从一个侧面表现出海尔的工作相当到位。而有些企业做得就不够:新进大学生因为来到企业后得到的待遇与招聘时的承诺不太符合,产生不满,这种不满情绪原本并不算什么大事,只是员工初来乍到时很自然的一种反应而已,但是这个企业却没有很好地消除这种不满,反而造成了新员工情绪激动,导致新员工把老总堵在了办公室里要求给个答复,而老总出来后居然说:"你们愿意干就干,不愿干就走人!"把员工当作工作的"乞求者",员工还有什么理由留下呢?

第三步:让员工把归属感"养"起来。

敢于说话是一大喜事,但那也仅是"对立式"的提出问题,有了问题可能就会产生不满、失落情绪,这其实并没有在观念上把问题当成自己的"家务事",这时就要帮助员工转变思想,培养员工的归属感,让新员工不当自己是"外人"。海尔本身的文化就给员工一种吸引,一种归属感,并非像外界传闻的那样,好像海尔除了严格的管理,缺乏人性化的东西。"海尔人就是要创造感动",在海尔每时每刻都在产生感动。领导对新员工的关心真正到了无微不至的地步。你会想到在新员工军训时,人力中心的领导会将他们的水杯一个个盛满酸梅汤,让他们一休息就能喝到吗?你会想到集团的副总专门从外地赶回来就是为了和新员工共度中秋吗?你会想到集团领导对员工的祝愿中有这么一条——"希望你们早日走出单身宿舍"(找到对象)吗?海尔还为新来的员工统一过了一次生日,每个人得到一个温馨的小蛋糕和一份精致的礼物。首席执行官张瑞敏曾特意抽出半天时间和700多名大学生共聚一堂,沟通交流。对于长期在"家"以外的地方漂泊流浪,对家的概念逐渐模糊的大学生来说(一般从高中就开始住校),海尔所做的一切又帮他们找回了"家"的感觉。

第四步:让员工把职业心"树"起来。

当一个员工真正认同并融入企业后,就该引导员工树立职业心,让他们知道怎样去创造和实现自身的价值。海尔对新员工的培训除了开始的导入培训,还有拆机实习、部门实习、市场实习等一系列的培训,海尔花费近一年的时间来全面培训新员工,目的就是让员工真正成为海尔"躯体上的一个健康的细胞",与海尔同呼吸、共命运。

海尔通过树立典型的形式积极引导员工把目光转移到自己的工作岗位上来,把企业的使命变成自己的职责,为企业分忧,想办法解决问题,而不是单纯提出问题。海尔新员工中有许多是还处于培训初期、刚刚结束导入培训进入拆机实习阶段的大学生,其中不少人已经进入了"角色"。他们利用周末时间走访各商场、专卖店,观察海尔的展台,调查直销员的表现,发现问题并反映给上级领导;还有的在和一般市民闲谈交流的过程中,发现了海尔产品或服务方面的缺陷,就把顾客的姓名、住址、电话等信息记录下来,反馈给海尔……

总之,由于大学毕业生刚刚由学校进入社会,公司初期的培训方式就显得格外重要。管理者应采取能与公司实际情况结合的技巧和方法,让员工自己去体验、去表现,让培训工作成为员工的一种主动行为。

(资料来源:车间管理)

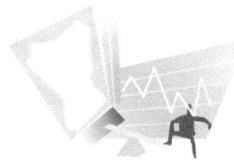

案例分析

王鹏是企业管理专业的硕士研究生,毕业以后,他就进入了三瑞制造公司,这是一家大型国有企业。除了总公司以外,下设八个分厂,分别从事各类制造和装配业务。王鹏进入三瑞公司以后,就在人力资源部担任培训师,一年以后,王鹏被调往公司最大的一个机械分厂担任专门负责员工培训和开发的人事经理助理。两年后,王鹏被提升为人事经理,在这一职位上,他干了整整4年。任期结束后,王鹏将被调往公司总部,担任总公司的员工培训与开发经理助理。现在的经理再过25个月即将退休,王鹏希望能够在两年后接替他的位置。而王鹏深知,这个希望能否实现的关键在于他在目前这个职位上的工作表现。

三瑞制造公司计划在16个月以内开设一家新的分厂。新厂大约在3年内要雇用4 000名员工。在新分厂开业的时候,大约只能雇用到1/8的员工,也就是说,还有7/8的员工只能在开业后的3年内招募,由于这个分厂的规模与王鹏原来工作过的分厂不相上下,因此,总公司要求他提交一份新工厂员工培训方案。他有4个月的时间去做这件事。

根据总公司高层管理者的决策,新工厂所有中层和高层的管理人员,将从其他八个分厂的员工中选拔,对这些人来说,这将是一次提升,而且这些管理人员都要由总公司进行培训。在新厂开业的时候,这些管理人员都必须到位。这些管理人员的培训也由王鹏负责。

此时王鹏有点不知所措,因为,这么大规模的公司内部培训,以前他从来没有负责过,从公司的历史看,这也是第一次用这种方法来建立新的分厂,并且用这种方法来配备员工。因此,王鹏没有任何先例可以遵循。他决定首先要明确他应该解决的主要问题究竟有哪些。

问题:
1. 王鹏应该如何制订新员工的培训方案?需要采用哪些方法?
2. 王鹏如何制订针对管理人员的培训方案?
3. 两份培训方案各自的侧重点在哪里?有哪些异同?

 实 践 练 习

个人或小组在调研的基础上,为某培训项目编制一套完备的培训项目计划与实施系统方案(要求包括培训需求分析、确定培训目标、制订培训计划、计划的组织实施、培训成果转化,以及培训成果评价等内容)。

项目六 绩效管理

◇ **学习目标**
1. 了解绩效管理的含义。
2. 掌握激励的基本理论。
3. 了解绩效评估的作用和特性。
4. 掌握绩效评估的主要方法。
5. 了解影响绩效评估的各种因素。

导入案例

美能达绩效考核的秘诀

一、自上而下的执行文化

"美能达对职能部门考核的总体方向是自上而下的目标分解,即使是定性的指标,也要求尽可能实现量化。"

二、层层分解量化后的定性指标

"再好的量化指标若不能有效地贯彻实施都毫无意义。"

这是美能达公司东莞石龙工厂人力资源部任捷的经验总结。

在美能达公司,对职能部门的绩效考核统称为"方针目标管理",上至董事长,下至人力资源部的普通职员,都会有一个非常详细的"方针目标"计划、目标值、实施状况及总结。

在某一年度初,该公司董事长的方针目标是"对应业务机能的扩大,充实组织",作为公司主要职能部门之一的管理部,在这个基础上制定了自己的部门方针目标:工程、采购等后勤业务的进一步规范化、效率化;促进和充实新人事制度的效果。

在这个目标的基础上,管理部开始制定详细的目标值,分配给各个相关员工。

"美能达对职能部门考核的总体方向是自上而下的目标分解,即使是定性的指标,也要求尽可能实现量化。""上述制定的规范和提高管理部门后勤业务的目标,部门制定的实施步骤包括控制后勤工作人员人数的增长、推进节能活动、清理报废品和滞留品,在不影响物品申领和使用的前提下追求最低库存、重新评估和选定新的供应商等。"

这些指标落实到员工个人后,后勤部门要求所有目标均以数据来表示,如库存削减,必须达到在某月份之前削减百分之多少的目标;完善人才培训体系也要具体到在哪个月份之前做哪些具体工作、预计将会达成什么样的效果等。

三、执行力是保障

分解考核指标虽然颇费周折,但最难的,还在于执行。

任捷举例说,完善人才评价体系、培训体系和升职评价手段,不仅管理部下达了指标及详细的实施手段,最后考核时,负责人还会解释采取了哪些措施,这些措施都取得了什么样的效果,员工评价如何,是否达成了当初制定目标的预期目的等问题。这些环节往往极易被忽视。

在美能达公司,总经理每个月都要牵头召开"方针目标管理会议",各部门经理需要提交报告,汇总自己的目标完成情况,定期发表这些情况,讲解自己本月做了什么工作,达到了什么样的效果,这种会议在美能达叫作"方针目标管理发表会"。每半年还要做一次汇总、开一次发表会,年终时则汇总年初制定的方针目标的达成情况。

徐某是管理部总经理,整个部门都要根据徐总提出的方针目标提交数据,例如,管理部某月的目标是考虑后勤事务的外包、采购成本的降低等,而在考核周期结束后,则需要汇报库存量削减百分之多少、是否达成零库存、后勤事务外包带来的成本对比是什么样的,等等。同时还要阐述清楚下一阶段的方针目标是什么,也要求用数据的形式详细说明。

"每个考核周期,员工都需要将自己的目标与实际业绩以图表的形式显示出来,并详细解释自己为了完成这个目标采取了哪些措施、达到了什么样的效果,同时还要总结原因。"徐总说。这种让员工充分参与的执行,也在一定程度上推动了考核的成功。

比如某考核年度,任捷有一个考核目标是"管理体制强化,创建有效率、有活力、有观赏性的工作场所",在考核的时候,主管要求任捷将目标与实际完成的业绩用一个图表的形式表示出来,并用一个清晰的箭头显示取得了进步还是停滞不前,抑或是退步了。

在个人方针管理报告上,任捷需要注明自己采取了哪些措施来达成这个目标、目标达成的原因是什么、为什么有些措施没有达成预期效果等。哪些需要改进、哪些需要检讨、哪些需要认可⋯⋯这些都要在方针管理报告上一目了然。

"那一次我印象非常深刻,员工的伤害频率比同期要高,一个大大的向上的红箭头,表示我在这项工作上做得不足,为此我做了大量的调研与总结。"任捷说。

如此,通过这种自上而下的执行文化,美能达保障了职能部门考核的执行。

(资料来源:中华考试网)

任务一 了解绩效管理的概念

一、绩效管理的含义

(一)绩效管理的概念

绩效是指一定组织中个体或群体的工作行为和表现,及其直接的劳动成果、工作业绩和最终效益的统一体。绩效管理是指为实现组织发展战略和目标,采用科学的方法,通过对员工个体或群体的行为表现、劳动态度和工作业绩,以及综合素质的全面监测、考核、分析和评价,充分调动员工的积极性、主动性和创造性,不断改善员工和组织的行为,提高员工和组织的素质,挖掘其潜力的活动过程。

(二)绩效管理和绩效考评的区别

绩效管理是一个系统和持续的过程,强调的是事前的目标沟通与承诺、过程的管理与纠正指导、事后的结果确认与发展。绩效是全体管理者和员工的共同责任。高层管理者通过绩效管理来实现战略、完成公司目标;中层管理者通过绩效管理来更好地完成本部门的任务;员工通过绩效管理完成工作目标,提高个人绩效、培养职业发展潜能等。

绩效管理是从全过程切入,关注的是未来的绩效,关注的是解决问题,是计划式的,具有前瞻性。绩效考评是在绩效完成后进行评价和总结,关注的是过去的绩效,是判断式的,具有回顾性。有助于提高绩效的,不仅是绩效考评,而且是绩效管理过程中激励的质量和水平。

二、绩效管理的关键

在绩效管理活动中,激励处于核心地位,是影响最终绩效的关键因素。无论是绩效计划与绩效目标的制定、绩效辅导、绩效考核、绩效反馈面谈还是考核结果的运用,都需要管理者进行适度的激励。绩效管理实质上可以看作是管理者通过激励与员工一起完成既定目标的过程。激励至少可以通过以下三方面直接影响员工最终的绩效表现。

（1）激发员工对工作和目标的热情。公司现在所面临的环境比以往任何时候都要复杂，所面临的竞争也比以往任何时候更为激烈。因此，公司对员工的要求越来越高，不仅需要员工不折不扣地做好本职工作，还希望他们的思想和工作方法更有创意。公司为了降低成本，希望合理控制员工人数，但同时激烈的竞争却要求各种目标越来越高。公司不得不期望并要求员工为公司付出更多的努力，管理者必须说服员工以高度的责任感和全部的精力全身心地投入工作中。在这种情况下，管理者必须通过适当的激励，激发员工对更加繁重的工作和更高目标的热情。

（2）鼓舞和指导员工高效率地行动。要员工在漫长的目标实现过程中保持持续的热情，适当的激励必不可少。激励不能只挂在嘴上，也不能只到目标实现之后才予以兑现。当员工取得了显著的成绩，或是完成了阶段性的任务时，进行一些过程中的激励是必要的。当员工的工作成果被给予充分肯定时，他（她）便会更积极努力地投入工作。

（3）及时发现并解决完成目标过程中的问题。目标实现的过程往往不会一帆风顺，在此过程中可能会遇到各种问题，有的甚至是没有先例的。适当的激励会促使员工及时发现问题，并主动采取措施去解决问题。绩效考核中，优秀的管理者通过针对性的正式绩效面谈和激励来帮助员工找出需要提高的地方，拟订改善方案和计划，并维持员工持续的热情，以获得持续的绩效改进。

任务二　了解员工激励的概念

一、激励的含义

弗鲁姆（Victor Vroom）把激励定义为，对于个人及低层组织就其自愿行为所作的选择进行控制的过程。激励是诱导人们按照预定的方案进行行动的行为。

佐德克（Zedeck）和布拉德（Blood）认为，激励是朝某一特定目标行动的倾向。

爱金森（Atchinson）认为，激励是对方向、活动和行为持久性的直接影响。

盖勒曼（Gellerman）认为，激励引导人们朝着某些目标行动，并花费一些精力去实现这些目标。

沙托（Shartle）认为，激励是被人们所感知的从而导致人们朝着某个特定方向或者为完成某个目标而采取行动的驱动力和紧张状态。

基于上述理解，激励是指通过影响人们的内在需求或动机，从而加强、引导和维持行为的活动或过程。激励的本质就是激发人的动机。

二、激励理论的内容

激励理论包括两种形式，即内容型激励理论和过程型激励理论。内容型激励理论强调的是什么因素激励员工努力工作来提高工作效率，其中的一个关键问题是金钱是否能够引导员工付出更多的努力。例如，在销售人员付酬制度中的佣金制就依赖这样一个假设——金钱确实是一个激励因素。对于很多人来说，金钱都是一个诱发较高绩效水平的因素。过程型激励理论强调的是员工是如何被激励去努力工作的，它包括强化理论、期望理论、手段-期望理论和公平理论。

(一) 内容型激励理论

内容型激励理论的基本假定是人们愿意做那些能够从中得到补偿的事情。该理论认为人们都有某些生理和心理上的需要,并且总是尽力使这些需要得到满足。没有得到满足的需要会产生激励,而已经得到满足的需要不会产生激励。主要的内容型激励理论包括马斯洛的需求层次理论、赫兹伯格的需要双因素理论、麦克莱兰和亚特金森的需要类别理论。

1. 需求层次理论

马斯洛的需求层次理论认为激励的根源是一种内在的压力、内在的需要。在马斯洛的需求层次理论中,人的需求被划分为由低到高五个层次:

(1) 生理需求,如食物、饮水、栖身和休息等的基本需求。

(2) 安全需求,即防止危险和安全被剥夺的需求。

(3) 社会需求,即对亲情、给予、友谊和接受关怀的需求。

(4) 尊重需求,即寻求自信、自立、成就、知识、地位、受人赏识、受人认同和受人尊敬的需求。

(5) 自我实现需求,即实现自我理想、完善自我的需求。

在这五种需求形成的需求层次系统中,当比较低的层次满足之后,才会引发比较高层次的需求。一般认为,尊重需求和自我实现的需求是很难达成的。

 **专栏 6-1** **马斯洛简介**

马斯洛(Abraham H.Maslow,1908—1970),美国社会心理学家、人格理论家和比较心理学家,人本主义心理学的主要发起者和理论家。1933年在威斯康星大学获博士学位,第二次世界大战后转到布兰代斯大学任心理学系教授兼主任,开始对健康人格和自我实现者的心理特征进行研究。曾任美国人格与社会心理学会主席和美国心理学会主席(1967)。马斯洛的著名论文《人类动机论》最早发表于1943年的《心理学评论》。他的动机理论又称需求层次理论。他相信,生物进化所赋予人的本性基本上是好的。越是成熟的人越富有创造的能力,邪恶和神经症是环境造成的。

(资料来源:百度文库)

2. 需要双因素理论

赫兹伯格将马斯洛的五个需求层次分为两类,即较低层次的需求和较高层次的需求。较低层次的需求包括生理、安全和社会需求,而较高层次的需求包括尊重和自我实现的需求。只有较高层次的需求才会产生激励作用。赫兹伯格认为,满足较低层次需求的因素是保健因子。如果薪水和比较好的工作环境等保健因子不足,员工就会不满。但是,使用这些保健因子进行激励是非常不好的激励方式,因为这些较低层次的需求很快就会得到满足。而一旦满足之后,除非以大幅度的方式上升,否则不会产生激励作用。因此,这些保健因子只有在原来的水平很低时才会起激励作用。通过提供保健因子进行激励活动是非常缺乏效率的。满足较高层次的需求的因素是激励因子,包括丰富工作内容,提供获得成就感、认同感、承担责任和更有挑战性工作的机会,这些因素能够满足员工较高层次的需求。一般来说,这些需求很难满足。因此,提供激励因子是富有效率的激励方式。

3. 需要类别理论

麦克莱兰和亚特金森的需要分类法是一种从人们想要得到的结果的类别对需要进行分类的方法。他们认为人们有三种需求,即成就需求、权力需求和隶属需求。成就需求比较强的人愿意看到自己的贡献,所以他们喜欢承担有一定风险的工作,他们也喜欢迅速知道自己的绩效情况。提供有挑战性的工作对这种人有激励作用。权力需求比较强的人喜欢掌握能影响别人的事物,他们喜欢能够建议别人、使人听从的职位,因此提供权力对这种人有激励作用。隶属需求比较强的人愿意与别人建立亲密关系,并从别人那里寻求关怀和友谊,因此在工作群体中建立融洽的气氛对这种人有激励作用。在他们看来,每个人都有这三种需求,但是在每个人身上三种需求的比例是不同的。

(二) 过程型激励理论

过程型激励理论着重研究从动机的产生到采取具体行为的心理过程。这类理论都试图弄清人们对付出劳动、功效要求、薪酬奖励价值的认识,以达到激励的目的。

1. 强化理论和期望理论

强化理论也被称为刺激理论或诱导条件理论。该理论的含义是得到奖励的行为倾向于重复出现,没有得到奖励的行为则倾向于不再重复。强化理论的中心是工作绩效与奖励之间的客观联系,而期望理论则强调工作绩效与奖励的主观联系,即员工期望得到什么。期望理论认为员工的决策取决于价值、绩效获奖估计和期望。价值指的是员工对奖励价值的评价,绩效获奖估计指的是高工作绩效得到奖励的可能性,而期望指的是员工对自己尽到努力就能够获得良好工作绩效的信心。于是,相信自己的努力能够带来出色的工作绩效并预计其成就可以获得重大奖励的员工会提高自己的工作积极性,并在获得与他们的期望相符合的奖励后继续保持这种积极性。

2. 手段-期望理论

手段-期望理论可以用下列式子来说明:

$$努力 \rightarrow 绩效 \rightarrow 报酬$$

按照手段-期望理论,薪酬是否是一个合适的激励因素取决于努力、绩效和报酬之间的联系。换言之,员工的努力应该取得相应的工作绩效,同时这一高水平的工作绩效应该得到足够的补偿。只有在努力程度与工作绩效之间的联系强度和工作绩效与报酬之间的联系强度都足够大时,金钱才能成为一个有效的激励因素。

3. 公平理论

公平理论是美国心理学家亚当斯在20世纪60年代中期提出的,该理论侧重于研究工资报酬的合理性、公平性对个人积极性的影响。

公平理论的基本观点是,当一个人做出了成绩并取得了报酬以后,他不仅关心自己所得报酬的绝对量,还关心自己所得报酬的相对量。因此他会进行横向和纵向两种比较来确定自己所获报酬是否合理,比较的结果则会直接影响今后的工作积极性。

横向比较是指把自己所获得的报酬与投入的比值和组织内其他人的比值做比较,只有相等时,他才认为是公平的。如果比值比其他人小,他会产生不公平的感觉,工作积极性受到影响。他可能会要求增加自己的收入,或者减少自己今后的努力程度,以便使比值趋于相等。如果比值比其他人大,为减少不平衡感觉,他可能会在开始时主动多做一些工作,但久而久之,他会重新估计自己的技术和工作情况,直到觉得他确实应当得到么高的待遇,于是他的工作积极性又恢复到原先的水平。

除了横向比较外,人们也经常进行纵向比较,纵向比较是指把自己目前投入的努力程度与目前所获得报酬的比值,同自己过去投入的努力程度与过去所获得报酬的比值进行比较。只有相等时,他才会认为公平。否则就可能形成不满情绪,影响工作的积极性。

三、激励的类型

(一) 物质激励、精神激励和工作激励

按照激励中诱因的内容可将激励的方式与手段大致划分为三类,即物质激励、精神激励和工作激励。

1. 物质激励

物质激励是指以物质利益为诱因,通过调节被管理者物质利益来刺激其物质需要,以激发其动机的方式与手段。主要包括以下几种形式。

(1) 奖酬激励。包括工资、奖金、各种形式的津贴及实物奖励等。

(2) 关心照顾。管理者对下级在生活上给予关心照顾,是激励的有效形式。

(3) 处罚。

2. 精神激励

精神激励是指从满足人的精神需要出发,对人的心理施加必要的影响,从而产生激发力,影响人的行为。主要包括以下几种形式。

(1) 目标激励。即以目标为诱因,通过设置适当的目标,激发动机,调动积极性的方式。可用于激励的目标主要有三类,即工作目标、个人成长目标和个人生活目标。

(2) 教育激励。具体包括政治教育、思想工作等。

(3) 表扬与批评。这是管理者经常运用的激励手段。

(4) 感情激励。即以感情作为激励的诱因,调动人的积极性。

(5) 尊重激励。管理者利用各种机会信任、鼓励、支持下级,努力满足其尊重的需要,以激励其工作积极性。

(6) 参与激励。即以让下级参与管理为诱因,调动下级的积极性和创造性。

(7) 榜样激励。榜样激励主要包括先进典型的榜样激励和管理者自身的模范作用。

(8) 竞赛(竞争)激励。

3. 工作激励

按照赫兹伯格的双因素理论,对人最有效的激励因素来自工作本身,因此,管理者必须

善于调整和调动各种工作因素,搞好工作设计,千方百计地使下属满意于自己的工作,以实现最有效的激励。实践中,一般有以下几种途径。

(1) 工作适应性。

(2) 工作的意义与工作的挑战性。

(3) 工作的完整性。

(4) 工作的自主性。

(5) 工作扩大化。具体形式有兼职作业、工作延伸和工作轮换。

(6) 工作丰富化。即提高其工作的层次,具体包括:将部分管理工作交给员工,使员工成为管理者;让员工参与决策和计划,提升其工作层次;对员工进行业务培训,全面提高其技能;让员工承担一些较高技术的工作,提高其工作的技术含量;等等。

(7) 及时获得工作成果反馈。

(二) 正负激励与内外激励

根据不同角度,激励还有很多种分类,下面从激励性质与激励作用的对象上,再作一个简单的介绍。

1. 从性质划分

(1) 正激励。正激励是指当一个人的行为符合组织的需要时,通过奖励的方式来鼓励这种行为,以达到保持和强化这种行为的目的。

(2) 负激励。负激励是指当一个人的行为不符合组织需要时,通过制裁的方式来抑制这种行为,以达到消除这种行为的目的。

正激励与负激励都以对人的行为进行强化为目的,但它们的作用相反。正激励起正强化的作用,是对行为的肯定;负激励起负强化的作用,是对行为的否定。

2. 从对象上划分

(1) 内激励。内激励源于员工对工作活动本身及任务完成所带来的满足感。内激励是指通过工作设计(使员工对工作感兴趣)和启发诱导(使员工感到工作的重要性和意义)来激发员工的主动精神,使员工的工作热情建立在高度自觉的基础上,以发挥出内在的潜力。

(2) 外激励。外激励是指运用环境条件来制约员工的动机,以此来强化或削弱相关行为,进而提高工作意愿。它多以行为规范或对工作活动和完成任务给予适当报酬的形式,来达到限制或鼓励某些行为的作用,如建立岗位责任制,以对失职行为进行限制;设立合理化建议奖,用以激发工作人员的创新精神。

任务三 认知绩效评估

一、绩效评估的特点

现代人力资源管理中的绩效评估的特点可通过表格的形式来说明,并且通过与传统人事考核特点相比较,得出两者之间在目的、方法、员工权利等方面存在的本质上的不同。传统人事考核和现代绩效评估的比较如表 6-1 所示。

表 6-1 传统人事考核和现代绩效评估的比较

比较内容	传统人事考核	现代绩效评估
目的	1. 总结过去经验教训,不重视未来的改进 2. 考核是为了对上级有所交代,注重形式 3. 完成人事工作	1. 总结过去经验教训,重点在于提出未来的改进思路和方法 2. 评估是为了完善组织的人力资源管理,注重内容 3. 形成员工对组织的归属感,提高员工的满意度
方法	1. 主观描述 2. 单向评定 3. 独立的考核	1. 制定绩效标准,记录绩效、评估绩效 2. 双向沟通 3. 作为人力资源管理系统中的连续性的考核
员工的权利	1. 员工不能了解考核结果 2. 员工不能提出要求 3. 员工没有提出问题、解释问题的机会	1. 员工有权了解考核结果 2. 要求员工提出建议,充分了解员工的要求 3. 让员工提出问题,并允许其充分解释
上级主管的地位	1. 居高临下,一言堂 2. 主管掌握整个考核过程	1. 平等沟通,互相交流 2. 员工参与整个评估活动
结果	1. 不了解员工的想法和要求 2. 不能获得建议 3. 布置未来的工作任务 4. 员工无所收获 5. 组织无实质性改进	1. 了解员工的想法和要求 2. 获得员工对组织发展的意见、建议和创新观念 3. 共同制定未来的工作目标 4. 员工增强自信心和满意感,获得发展的机会 5. 组织增强了凝聚力,提高了效率

二、绩效评估的作用

企业通过对其员工工作绩效进行评估,可以获得反馈信息,据此可以制定相应的人事决策并采取措施,最终达到调整和改进其效能的结果。具体来说,绩效评估有如下作用。

(一) 控制作用

对组织来说,通过绩效评估,为各项人事管理提供了一个客观公正的标准,并依据考核结果决定晋升、奖惩、调配等。这样会使企业形成事事按标准办事的风气,使各项管理工作能够按计划进行。对员工来说,也是一种控制手段,可以使员工牢记工作职责,养成按照规章制度工作的自觉性。

(二) 激励作用

绩效评估能产生一定的心理效应,起到激励、监督和导向的作用。通过绩效评估,无论对成绩突出者,还是落后者,都会起到鞭策他们尽心尽责地完成组织所给的任务的作用。工作符合要求以及工作突出者,由于得到肯定和激励而受到鼓舞,会继续朝着好的方向努力;落后者,会把自己与先进分子进行比较,在以后的工作中加以改进。同时,正确的绩效评估还是一面旗帜,指引员工前进的方向,使员工通过评估产生一种"见贤思齐,见不贤而内自省"的心理效应。

（三）开发作用

绩效评估是按已定的标准进行的，评估结果显示的不足之处便是员工的培训需求。管理者可以据此制订有针对性的培训计划，达到提高员工素质的目的。同时，通过绩效评估，管理者可以对员工各方面的情况有详尽的了解，根据员工的长处和特点决定培养方向和使用方法，充分发挥员工的长处，促进个人的发展。

（四）沟通作用

绩效评估以后，管理者把评估的结果反馈给员工，听取他们的申诉和看法，这就提供了领导和员工之间的沟通机会，有利于增进相互之间的了解，解决管理中存在的一些问题。

三、绩效评估标准

（一）绩效评估标准的概念

绩效评估标准是对员工绩效的数量和质量进行监测的准则。绩效评估标准由标准的强度和频率、标号及标度三个要素组成。

标准的强度和频率，是指评估标准的内容，也就是各种规范行为或对象的程度或次数。标准强度和频率属于评价的主要组成部分。

标号是指不同强度频率的标记符号，通常用字母（如 A、B、C、D 等）、汉字（如甲、乙、丙、丁等）或数字来表示。标号没有独立意义，只有我们赋予它某种意义时，它才具有意义。

标度是指测量的单位标准，它可以是经典的测量尺度，也可以是现代数学的模糊集合尺度；可以是数量化的单位，也可以是非数量化的标号。总之，可以是定量的，也可以是定性的。

绩效评估标准有以下三个特征：①完整性。即各种标准相互补充，扬长避短，共同构成一个完整的整体，完整性反映了标准体系的配套性特征。②协调性。即各种标准之间在相关质的规定方面的衔接，相互一致，协调发展。协调性反映了标准体系的统一性和和谐性。③比例性。即各种标准之间存在一定的数量比例关系。比例性反映了标准体系的统一性与配比性。

（二）绩效评估标准的建立

对员工进行绩效评估，最重要的是在坚持绩效评估原则的基础上，制定评估标准。一般来讲，评估标准包括两个方面：①员工应该做什么，其任务、职责、工作要点是什么，这是数量方面的问题；②员工应该做到什么样的程度，应该怎样做，达到何种标准，这是工作质量方面的问题。

一般来说，绩效评估标准的建立要求做到以下几点。

（1）事前性。即评估标准应在评估之前的观察阶段制定和公布，而不应该只在事后进行考核。

（2）参与性。即被评估者有权参与对自己评估标准的制定，只有被评估者参与，才会获得他们的支持、合作和理解。

（3）公正性。即评估标准应该公正，各个部门都要接受评估，以防止出现苦乐不均的状况和评估死角。

（4）规范性。即评估标准本身应尽可能客观、准确、明确，以求最大限度地减少偏见和感情色彩等个人因素。

(5) 奖惩性。即评估是为鼓励先进，鞭策落后，带动中间，只有奖惩分明，才能收到效果。

(6) 非文牍性。即评估标准的制定和评估活动本身，其目的不是仅仅为了堆积文件资料，所以，要尽量言简意赅。

(7) 同一性。即上、下级和各级员工之间，最终目标是同一的，都是为了实现企业目标。所以，建立评估标准和进行评估时，要加强团结合作和相互信任。

(8) 确切性。即评估标准必须找出工作成败的界限，并予以确切描述。

(9) 细微性。即评估标准必须分出良莠，分清不同员工的优劣界限。

(10) 可靠性。即要保证所得到的信息的可靠性，这就要求评估者平时对被评估者要经常注意观察，同时，还要求尽量征求各个方面的意见。

(11) 可接受性。即评估者和被评估者都能够接受和理解的标准，才是可行标准。

(12) 实用性。即评估资料必须有参考价值，可以为评估目的服务。

以上要求是综合的、概括的，有的评估标准也许只要满足部分要求就行了。

四、影响绩效评估的因素

绩效评估虽然已经得到广泛重视，但在实际应用中由于受到各种主客观因素的影响，有时成效并不理想。绩效评估中客观因素的影响相对比较容易判定。如在同一岗位、从事同样工作的人，如果因为客观环境条件差异较大，就不能简单地用同一指标来评估他们的工作。

评估中主观因素对评估结果的影响比客观因素要复杂一些，因为主观因素更难被观察到，对其涉及的方面及影响的程度也更难作出评估。影响评估结果的主观因素可分为来自评估者和来自被评估者两类。

来自评估者的主观因素主要有以下几种现象。

(1) 受知觉影响的第一印象。对人和事物的第一印象往往最为深刻，尽管这种知觉印象可能是片面的、存在较大的误差，可一旦形成却很难改变。评估者最初看到和感受到的，尤其在时间较短、所获信息有限的情况下得出的第一印象常常会对最终结论产生比较大的影响。这也说明为什么一个人到一个新单位，一定要好好表现，许多地方在招商引资中特别重视搞好环境建设，都是为了给人留下良好的第一印象。

(2) 晕轮效应误差。简单地讲就是以偏概全，以点代面。评估人在对被评估人进行评价时，把工作中的某一方面甚至与绩效无关的方面看得过重，而影响评估的真实性和准确性。比如，一个人成天忙忙碌碌，工作劲头很大，另一个人平时不修边幅，经常迟到，人们通常就会认为前者工作负责、绩效更高。而实际上可能后者工作更富有创造力，效率也更高。这是因为在大多数人的印象或观念中，工作绩效是与个人的勤奋和努力连在一起的。所谓"一好百好，一俊遮百丑"就是晕轮效应。

(3) 近因误差。一般说来，人们对近期发生的事情印象比较深刻，而对远期发生的事情印象比较淡薄。在绩效评估时往往会出现这样的情况，评估人对被评估者某一阶段的工作绩效进行评估时，只注重近期的表现和成绩，以近期的印象来代替这个评估阶段的表现和业绩,因而造成评估的误差。

(4) 偏见误差。偏见误差是指由于评估者对被评估者的偏见而影响绩效评估结果所造成的误差。偏见是一种知觉上的"刻板印象",当一个人以某种固定的模式判断他人或以一种典型的特征对某些人和事下结论时,就会产生偏见。比如,"嘴上没毛,办事不牢""女同志总是婆婆妈妈,办不了大事"等都属于偏见。偏见一旦形成也比较难改变,换句话说,只有消除偏见,由此造成的误差才能减少。

(5) 感情效应误差。绩效评估在很大程度上依赖于自觉过程,是一种主观性的评价,正因为如此,感情因素的影响就不可能完全消除。人是有感情的,不可避免地会将感情因素带到评估中去,从而造成评估的误差。例如,评估者对待同学、同乡、朋友或见到与自己趣味和个性相近相仿的人,往往会在情感上有亲近感,在评估时通常会倾向夸大或提高被评估者的成绩,掩饰或淡化他们工作中的不足。

来自被评估者的主观因素主要是指以下两个方面。

(1) 被评估者自身工作努力的程度对工作绩效的影响有时不容易评价。被评估者没有做好工作是因为能力不够还是努力不够,是"不能"还是"不为",有时很难观察到。比较典型的是对经营者的评估和激励问题。企业经营得不好,究竟是经营者没有能力还是有能力但没有全心全意,往往很难说得清。

(2) 被评估者对评估的态度会影响到对评估结果的评价。比如两个人的工作绩效差不多,但一个人认真对待考核,事先做了充分准备,而另一个人则正相反,那么评估的结论是可想而知的。

由于评估受到各种因素的影响,评估的信度和效度有时会大打折扣。应采取积极措施减少这些人为因素对绩效评估的影响,使评估的效用最大化。最主要是抓住人和制度这两个关键点。从人的角度讲是通过培训教育,提高评估人的水平和能力,尽量做到公平和公正,减少人为因素的影响;从制度的角度看,就是在设计评估制度时,尽量做到科学、客观、全面,提高评估的准确性和有效性。

绩效评估与管理对企业来说是一项极具挑战性的工作,同时也是企业赢得竞争优势的关键所在。通过绩效评估系统能够理解和掌握组织运行和员工工作的真实情况,为组织提供员工在提升、调动和加薪方面作决策的健全信息;它应确保员工的工作活动以及工作产出能够与组织的目标保持一致,为组织战略和组织目标服务。它还应将绩效评估的信息反馈给员工,帮助他们改善行为,提升能力,成为人力资源开发的有效工具。

绩效评估系统作为一种"契约"还表明组织的承诺,界定组织与员工之间的关系。要使绩效评估有效必须借助一定的技术和方法,常见的五种方法(见本项目任务四)具有各自的优缺点,到底哪种方法最有效或适用于何种情形,则取决于所要讨论的工作是什么,以及希望达到什么目的。评估既可以是基于绩效改进为目的的,也可以主要用于薪资管理这一目的。尽管现在人们普遍意识到绩效管理的重要性,但在实际工作中,绩效评估的作用常常不像人们期望的那样有效。这是因为,除了技术和方法外,绩效评估工作的有效性还与一个组织的制度设计和人的因素有关。管理者必须确保绩效评估系统具有明确的目标导向,有针对性地选择合适的评估方式,正确评价员工的工作,努力减少制度、环境及种种人为因素可能对评估工作的影响,以达到激励和开发员工,提高绩效的目的。

五、绩效评估计划和评估程序的制订

绩效评估是人力资源管理职能的一项重要任务。只有对组织和个人的工作绩效作出公正的鉴定和评价,奖罚分明,才能充分调动人的积极性,为组织战略和组织目标服务。绩效考核评估也是人力资源管理的难点,困难主要在于考评必须同员工的收入报酬、奖惩、晋升、培训、工作调动等挂钩,成为评价员工及进行相关人事决策的依据。由于考评的结果会直接影响被评估者利益,本身又带有一定的主观性,受人为因素影响较大,因此,除了需要有科学的评估方法和技术外,制订切实可行的评估计划和程序是保证考评有效性的前提条件。

在组织和实施绩效评估工作时,应包括四项内容,或者说最后应落实为一个计划、两份表格和一个工作程序。

(1) 有一个关于绩效评估目的、内容和做法的计划。在这个计划中须明确下述问题:①为什么要进行考评;②对谁进行考评;③谁来进行考评;④考评的内容和标准是什么;⑤怎样进行考评;⑥考评的时间安排。

由于常规考评的时间、内容、方法相对比较固定,所以考评计划一般以正式文件的形式,如考核条例、绩效评估办法等确定下来。这样做的好处是有利于保证绩效评估工作的稳定性,减少人为影响,使被评估者可以有针对性地改进和提高自己的工作。此外,条例的制定一般需经过组织成员上上下下多次反复讨论,也是员工沟通参与、达成共识的过程,以上下结合方式制定出的考核条例容易形成较大的认同感。

(2) 有一份关于考核评估项目和行为标准的评分表。为降低考核成本,便于实施操作,考核评估的内容和标准最后常常浓缩为一份(或几份)表格。在表格中必须对考核的项目、内容及评价标准,员工的行为标准及评价尺度作出明确规定。原则上没有列入考评的项目和行为就不应该成为考评的内容,凡是考评的内容应该是考核者与被考核者事先约定并认可的。

(3) 有一份主管对员工工作绩效及行为表现作评价和结论的表格。这份表格的评价和结论将直接影响被考核者的薪资、聘任、培训、调动等人事决策,同时也为绩效评估反馈提供了依据。

(4) 有一个保证考核评估顺利进行的工作程序。明确考评程序是保证考评工作公开、公平、公正和顺利进行的必备条件,是民主管理的重要形式,也是保证绩效评估有效性的关键环节。一些单位考评工作成效不明显,群众意见较多,有时并不是方法不对,而是没有严格按程序办,使考评的信度和效度大打折扣。考评程序通常包括下列步骤:①把考评的目的、内容和做法告诉被考评人;②对考评者或考评小组进行一定培训,统一考评的标准和尺度;③被考评者对照工作职责或考核条例的要求,对自己的工作绩效和工作表现进行书面自我评估;④直属主管在充分了解掌握各种信息之后,对考核对象的自我评估进行审定,对其工作绩效和表现作出评价,并报上级主管或人力资源部门审批;⑤评估活动结束后,每一个主管都必须与自己的直接下属进行一次沟通交流,并且将考评评价的意见和对其的期望反馈给被考评者。被考评者对上级的意见可以写上"同意",也可以提出具体不同意见,并签上自己的名字。但被考评者的意见不会影响和改变考评结果。如果被考评者与上司意见分歧很大,又无法通过沟通达成共识,则可提交评估仲裁机构或更高一级的管理人员最后决定。

任务四 掌握绩效评估方法

一个有效的绩效评估系统应该能够反映组织中员工工作和绩效的真实情况,为达到这一目的需要借助一定的方法和工具。这些方法和工具应该可以有效地鉴别出员工的行为差异,对每个群体或个人的工作绩效作出客观、公正的评价,即具有信度和效度,同时应具有普遍性并简便易行。绩效评估方法直接影响评估计划的有效性和评估结果的正确与否,这往往是由于工作性质不同或考核的目的和要求不同导致的,事实上不存在一种在任何情况下都有效的评估方法,因此,在组织评估时必须精心设计和有针对性地选择评估工具。下面讲解对绩效进行衡量和管理的各种方法,并且考察与每一种绩效评估方法相联系的各种不同技术,同时还根据与组织战略一致性、对提高绩效的有效性和改善员工行为的可接受性,以及明确性等标准,对每一种方法的优缺点进行评价。

专栏 6-2　360度绩效考评

360度绩效考评,也叫全方位绩效考评,是由被考评人的上级、同级、下级或考评专家担任考评者,从各个角度对被考评者进行全方位评价的一种绩效考核方法。考评的内容涉及被考评人的管理绩效、专业绩效、业务绩效、工作态度和能力等方面,考评结束后,人力资源部门通过预先制定的反馈程序,将整理出的考评结果反馈给本人,从而达到改变行为,提高被考评人工作绩效的目的。

(资料来源:卢福财,庄凯等.人力资源管理.)

一、比较法

绩效评估比较法所包括的技术主要是要求评价者根据某种标准,并通过比较的方式来评价员工的工作绩效。在这种方法中,对一个人的绩效或价值的评价是与其他员工的绩效相比较而得出的。它关注的是一个人在一群人中的相对位次,而不是精确评价他的实际业绩和贡献。换句话说,是运用比较的方法给员工排序——找出绩效最突出的或最差的,以帮助组织作出奖惩、培训、晋升等人事决策。常见的方法包括简单排序法、配对比较法以及强制分布法。

(一)简单排序法

简单排序法是一种运用得非常普遍的评价方法。这是根据某些工作绩效评价要素将员工按绩效结果进行排序。第一,将需要进行评价的所有下属人员名单列举出来,然后将不是很熟悉因而无法对其进行评价的人员的名字划去;第二,确定评价要素,即确定在某一点上哪位员工的表现是最好的,哪位员工的表现是最差的;第三,在剩下的员工中排出最好的和最差的,以此类推,直到所有被评价的员工都排序完成为止,简单排序法绩效评价等级如表 6-2 所示。

表 6-2 简单排序法绩效评价等级

评价等级最高的员工	
1. 张三	5. 张四
2. 李四	6. 李三
3. 王五	7. 王六
4. 赵六	8. 赵五
	评价等级最低的员工

（二）配对比较法

配对比较法就是将被评价者按照评价要素与所有其他员工逐一进行配对比较,并选出每一次比较中的优胜者,最后,根据每一个员工净胜次数的多少进行排序。配对比较法的应用如表 6-3 所示,将张三等五位被考核的员工按照某一类要素进行配对比较,如"工作态度"等。优胜者得 1 分,绩效不如比较对象的得 0 分,最后看谁得分多,谁就是最优者。这种考核方法一般在人数不多的情况下进行,一般人数超过 20 人,就相当费时、费力了。配对比较法的另一个缺点是这一方法的比较标准往往较为笼统,不是具体的工作行为或工作成果,而是评价者对员工的整体印象。

表 6-3 配对比较法的应用

被比较者2	被比较者1					被比较者2得分总数
	张三	李四	王五	赵六	刘七	
张三	—	1	1	0	1	3
李四	0	—	1	0	1	2
王五	0	0	—	0	1	1
赵六	1	1	1	—	1	4
刘七	0	0	0	0	—	0

考核结果:被考核的 5 名员工按绩效从优至劣依次为:赵六、张三、李四、王五、刘七。

（三）强制分布法

强制分布法认为员工的工作绩效一般呈正态分布,因此企业可以将员工分为绩效优秀的、绩效良好的、绩效一般的、绩效较低的、绩效很低的五种情况。而且往往是中间大,两头小,优秀的是少数,绩效很低的也是少数,极大部分居于良好、一般、较低的水平。这种评价方法的具体做法是:第一步,设定所有的评价要素,确定评价者。第二步,设定每个等级的员工占员工总数的百分比。如绩效优秀的为 5%,绩效良好的为 15%,绩效一般的为 70%,绩效较低的为6%,绩效很低的为4%。第三步,将准备进行评价的每一位员工的姓名写在小卡片上,根据每一种评价要素对员工进行评价,然后放入相应的等级里。

强制分布法的优点是可以避免评价者过分宽容而导致评价结果普遍较高,或者过分严厉而使评价结果普遍过低的现象。特别是当评价对象过多时,强制分布法是一种较为可行的方法。其缺点是:如果企业所设定的分布等级的标准不符合员工的实际情况,那么实行强制分布法来评价会使员工产生一些不满情绪。

二、特性法

绩效管理的特性法要求评估者根据个人特征评定员工。它主要关注的是员工是否在最大程度上具有某些被认为对企业的成功是非常有利的特性。在这种方法中被使用的一些技术通常都要对一系列的特性——诸如主动性、领导力、竞争力等加以界定,这种"特性"通常被称为"维度",每一个维度都被做成量表或确定为一定分值,然后根据这些特性来对员工进行绩效评价。

（一）图尺度评价法

在特性法中,最常用的绩效管理方法是图尺度评价法,表6-4所示的是经常采用的图尺度评价法的举例。

表6-4 图尺度评价法举例

下列绩效要素对大多数职位都是非常重要的。请你对这些绩效要素进行评价,并将相应的分数圈起来。					
	评 价 尺 度				
绩效维度	优异	优秀	较好	一般	较差
知　识	5	4	3	2	1
沟通能力	5	4	3	2	1
判断力	5	4	3	2	1
管理技能	5	4	3	2	1
质量绩效	5	4	3	2	1
团队合作	5	4	3	2	1
人际关系能力	5	4	3	2	1
主 动 性	5	4	3	2	1
创 造 性	5	4	3	2	1
解决问题能力	5	4	3	2	1

如上表所列,在一张清单中所列举的每一项特性都要被根据一个5分(或其他分数)的评价尺度来进行等级评价。评价者一次只要考虑一位评价对象,然后从中圈出一个与被评价者某一方面特性最为相符的分数即可。图尺度评价法既可以为评价者提供大量的不同点数(自由尺度),也可以给评价者提供一种具有连续性的点数,评价者只要在这个连续段上作

出一个复选标记即可(连续尺度)。

图尺度评价法的优点是简便易行,有较大普遍适用性。如,有些单位甚至将其简化为"德、能、勤、绩"四个绩效评价维度,"优、良、中、差"四个评价等级尺度。但问题是这些绩效维度并没有被确切定义,比如工作范围、工作数量、质量标准、工作知识及合作沟通的内容和含义是什么,什么是"德"、什么是"绩",往往是模糊不清和无确切定义的。所以,评价者大多仍是根据自己的主观感觉而不是事实来评价的,而且很可能依照的并不是统一的尺度。熟悉和情感接近者得高分是十分普遍的现象。因此,图尺度评价法的信度常常受到质疑,人们要求提出经验性的数据来证明绩效评价确实是与实际的工作行为密切相关的。

(二) 混合标准尺度法

混合标准尺度法是为了解决图尺度评价法所出现的一些问题应运而生的。混合标准尺度法要求首先必须对相关绩效维度进行界定,然后分别对每一个维度内部代表好、中、差绩效的内容加以阐明。最后再在实际评价表格的基础上将这些说明与其他维度中的各种绩效等级说明混合在一起。表 6-5 所示的就是一个混合标准尺度法的举例,是一张学生对教师课堂教学情况评价表。

表 6-5 学生对教师课堂教学情况评价表

教师姓名:_____ 课程名称:_____ 填表日期:_____

	评 价 内 容	评价等级
教学态度 (20%)	按教学计划上课,无缺课或提前结束课程 讲课熟练认真,辅导耐心 为人师表,教书育人	5 4 3 2 1 5 4 3 2 1 5 4 3 2 1
教学内容 (25%)	内容系统完整准确 讲授详略得当 能反映学科前沿 理论结合实际	5 4 3 2 1 5 4 3 2 1 5 4 3 2 1 5 4 3 2 1
教学方法 (25%)	表达清晰流畅 教学手段灵活多样,启发学生思维 注重师生互动交流 能使用现代化教学工具 考核评价公正合理	5 4 3 2 1 5 4 3 2 1 5 4 3 2 1 5 4 3 2 1 5 4 3 2 1
教学效果 (30%)	通过课程学习有明显收获 课程有吸引力 有助于学生技能提高	5 4 3 2 1 5 4 3 2 1 5 4 3 2 1
其 他		

填表说明:1. 非常好=5,好=4,一般=3,不太好=2,不好=1。

2. 如果你希望表达问卷中没有列出的其他情况,请在"其他"中填写。

如表 6-5 所示,混合标准尺度法要求对每一项评估维度的内容都作出确切的界定,要求评价者按照统一的评价尺度，根据考核的具体要求对被评价者的绩效或行为表现打分，然后将每一项得分乘以权重，最后加总便可得到被评估者的总体绩效分数。这种评估方法较之前述的图尺度评价法无论是准确性还是可信度都大为提高，考核误差和主观因素的影响大为减少，并且为员工的培训、开发提供了有价值的信息。但这种方法的缺点是：如果参与考核的人数较多（包括考核者和被考核者），统计分析的工作量比较大，花费的成本较高。

混合标准尺度法最初是作为特性导向尺度法开发出来的。但是，这种技术后来用在了以行为描述而不是以特性导向描述为基础的绩效评价工具之中，被作为一种减少绩效评价误差的手段。

以特性为基础的绩效评价方法是在各种组织中运用得最为普遍的方法之一。特性法不仅非常容易开发，而且对于各种不同的工作、不同的战略以及不同的组织都具有普遍适用性。此外，如果在界定与工作有关的特性时多加注意，并且能够在评价工具中对这些特性作出仔细的定义，那么特性法就会成为一种与那些设计复杂的衡量技术具有同等信度和效度的绩效评价方法。

不过，特性法在有效的绩效管理所要求达到的几个标准方面却存在缺陷。首先，这种技术与组织的战略之间常常不具有一致性。这些方法之所以会被使用，是因为其开发比较容易，并且相同的评价方法适用于任何组织和任何战略。此外，这些绩效衡量方法常常只有非常模糊的绩效标准，因而可能会导致不同的评价者对于绩效标准作出不同的解释。有时，即使评价的标准是明确的，但是由于评估者的态度存在差异（认真与否及情感因素），也会导致不同的评价者得出差异非常大的评价等级和排定的绩效顺序。

三、行为法

绩效管理的行为法是一种依据员工行为事实来界定绩效的评估方法。这种方法的主要内容是：首先利用各种技术来对这些行为加以界定，然后要求管理者对员工在多大程度上显示出了这些行为作出评价。

（一）关键事件法

关键事件法，就是企业主管人员（或部门主管人员）将每一位下属员工在工作中特别好的表现和特别差的表现记录下来，在半年左右的时间内，通过这些特别事件来分析员工工作绩效的好坏。这种评价方法是其他评价方法的良好补充，可以与绝大多数绩效考核方法结合使用。

关键事件评价法的优点是：第一，它为企业主管（或部门主管）向下属解释绩效评价结果提供了客观事实依据，避免了主观因素的影响。第二，这种方法避免了近因效应，因为它依据的是员工在整个年度或很长时间内的工作表现，而不是最近一段时间的表现。第三，保存一种动态的关键事件记录，还可以使主管人员获得一份关于下属员工是通过何种途径消除不良行为的具体实例。

其缺点是无法在员工之间进行比较，因此，这对于薪资提升决策没有太大的用处，也不适合于作人事决策。用关键事件法来进行工作绩效的评价，往往结合本年度对员工的工作期望来进行。运用关键事件法对工厂助理管理人员进行工作绩效评价的实例如表 6-6 所示，一位工厂助理管理员的通常职责之一是监督工作流程以及使库存成本最小化。但关键事件表明,他使库存成本上升了15%,这一事实说明:该员工的工作绩效需要加以改善。

表6-6 运用关键事件法对工厂助理管理人员进行工作绩效评价的实例

所负的职责	目 标	关 键 事 件
安排工厂的生产计划	充分利用工厂中的人员和机器;及时发布各种指令	为工厂建立了新的生产计划系统;上个月的指令延误率降低了10%;上个月提高机器利用率20%
监督原材料采购和库存控制	在保证充足的原材料供应前提下,使原材料的库存成本降低到最小	上个月使原材料库存成本上升了15%;A部件和B部件的订购富余了20%;而C部件的订购却短缺了30%
监督机器的维修保养	不出现因机器故障而造成的停产	为工厂建立了一套新的机器维护和保养系统;由于及时发现机器部件故障而阻止了机器的损坏

(二)行为锚定等级评价法

行为锚定等级评价法也是一种等级评价法,它是将关于特别优良或特别劣等的绩效加以等级性量化,从而将关键事件评价法和量化等级评价法的优点结合起来。

行为锚定等级评价法的步骤是:

(1)获取关键事件。首先要求对工作较为了解的人(通常是工作承担者及其主管人员)对一些代表优良绩效和劣等绩效的关键事件进行描述。

(2)建立绩效评价等级,然后由这些人将关键事件合并成为数不多的几个绩效要素(5个或10个等),并对绩效要素的内容加以界定。

(3)对关键事件重新加以分配,由同样对工作比较了解的另外一组人来对原来的关键事件进行重新排列。

(4)对关键事件进行评定。将每个评价要素中包含的关键事件从好到坏进行排列,建立行为锚定等级评价体系。行为锚定等级评价法的实例如表6-7所示,是对一个管理学生宿舍的老师建立的行为锚定等级评价标准。"关心学生"是其评价要素。

表6-7 行为锚定等级评价法的实例

评价指标:关心学生				
指标定义:积极结识住宿的学生,发现他们的需要并真诚地对他们的需要作出反应				
评价等级:				
最好1	较好2	好3	较差4	最差5
当学生面有难色时,上前询问对方是否有问题需要一起讨论	为住宿学生提供一些关于所修课程的学习方法上的建议	发现住宿学生时上前打招呼	友好地对待住宿学生,与他们讨论困难,但是随后不能跟踪解决困难	批评住宿学生不能解决自己遇到的困难

行为锚定等级评价法的优点:一是对工作绩效的计量较为精确;二是工作绩效评价标准更为明确;三是各种评价要素具有较强的独立性;四是具有较好的一致性,即由不同的评价

人对同一个人进行评价时,其结果基本一致。缺点是需要较高的评价成本,因为其标准的设定比较麻烦,需请有关专家来设定。

(三) 行为观察评价法

行为观察评价法是行为锚定等级评价法的一种变异形式。与行为锚定等级评价法一样,行为观察评价法也是从关键事件评价法中发展而来的一种绩效评价方法。但是行为观察评价法与行为锚定等级评价法在两个基本方面却有所不同:首先,行为观察评价法并不剔除那些不能代表有效绩效和无效绩效的大量非关键行为,相反,它采用了这些事件中的许多行为来更为具体地界定构成有效绩效(或者会被认为是无效绩效)的所有必要行为。比如说,行为观察评价法不仅仅利用4种行为来界定在某一特定绩效维度上所划分出来的4种不同绩效水平,而是会用上15种行为。行为观察评价法的举例如表6-8所示。这里的分数是由管理者确定的。其次,行为观察评价法并不是要评价哪一种行为最好地反映了员工绩效,而是要求管理者对员工在评价期内表现出来的每一种行为的频率进行评价。最后再将所得的评价结果进行平均之后得出总体的绩效评价等级。

行为观察评价法的主要缺点在于它所需要的信息可能会超出大多数管理者所能够加工或记忆的信息量。一个行为观察评价体系可能会涉及80或80种以上的行为,管理者还必须记住每一位员工在6个月或12个月这样长的评价期间所表现出每一种行为的发生频率。对于一位员工的绩效评价来说,这种工作已经够烦琐的了,何况管理者通常要对10个或10个以上的员工进行评价。

一项对行为观察评价法、行为锚定等级评价法和图尺度评价法所进行的对比发现,管理者和员工都认为行为观察评价法在以下几个方面的优点是非常突出的:能够将高绩效者和低绩效者区分开来,能够维持客观性,便于提供反馈,便于确定培训需求,在管理者及其下属员工中容易被使用。

表6-8 行为观察评价法举例

克服变革的阻力
(1) 下属描述变革的细节 　　A. 几乎从来不　　B. 偶尔　　C. 较少　　D. 较多　　E. 几乎常常如此
(2) 解释为什么必须进行变革 　　A. 几乎从来不　　B. 偶尔　　C. 较少　　D. 较多　　E. 几乎常常如此
(3) 与员工讨论变革会给员工带来何种影响 　　A. 几乎从来不　　B. 偶尔　　C. 较少　　D. 较多　　E. 几乎常常如此
(4) 倾听员工的心声 　　A. 几乎从来不　　B. 偶尔　　C. 较少　　D. 较多　　E. 几乎常常如此
(5) 在使变革成功的过程中请求员工的帮助 　　A. 几乎从来不　　B. 偶尔　　C. 较少　　D. 较多　　E. 几乎常常如此
(6) 如果有必要,会就员工关心的问题定一个具体的日期来进行变革之后的跟踪会谈 　　A. 几乎从来不　　B. 偶尔　　C. 较少　　D. 较多　　E. 几乎常常如此
A—1　B—2　C—3　D—4　E—5　　　　　总分数=
很差　　尚可　　良好　　优秀　　出色 　　　　　　　　　　6~10　11~15　16~20　21~25　26~30

行为法一般适用于评估那些难以同工作结果直接挂钩或缺少度量标准的工作,如服务性工作或机关管理工作。它的优点是员工可以清晰地知道组织对他的期望和行为标准,并且可以与组织的战略和价值观体系联系在一起,具有明确的导向作用。它的主要缺点在于:第一,选择的行为评价标准常常是有限的,但影响绩效的行为因素可能很多,因此,选择什么样的行为作为评价标准才是有效的,对管理者来说往往是个难题;第二,是这种方法假设存在一种完成工作的"最好办法",并且构成这种最好办法的行为是可以被确认出来的,但在现实中,这种最好的行为可能并不存在或有相当大的争议;第三,这种方法虽然可以与组织的战略重点联系在一起,但必须经常修正,而绩效评估系统却要求保持稳定,以免员工无所适从。因此,行为法可能最适合不太复杂的工作(对于这些工作来说,达到结果的最好方法是比较清楚的),而不太适合那些比较复杂的工作(对于这些工作而言,取得成功的途径和行为都是多种多样的)。

四、目标结果法

目标结果法是通过使每个员工都为完成组织使命而努力来实现组织的有效性。它注重的是对目标的管理以及一种工作或某一工作群体的可衡量性结果。这种方法假设绩效评价过程中的主观因素是可以被消除掉的,同时,工作的结果是对一个人为组织的有效性所作出的贡献进行衡量的最为接近的指标。

目标管理的过程包括目标的设定、规划和评价。在一个目标管理系统中,企业的最高管理层首先要为公司确定一定的战略目标,接着这些目标会被层层分解,每一层级上的管理者都需要明确,为了帮助公司达到这些目标,他们自己应当实现哪些目标。这种目标确定过程会依次延续下去,直到公司中的所有管理者都确定了能够帮助公司实现总目标的个人目标为止。这些目标成为对每一位员工个人的工作绩效进行评价的标准。

目标管理系统有三个共通性的组成部分。其一,它要求确定具体的、有一定难度的、客观的目标,目标结果法举例如表 6-9 所示,是一家财务服务公司在其目标管理系统中所确定的目标;其二,目标管理系统中所使用的目标通常不是由管理层单方面确定的,而是由管理者及其下属人员共同参与制定的;其三,管理者在整个评价期间通过提供客观反馈的方式来监控员工完成目标的进展过程。

表 6-9 目标结果法举例

关键结果领域	目标	完成百分比/%	实际绩效
债券组合管理	在今后的 12 个月内将债券组合的价值提高 10%	90	在过去的 12 个月内将债券组合的价值提高了 9%
销售额	在今后的 12 个月内实现 3 万美元的服务费收入	150	在过去的 12 个月内实现 4.5 万美元的服务费收入

目标管理作为一种绩效评估工具其优点十分明显。它通过目标的制定,将员工的工作与组织的战略和目标联系在一起;通过指导和监控员工行为而保证了工作的有效性,提高了

工作绩效;通过反馈,使员工知道对他们的期望和要求是什么,从而引导他们将时间和精力最大程度地投入到有利于组织目标的行为上。当目标明确具体并具有挑战性,并且员工得到完成目标的反馈以及因完成目标而得到奖励时,他们的表现最好。目标结果法的另一个优点是由于它所依赖的是客观的、可以量化的绩效指标,因而比较公平且易于被管理者和员工双方接受。

目标结果法的一个主要缺点是有时尽管绩效评价目标是公正和被认可的,但导致结果的原因却难以确定。比如,一个销售人员业绩突然大幅度下滑,究竟是受到经济波动的影响,还是个人努力不够?球队比赛输了,究竟责任在教练还是队员?如果工作绩效是被评价者不能控制的,那么结果法就容易引起争议。目标结果法之所以会存在上述缺点,还因为并非工作绩效的所有重要方面都能够用客观性的手段来进行衡量。结果法的另外一个缺点是由于评估系统具有明显的导向性,因此作为个人的员工往往会将注意力完全集中在自己的绩效中会被评价的那些方面,从而忽略不会被评价的那些绩效方面。比如,现在我国高校对教师的评价主要依据的是科研论文及成果,那么他们就常常不愿意在教学上做更多的投入。如果对营销人员的评价主要是销售额,那么他们就不大会关心为客户所提供的服务。目标结果法考核的优点和缺点是联系在一起的,由于考核落在个人身上,因此会产生明显的激励作用。但同时由于评估的结果与个人利益有直接关系,也容易导致员工之间相互合作减少,难以形成团队。

五、质量法

质量法与传统的绩效衡量与评价方法不同,它的两个基本特征是顾客导向性以及对误差的预防性。提高客户满意度是质量法的一个主要目标。这里的顾客既可以指组织外部的顾客,也可以指组织内部的顾客。带有很强质量导向的绩效管理系统可能会:①在绩效衡量系统中既强调人的因素,也强调系统的因素;②强调管理者与员工应当共同努力来解决绩效问题;③将组织内部和外部的顾客都吸收到绩效标准的确定以及绩效衡量的过程中来;④采用多种信息来源来对人和系统的因素进行评价。

质量法的倡导者认为,由于以下几个方面的原因,大多数公司的绩效管理系统都是与质量哲学不相符合的:①现有的大多数绩效管理制度都是根据数量而不是质量来衡量绩效的;②尽管员工对自己的工作结果好坏是负有责任的,但是他们对自己的结果却并不具有完全的控制权;③许多公司并不根据员工对组织成功所作出的贡献的程度来与员工分享成功所带来的经济报酬;④员工的报酬与企业的经营结果没有被联系起来。

销售额、利润以及行为判定等方面的信息常常被管理人员搜集来作为对员工的绩效进行评价的依据。这些都是以人为基础的结果。在使用这些类型的结果时所依据的一个假设是,员工对这些结果是具有完全的控制能力的。但是根据质量法的观点,企业却不应当利用这些结果来评价员工的绩效,因为实际上他们对这些结果并没有完全的控制能力。例如,对于销售人员来说,绩效评价(以及加薪)通常都是以他们所达到的销售定额为依据的。这是假定销售人员的能力和动机会直接决定他们的绩效。然而质量法的倡导者却对此提出了不同意见,他们认为决定一位销售人员是否能够完成销售定额的更好因素是"系统因素"(比如竞争对手的产品价格变化)以及经济条件(这不在销售人员的控制能力范围之内)。因此,如果让员工去对受系统因素影响的结果负责,那么其结果是一方面导致功能紊乱性行为的出现,比如伪造销售报告、销售预算、费用支出账户以及其他一些绩效衡量指标;另一方面是降低员工持续改善绩效的动力。

质量法的倡导者指出,绩效评价的重心应当放在向员工提供反馈上,从而告诉他们在哪些领域可以有所改善。其中有两种反馈是很必要的:①从上级管理人员、同事、客户那里所得到关于员工个人品性的主观反馈;②运用统计质量控制方法提供的关于工作流程本身的客观反馈。

从上级管理人员、同事、客户那里所获得的反馈应当建立在合作性、主动性以及沟通技能等方面上。在绩效评价过程中还应当包括一次关于员工职业生涯发展计划的讨论。质量法还非常强调绩效评价系统应当避免对员工的总体绩效进行评价(例如,用优秀、良好、较差这种等级划分的方法),这是因为,对员工进行归类的做法被认为会鼓励他们按照自己所获得的绩效评价等级的期望来确定自己的行为。比如,绩效"一般"的员工就不会受到改善自己绩效的激励,相反,他们会继续按照所得评价等级的期望来重复原来的行为。此外,由于员工对于自己所在的工作系统的质量并无完全的控制力,因而员工的绩效评价结果不应当与薪酬联系在一起。薪酬标准应当依据现行市场工资率、员工资历、公司经营结果来定,然后再公平地分配给所有的员工。

通用电气(中国)公司的考核秘笈

质量法主要是依靠将特性法与结果法结合起来的方式来进行绩效的衡量。不过,传统的绩效评价制度更为重视对员工个人绩效的评价,而质量法所采纳的则是一种制度导向型的绩效评价方法。许多公司可能不愿意完全抛弃他们的传统绩效管理系统,因为传统的绩效管理系统是人事甄选、培训需求的确定或者薪资决策的基础。此外,质量法倡导对人格特性(比如合作性)的评价,而这些人格特性是很难与工作绩效直接联系在一起的,除非企业的组织结果是以团队为基础的。

项 目 小 结

> 绩效是全体管理者和员工的共同责任。绩效管理是一个系统和持续的过程,强调的是事前的目标沟通与承诺,过程的管理与偏离指导,事后的结果确认与发展。绩效考评注重结果,关注的是过去的绩效,是判断式的,具有回顾性。有助于提高绩效的不是绩效考评,而是绩效管理过程中激励的质量和水平。在绩效管理活动中,激励处于核心地位,同时也是影响最终绩效的关键因素。
>
> 激励的本质是激发人的动机。激励理论包括两种形式,即内容型激励理论和过程型激励理论。不同的激励类型对行为过程会产生程度不同的影响,激励有多种类型,可以从内容上划分,可以从性质上划分,也可以从对象上划分。

项目六 绩效管理

企业通过对员工工作绩效进行评估,可以获得反馈意见,据此可以制定相应的人事决策与措施,最终达到调整与改进的结果。绩效评估的方法直接影响评估计划的成效性和评估结果的正确与否,其主要方法有比较法、特性法、行为法、目标结果法和质量法。

复习思考题

1. 比较绩效管理与绩效考评。
2. 什么是激励?主要的激励理论有哪些?
3. 激励可以分为几种类型?试举例说明常见的激励方式。
4. 绩效评估主要具有哪些功能?
5. 绩效评估有哪些方法?它们各自的特点如何?请简要说明它们各自的优缺点。
6. 应该如何建立绩效评估标准?

阅读资料

一、业绩考核与人事考核的关系

人事考核必须由业绩考核、敬业精神考核和能力考核三部分组成。这不单单出于评定方面要准确、被评定方面要同意这两方面的需要,而且也是进行能力评定所必需的。企业人事制度的重点应放在观察人、提高人的能力和有效的运用能力上。因此,能力评定是必要的条件。

要准确地进行能力评定,就必须明确业绩考核、敬业精神考核和能力考核的概念,正确理解三者之间的关系。

能力考核分为确认事实和判断能力两个步骤。

（一）确认事实

了解能力是非常困难的。所谓保有能力,是脑细胞的问题。为了评定能力,不可能用显微镜观察活人的脑细胞的状态,不能直截了当地观看保有能力的程度。有时,上司的命令不明确、不适当,那么即便是有能力的部下,也可能作出错误的结果。若以此结果作为了解部下能力的依据,作出评定,这种评定就是不适当的。

(二) 判断能力

能力和业绩并不常常是相等的。实际上，人的潜能发挥一般不到30%，能力的运用受诸多因素影响。简单地用业绩表示能力，难以得出正确的评定结论。能力是在工作中具体表现出来的。为了把握这一结构，按输入功率和输出功率的相互关系来看，比较容易理解。在仅仅知道了输入功率和输出功率而不知道中间结构时，这两者之间的关系如图6-1所示，一般在中间插入一个四边形叫作暗箱方框。

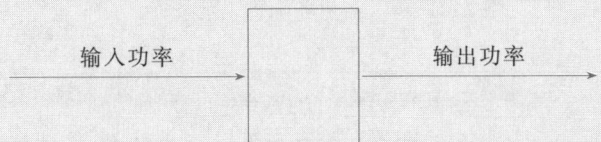

图 6-1 输入功率与输出功率的关系

能力与成绩的关系也需要以这种形式来表现。把能力看作输入功率，把成绩看作输出功率，两者的关系如图6-2所示。

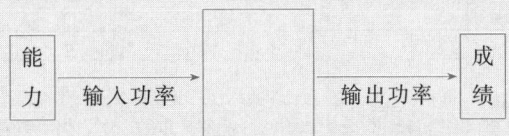

图 6-2 能力与成绩的关系

(资料来源：廖泉文.人力资源考评系统.)

二、员工绩效考核

员工绩效考核表如表6-10所示，主管意见表如表6-11所示。

表 6-10 员工绩效考核表

员工绩效考核表																							截止日期		
姓名						雇聘日期				等级					工作分类										
试用期间(月)			试用截止日期			年度考绩				半年考绩				特别考绩				考核期间					等级		
考核项目			不满意					勉强					好					很好					优秀		
			1	2	3	4	5	1	2	3	4	5	1	2	3	4	5	1	2	3	4	5	1	2	3	4	5
1.工作品质 本项不考虑工作量，仅看工作是否正确、清楚、完全 □无从观察			工作懒散，可避免的错误频繁					经常犯错，工作不细心					大体满意，偶尔有小错					工作几乎永远保持正确清楚；有错自行改正					工作一直保持超高水准		
2.合作 考虑其对工作、同事、公司之态度；是否愿意为人服务及与人合作；是否愿意尝试新观念、新方法 □无从观察			似乎无法与人合作；不愿接受新事物					时常不能合作，表现出不同意的态度；难以相处					大致上与人相处愉快，偶尔会有摩擦					一向合作良好，愿意接受新方法					与同事合作良好；随时准备尝试新观念；与人相处融洽		

续表

考核项目	不满意 1 2 3 4 5	勉强 1 2 3 4 5	好 1 2 3 4 5	很好 1 2 3 4 5	优秀 1 2 3 4 5
3. 工作知识 是否了解工作的要求、方法、系统、设备 □无从观察	与工作有关之事大部分都了解不够	工作某些方面如能增进此知识最好	对工作有相当程度的了解	对工作了解全面充分	工作各方面均能表现得极为优秀
4. 主动性 考虑其在没有详尽指示下的工作能力；其应变才智；在无人监督下的工作情况 □无从观察	只能照章行事；遵从指示做事，需不断监督	处理新事物容易出错，经常需要监督	经常性工作无需指示；新事物需要监督	多半场合流露机智；极少需要监督；主动从事改进	一直主动工作；自动增加额外工作；十分有才智
5. 勤勉 考虑其贡献于工作的程度 □无从观察	有机会就偷懒，时常喜欢闲聊	时常忽视其工作	通常能坚守其工作，偶尔有闲聊	大部分时间都能诚恳做事，偶尔需要人提醒	一向值得信赖，努力将工作做好
6. 工作量 本项不考虑质的方面，只考虑工作量 □无从观察	工作慢，从未按时完工	低于平均量	符合要求，偶尔超过	超出平均量	速度超乎常人，产量比要求的多
7. 学习能力 接受新知识的能力、速度；是否能记忆、遵循，并予以应用 □无从观察	若非一再教导，没法吸收	学习缓慢但通常能记得；看似吸收而实际并没有真的学到	学习速度尚可，也能记牢，偶尔还需向主管请教	学习快速，记忆良好	超乎寻常的学习速度且完全吸收
8. 出勤 考虑工作的规律性和准时性 □无从观察	请假或迟到早退过多	经常请假或迟到早退	偶尔请假或迟到早退	绝少请假或迟到早退，如有必系正常理由	从不请假或迟到早退
	出勤记录_____ 早退天数_____ 请假天数_____ 旷工天数_____				

表6-11 主管意见表

主管的意见

综合评分＝前页评分总和1/2

不满意(1～20)　勉强(21～40)　好(41～60)　很好(61～80)　优秀(81～100)

□　　　　　　□　　　　　　□　　　　　　□　　　　　　□

主要缺点：＿＿＿＿＿＿＿＿＿＿　主要优点：＿＿＿＿＿＿＿＿＿＿
＿＿＿＿＿＿＿＿＿＿＿＿＿＿＿　＿＿＿＿＿＿＿＿＿＿＿＿＿＿＿

何种训练对员工有益？＿＿＿＿＿＿＿＿＿＿＿＿＿＿＿＿＿＿＿＿＿＿＿

该员工是否适合本工作？　　　□　是　　　□　否
如果为否，什么工作比较适合？＿＿＿＿＿＿＿＿＿＿＿＿＿＿＿＿＿＿

该员工课余是否在校进修充实自己？＿＿＿＿＿＿＿＿＿＿＿＿＿＿＿＿
该员工曾参加何项公司资助的训练？＿＿＿＿＿＿＿＿＿＿＿＿＿＿＿＿

其他意见：＿＿＿＿＿＿＿＿＿＿＿＿＿＿＿＿＿＿＿＿＿＿＿＿＿＿＿

员工意见

主管能够怎样帮助你，使你未来工作更好？
＿＿＿＿＿＿＿＿＿＿＿＿＿＿＿＿＿＿＿＿＿＿＿＿＿＿＿＿＿＿＿＿
＿＿＿＿＿＿＿＿＿＿＿＿＿＿＿＿＿＿＿＿＿＿＿＿＿＿＿＿＿＿＿＿

试就你的工作、主管或工作环境提出建设性的批评。
＿＿＿＿＿＿＿＿＿＿＿＿＿＿＿＿＿＿＿＿＿＿＿＿＿＿＿＿＿＿＿＿
＿＿＿＿＿＿＿＿＿＿＿＿＿＿＿＿＿＿＿＿＿＿＿＿＿＿＿＿＿＿＿＿

有无其他工作或训练你较感兴趣，并觉得对你的前途有益？
＿＿＿＿＿＿＿＿＿＿＿＿＿＿＿＿＿＿＿＿＿＿＿＿＿＿＿＿＿＿＿＿
＿＿＿＿＿＿＿＿＿＿＿＿＿＿＿＿＿＿＿＿＿＿＿＿＿＿＿＿＿＿＿＿

其他意见：＿＿＿＿＿＿＿＿＿＿＿＿＿＿＿＿＿＿＿＿＿＿＿＿＿＿＿

员工综合工作表现

该员工的综合工作表现如何？（请勾出最适合的一项）

综合工作表现	
1. 表现最好的员工之一 …………………………………………………	□
2. 表现优良 ………………………………………………………………	□
3. 表现满意 ………………………………………………………………	□
4. 尚需要若干改进才能达到满意的地步 ……………………………	□
5. 需要大幅改进才能达到满意的地步 ………………………………	□

附注：＿＿＿＿＿＿＿＿＿＿＿＿＿＿＿＿＿＿＿＿＿＿＿＿＿＿＿＿＿

考核人：＿＿＿＿　日期：＿＿＿＿　与受考核人讨论日期：＿＿＿＿
审核人：＿＿＿＿　日期：＿＿＿＿

重要附注：此为您对该员工在受考核期间工作绩效的看法。在此期间你确实曾经与其经常沟通并时常注意他(她)，才有可能借此对其绩效有进一步的认识。

请记住：尽量增进您与部属之间的相互了解，彼此明了对工作目标的看法。本考核是以工作而非以个性为导向，倾听对方的意见，把你认为满意的部分指出来，要了解如何改进绩效并决定如何具体进行。

某科技企业数字化绩效考核

案例分析

青啤集团西安公司的360°绩效考核

西安汉斯啤酒的重振雄风，靠的就是青岛啤酒集团实施的新绩效考核办法——360°全方位考核。

青岛啤酒厂兼并汉斯啤酒厂后，为汉斯啤酒厂引进了360°考评体系，注重绩效，全面而客观地考评员工的德、能、勤、绩。所谓360°考评体系，即对基层员工的考核由自评、同级考评、上级考评三个维度构成，对中层干部，还要请其下级评定（通常采用无记名填表和座谈相结合），如图6-3所示。

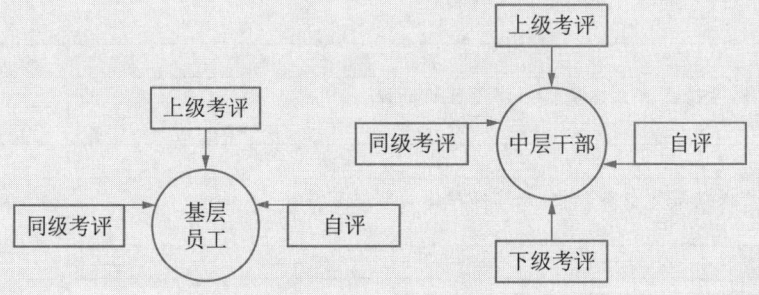

图6-3 考评流程图

员工自评，即被评定者本人在年终述职大会上叙述自己的能力、工作态度、工作成绩和一年工作中的优缺点，职业生涯发展的可能性，需要上级加以指导的事项和本人所经历的关键性事件。

同级考评即本部门同事、其他相关部门人员、本企业以外的相关人员在公司述职会上，利用一系列标准化的量化表对评定者以无记名方式，按优秀、一般、不称职三类进行打分。

上级考评，即公司运用比较法对考评结果作出相互比较，从而决定其工作业绩的相对水平。

公司将绩效考核制度化，以加大奖惩力度做保证。鼓励员工在自己的工作岗位上发挥个人的聪明才智，并实施奖励；对于考核不合格者，扣发奖金或调离工作岗位，从而调动了员工的积极性，激发了他们的主人翁精神。

公司在绩效考核中，对中层干部的考核更加严格。对考核结果排出名次，实施末位淘汰。此法实行第一年，就有35个部门被砍去，63名中层干部被精减，二级机构由原来的45个削减为9处1室,中层干部仅聘26人,实行竞争上岗。各级干部依靠德、能、勤、绩上岗,一切以年底考评成绩说话。剧烈的人事变化,使公司上上下下无不震动,特别是中层干部真正有了强烈的危机感。

梅花香自苦寒来,青啤西安公司在短时间内创造了奇迹,一举扭亏为盈,吨酒成本降低了25%,全年总成本下降3 200万元,利润增长116%,成为西安市的利税大户和东西部企业合作中的一颗闪亮的新星。

问题:
(1) 公司运用了什么考评方法?
(2) 有什么优点和可以改进之处?

实 践 练 习

1. 调查了解一个企业的业绩评估标准和方法,并且分析该企业所使用的评估标准和方法。

2. 根据班级及学校的实际情况,为你所在的班级建立一套完整的绩效考核标准体系。

项目七 薪酬管理

◇ **学习目标**
1. 了解薪酬的构成形式、内涵和内容。
2. 掌握四种主要的职位评价法。
3. 掌握工资结构设计。
4. 熟悉激励工资的形式与特点。
5. 了解员工福利管理的重要内容。

导入案例

一家设计公司的"薪酬烦恼"

灵光设计公司是一家有20名员工的小型企业,老板王总一直觉得"只要给员工开够工资,大家就会好好干活"。可最近半年,公司里抱怨声越来越多,几个核心设计师还递交了辞职信。

事情要从去年说起。当时公司接了个大项目,王总很高兴,给所有人都涨了2 000元工资,想着"一视同仁"能让大家更团结。可没想到,这反而成了矛盾的开始。

老设计师张姐在公司干了5年,手里握着好几个大客户,每天加班改方案是家常便饭。她觉得自己的贡献比刚入职半年的新人小李多得多,凭什么涨一样的工资?小李虽然刚入职,但名校毕业,创意特别多,他觉得自己的设计理念更符合当下潮流,涨2 000元是应该的,可看到张姐不满,也觉得心里别扭。

更麻烦的是,公司没有明确的奖金制度。有时候项目赚了钱,王总会随手发个红包,多少全看心情。上个月一个项目超额完成目标,王总给参与的人每人发了500元红包,可大家私下里嘀咕:"这个项目我们熬了三个月,就值500元?"

渐渐地,办公室里的氛围变了。以前大家碰到问题会互相帮忙,现在都怕"多干活不划算"。张姐开始推脱一些难搞的客户,小李也懒得提新想法了。有个客户因为方案拖延丢了,王总才着急起来。

他找到做人力资源管理的朋友请教,朋友听完直摇头:"你这薪酬体系太随意了。工资不光是给员工的报酬,更得体现出'谁贡献大谁拿得多',还得让大家清楚'怎么做能拿到更多'。"

朋友给王总提了几个简单建议:先给每个岗位定个基础工资,比如设计师和行政岗责任不同,基础工资就得有差别;再设个绩效奖金,项目完成得好、客户满意度高,就能多拿;老员工可以加一笔"工龄补贴",新来的优秀员工可以给"技能津贴"。

王总半信半疑地试了试。他先和员工一起梳理了每个岗位的职责,比如把设计师分成"资深设计师""主设计师""助理设计师"三个等级,每个等级的基础工资差1 500元。然后规定:项目完成得好,按利润的10%给团队发奖金,贡献大的核心成员能多拿30%。

没想到,才过了两个月,公司里的变化特别明显。张姐看到自己的工资单上多了"工龄补贴",绩效奖金也比以前翻了倍,又开始主动接难啃的项目了。小李因为一个爆款设计拿到了"创新奖金",开会时发言也积极了。办公室里又能听到讨论方案的笑声,最近还接了两个比之前更大的项目。

王总这才明白,薪酬不是简单发钱,而是一门学问。怎么让工资体现员工的价值?怎么让奖金鼓励大家多做贡献?怎么让所有人觉得"付出有回报"?这些问题,正是我们要探讨的"薪酬管理"的核心。

故事点评:

灵光设计公司的故事,道破了薪酬管理的核心逻辑:薪酬不是简单的金钱发放,而是价值分配的杠杆。

王总最初"一视同仁"的涨薪看似公平,实则忽略了岗位价值、个人贡献的差异,反而挫伤了核心员工的积极性。而缺乏规则的"随机红包",更让努力与回报脱节,动摇了团队的工作动力。

后来的转变很有启发：通过岗位分级明确价值差异，用绩效奖金挂钩贡献，用专项补贴认可特殊价值（如工龄、创新），让员工清晰看到"干好干坏不一样，贡献大小不一样"。这种看得见的公平与激励，正是薪酬管理的关键——既要让员工觉得"值得"，更要让企业获得"超值"的回报。

任务一 了解薪酬管理的概念

一、薪酬的含义和构成

薪酬是报酬的一部分，是指企业因使用员工的劳动而付给员工的金钱或实物。一般可以分为直接薪酬和间接薪酬。直接薪酬是指个人获得的以工资、奖金、津贴、股权等形式给付的全部报酬；间接薪酬即福利，是指所有除直接报酬以外的其他各种经济回报。

除了薪酬以外，报酬还包括非经济报酬，它是指个人对工作本身或对工作环境在心理或物质上的满足感。所有这些酬劳构成了总体报酬。为了保持竞争性，组织必须对那些为达到其主要目标所必需的行为结果支付报酬。在确定有效的报酬时，必须考虑员工的特点。报酬的构成如图 7-1 所示。

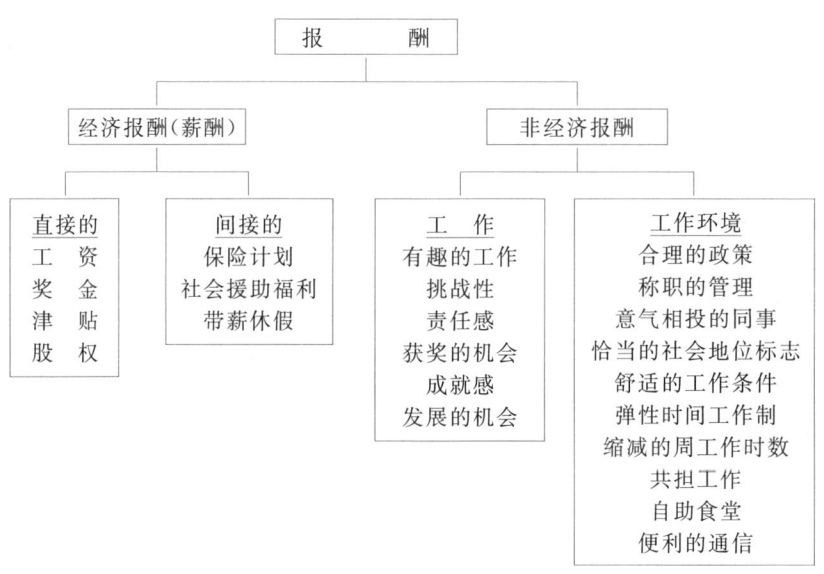

图 7-1 报酬的构成

二、薪酬的内容

（一）基本工资

基本工资是用人单位或雇主为员工所承担或完成的工作定期支付的固定数额的基本现金薪酬。基本工资是劳动者在一定组织中只要就业就能定期拿到的固定数额的劳动报酬，它的常见形式为小时工资、月薪和年薪等。

(二)成就工资

成就工资又叫绩效工资,是企业等用人组织出于对员工已经取得的成就和过去工作行为的认可,在其原有基本工资之外另行增加的定期支付的固定数额的现金薪酬。成就工资实质上是员工的基本工资随着其业绩的变化而调整或增加的部分,所以也有人把它归入基本工资范畴。成就工资与员工在组织中的长期表现和努力的成果挂钩,是一种增加员工稳定收入、不会带来收入风险的薪酬形式。

(三)激励工资

激励工资又叫可变薪酬、浮动薪酬或奖金,是薪酬体系中与绩效直接挂钩的部分,即工资中随着员工工作努力程度和工作绩效的变化而变化的部分。激励工资的核心是运用了"分成"的机制,所以对员工有很强的激励性,因而使职工的劳动积极性得到提高。而当员工领取固定工资时,员工增加努力程度和劳动投入所增加的工作产出价值全部归组织或雇主所有,激励作用就不那么强烈、持久了。

(四)津贴

津贴又被称为附加薪酬,它实际上是对特殊工作条件的补偿性价值,通常与基本工资一起计发。

(五)福利

福利又称间接薪酬。福利是指企业等用人单位为员工提供的除金钱之外的各种物质待遇,它多以保险、服务、休假、实物等灵活多样的形式支付,而不是按工作时间以直接货币形式给付的补充性薪酬部分。福利主要包括员工保险(医疗保险、人寿保险、养老金、失业保险等)、休假(带薪节假日等)、服务(员工个人及家庭享受的餐饮、托儿、培训、咨询等服务)等。

 **专栏 7-1** 年薪制

年薪制指以年度为期确定经营者的基本报酬,并根据经营成果发放风险收入的一种工资分配制度,其主要是针对高层管理者。年薪一般包括基本工资和风险收入。年薪制这种分配制度是市场经济条件下通行的办法,发达国家早已实行年薪制。2004年,我国央企全面实行经营者年薪制。

任务二 基本薪酬管理

一、职位评价

(一)职位评价的含义

职位是指一个组织中由特定人员所承担的各种职责的集合。工作是指组织中一组职责

IBM 公司的薪酬制度

相似的职位的集合。例如,某校办公室有两名秘书,这两名秘书职位就构成了一种秘书工作。职位评价也称为岗位评价、职务评价或工作评价,是指采用一定的方法对组织中各种职位或工作岗位的相对价值作出评定,以作为员工等级评定和薪酬分析的依据。职位评价是一个为组织制定职位结构而系统地确定各职位相对价值的过程。这种相对价值的确定主要是要找出组织内各种职位的共同付酬因素,用一定的评价方法,根据每个职位对组织贡献的大小而加以确定,继而以其为基础来建立薪酬结构,进行经济分配。职位评价是以基本职位内容和职位价值来评价具体职位在组织中的相对价值的。有关职位内容的评价主要是对某一职位所要求的技能、职责、责任等的评价,有关职务价值的评价主要是对某一职位对组织目标相对贡献的评价。由于职务内容中某些方面的价值是以与市场工资的比较关系为基础的,所以有些人把职位评价看作是把职位内容与市场薪酬水平挂钩的一个过程。

建立在职位评价基础上的薪酬分析制度和工资结构,简单明了,易于被员工理解和接受,有助于保持内部一致性,保证同工同酬,消除许多不公正因素。职位评价的结果和数据可以为比较广泛的人力资源管理工作提供依据,可以作为工资谈判、劳动纠纷等事务的可以信赖的基础,有利于改善劳动关系。但是职位评价也存在一些不足,如需要较多的时间和资源,职位评价在确定评价因素、给予权重、级别评定等环节上都避免不了主观因素的影响;职位评价主要适用于基本稳定的组织结构和岗位内容;以及在职位评价基础上构建的薪酬制度过于僵化,难以有效适应生产、技术和任务的变化等。

(二)职位评价的基本方法

1. 工作重要性排序法

一个简单而又古老的职位评价方法便是工作重要性排序法,它是基于各种工作的相对重要性而进行排序的。其中一种常用的排序方法是让评价者根据工作重要性的顺序,分别做成标明各种工作的义务和责任的卡片。工作重要性排序这一工作可以由一个熟悉全部工作职责的人执行,也可以由管理人员和员工代表组成一个委员会来做。

工作重要性排序的另一种方法是两两对比法。评价者先将所有的工作分别填入表中的行和列,制成两两对比工作排序表,如表 7-1 所示,然后利用这一表格,分别把"行中"的工作与"列中"的工作进行比较。如果"行中"的工作比"列中"的工作重要,便在此格标"×"。当所有的工作都已比较完毕,把各行中"×"的个数进行加总,根据加总的结果对工作重要性进行排序。排序的差异可以统一到工作评定中。

表 7-1 两两对比工作排序表

工 作	资深行政秘书	数据输入员	数据处理员	档案管理员	系统分析员	程序员	总 分
资深行政秘书	—	×		×		×	3
数据输入员		—		×			1
数据处理员	×	×	—	×	×	×	5
档案管理员				—			0
系统分析员	×	×		×	—	×	4
程序员		×		×		—	2

注:如果行中的工作价值高于列中的工作价值,则在单元格内标上"×"。

工作重要性排序法的主要缺点是：①它不能对每个工作的价值提供精确的计量。因为这种比较一般是笼统地将一个工作与另一工作从整体上进行比较，特定工作的一个或多个因素可能使工作重要性排序发生偏离，如果工作比较复杂，这种偏离就会更大。通过在进行排序工作之前让评价者确定一两个重要因素或确定这些因素的权重，这一不足可以得到部分克服。②最后的排序结果仅仅揭示了工作的相对重要性，而没能显示出不同工作之间重要程度的差异。③它仅仅适用于工作岗位较少的组织，最好不要超过15个。然而，正是它的简单性，使它成为小型组织理想的选择。

2. 工作分类法

工作分类法是根据已经确定的工资等级，把工作岗位进行分类和分组的工作岗位评价体系。

每一个工作类别的描述都构成了用以比较的各种工作规定的标准。管理者通过比较不同工资等级的工作描述，将组织内部的各种工作列入合适的等级。尽管这一方法非常简单，但它却不如以下要讨论的积分法和因素比较法那样精确，原因是该方法把工作作为一个整体来进行评价。

3. 积分法

积分法是一个量化的工作评价程序，它通过将全部工作打分加总来决定工作的相对价值。虽然积分体系建立起来比较复杂，但一旦确立，便非常容易理解和运用。它的一个显著优点在于，它提供了比较精确的评价标准，这一点在重要性排序法和分类法上都未曾体现出来，由此而产生的结果就会更加有效，且不易被人操纵。

积分法根据构成工作的各种子因素或要素——这些通常被称为薪酬因素，对工作进行定量评价。技能、努力程度、职责、工作条件等都被作为常用的薪酬因素，用以评价一个工作相对于其他工作的重要程度。薪酬因素的数量取决于组织以及被评价的工作的性质。一旦被选择，各薪酬因素的权重便取决于该因素与工作的相关程度。例如，如果工作职责对组织是至关重要的，这一职责的权重便可分配成40%。接着，每一个因素都将被分成很多等级，代表着与这一因素有关的不同难易程度。

积分法需要使用一个积分手册。实际上，积分手册是一本描述薪酬因素以及工作中这些因素存在程度的手册。它通常用列表的形式表述每一个因素所分配的积分数和这些因素被分成的各个等级。每一工作的积分代表着这一工作所拥有的薪酬因素的量化价值。

美国工业管理协会的薪酬因素积分价值表，如表7-2所示。其中列出的每一个因素都被分为五个等级，但是，一个因素所分的等级的数量，会根据权重的大小以及定义与区分的难易程度进行增减。

表7-2　美国工业管理协会的薪酬因素积分价值表

技能	1级	2级	3级	4级	5级
因素					
工作知识	14	28	42	56	70
经验	22	44	66	88	110
独创性	14	28	42	56	70

续 表

技能	1级	2级	3级	4级	5级
努力					
健康要求	10	20	30	40	50
智力和视力要求	5	10	15	20	25
职责					
设备或过程	5	10	15	20	25
原料或产品	5	10	15	20	25
他人的安全	5	10	15	20	25
他人的工作	5	10	15	20	25
工作情况					
工作条件	10	20	30	40	50
危险性	5	10	15	20	25

当所有工作因素被分成不同等级之后,就应该准备一个说明,来定义每一个等级和作为整体的每一个因素。这些定义应该精确,而且能将因素及其等级明确进行区分。

美国工业管理协会工作知识描述及等级说明的数学部分如表 7-3 所示。这些描述有助于工作评价者开展工作评价,以确定被评价的工作中所存在因素的等级。

表 7-3 美国工业管理协会工作知识描述及等级说明

工作等级	知 识 描 述
一等	利用读和写、总数的加和减、服从命令;利用固定的流程、直接的阅读工具以及没有注释时的相似用具
二等	利用加、减、乘、除,包括小数和分数;简单地运用公式、图表、图片、规格、日程、流程;运用可调节的度量工具;检查报表、记录,需要翻译时检查可比数据
三等	利用数学以及复杂的图形、规格、图表、各种类型的精确测量工具,相当于1~3年在某一特殊领域的商业培训
四等	利用高等数学以及复杂的图形、规格、图表、表格、公式、各种精确的计量仪器,相当于在一个公认的商业、手工业或职业领域受到完整的学徒培训或相当于两年的技术学院教育
五等	利用工程原理应用中的高等数学和相关的实际操作技能,加上对机械、电气、化学、土木、工程领域和实际操作的综合知识,相当于完整四年制技术学院或大学的教育

积分法下的工作评价就是通过将一个个不同因素的工作描述和工作规定,与积分手册中所列的各因素等级进行对比来完成的。被评价工作所包含的每一因素都按照积分手册中的规定分配积分。当每一个因素的积分都按手册确定后,将其加总就可以得到将工作作为整体的总积分价值。特定工作的相对价值就能根据这一工作的总积分来决定。

4. 因素比较法

因素比较法是通过建立一种因素比较体系,在薪酬因素相互比较的基础上完成评价过程的工作评价体系。它与积分法不同之处在于,被评价工作的薪酬因素是与组织中作为评价标准的关键工作的薪酬因素进行比较。关键工作可以定义为对工资设定非常重要的而且在劳动力市场上广为人知的工作。关键工作有如下特点:①它们对于员工和组织都非常重要;②它们的工作要求不尽相同;③它们有稳定的工作内容;④它们被用于工资决定中的薪资调查。

关键工作可以按技能、脑力劳动、体力劳动、职责和工作条件五个薪酬因素进行评价,得到每一个关键工作不同因素的排序。通常会选出一个评价委员会对不同关键工作的标准进行排序。委员会成员必须将货币化薪资水平分派给每一个关键工作的各个薪酬因素。当这项工作完成后,便会形成一个因素比较标尺供评价其他工作时使用。

因素比较法是一种定量的工作评价技术。整个过程需要调整,以适应开发一种用来评价和支付组织内部工作工资的因素比较标尺的需要。虽然建立这一方法的过程比较复杂,但一经完成,运用起来却相对容易。形成和运用因素比较标尺有如下四个步骤。

第一步:以薪酬因素为基础,选择关键工作并为其排序。关键工作岗位通常根据技能、脑力劳动、体力劳动、职责和工作条件五个主要因素进行排序。由于各个工作岗位的具体要求不同,关键工作的排序可能不尽相同。三项根据薪酬因素的关键工作岗位排序,如表7-4所示,一般需要15~20个关键工作岗位才能构成因素比较标尺。

表7-4 三项根据薪酬因素的关键工作岗位排序

工作岗位	技 能	脑力劳动	体力劳动	职 责	工作条件
机床操作工	1	1	3	1	3
冲床操作工	2	2	1	3	2
仓库管理员	3	3	2	2	1

第二步:为每一关键工作岗位分配工资。接着,决定现行工资对关键工作岗位每一个薪酬因素支付的比例。这样,分配给关键工作技术因素的工资比例就取决于与脑力和体力劳动的努力程度、职责和工作条件相比技能的重要程度。必须注意的是,在第一步中薪酬因素的排序必须与第二步中的比例排序相一致。三个关键工作是如何根据组成这些工作的薪酬因素的重要性排序来分配工资的,每一因素的工资分配比例如表7-5所示。

表7-5 每一因素的工资分配比例

工作岗位	总 和	技 能	脑力劳动	体力劳动	职 责	工作条件
机床操作工	9.75美元	6.00美元(1)	3.50美元(1)	0.50美元(3)	1.75美元(1)	1.00美元(3)
冲床操作工	11.25美元	5.75美元(2)	1.75美元(2)	1.00美元(1)	1.00美元(3)	1.75美元(2)
仓库管理员	10.25美元	5.25美元(3)	1.00美元(3)	0.75美元(2)	1.25美元(2)	2.00美元(1)

第三步:建立因素比较标尺。当每个关键工作岗位的工资在各因素之间完成分配后,因素比较的数据即可得出,因素比较标尺如表7-6所示。表中关键工作的标准和薪酬因素的位置为其他工作的评价提供了一种比较的标准。

表 7-6　因素比较标尺

小时工资	技　　能	脑力劳动	体力劳动	职　　责	工作条件
6.50 美元					
6.25 美元					
6.00 美元	机床操作工				
5.75 美元	冲床操作工				
5.50 美元					
5.25 美元	仓库管理员				
5.00 美元					
4.75 美元					
4.50 美元					
4.25 美元					
4.00 美元					
3.75 美元					
3.50 美元		机床操作工			
3.25 美元					
3.00 美元					
2.75 美元					
2.50 美元					
2.25 美元					
2.00 美元					仓库管理员
1.75 美元		冲床操作工		机床操作工	冲床操作工
1.50 美元					
1.25 美元				仓库管理员	
1.00 美元		仓库管理员	冲床操作工	冲床操作工	机床操作工
0.75 美元			仓库管理员		
0.50 美元			机床操作工		

注：如果关键工作数量为 15～20 个,则因素比较标尺之间的间隔会大大缩小。

第四步：评价其他所有工作。现在可以根据表 7-6 中的每一栏,将其他工作与关键工作进行比较。假定通过运用因素比较标尺来评价螺旋机操作工的工作。通过与表格中关键工作岗位的技能因素的比较,决定螺旋机操作工的技能要求介于冲床操作工与仓库管理员技能的中间。因此,这一工作被放置于 5.50 美元这一水平。同样,可以采用类似的过程,评价余下的因素,并将特定工作放置在合适的点上。

则技能因素为 5.50 美元,脑力劳动因素为 1.375 美元（=(1.75+1.00)÷2）,体力劳动因素为0.875美元(=(1.00+0.75)÷2);职责因素为1.25美元(=(1.25+1.00)÷2),工作条件因素为1.875美元(=(2.00+1.75)÷2),总计10.75美元。

因素比较标尺的运用,使加总计入表中的工作评价价值可以通过计算每一个因素的货币价值得到,而这些因素的货币价值由每一个因素是否在标尺中放置来决定。这样螺旋机操作工的评价价值10.75美元可以通过加总每一个因素的货币价值得出。

二、基本工资结构设计

(一)基本工资结构的含义

基本工资结构是指对同一组织内部的不同职位或不同技能之间的工资差距或工资率所做的安排。工资结构或工资结构设计主要研究和确定与职位或技能等级相对应的工资水平等级数和不同工资水平等级之间的工资差距,以及确定工资差距的相应标准。

工资是由基本工资、成就工资和激励工资所构成。由于激励工资的可变性和灵活性很强,基本工资和成就工资则必须保持较高的刚性或稳定性,导致了它们各自在制度构建和分配管理上有着不同的规律和特性,因此人们一般把激励工资拿出来单独设计和管理,而把基本工资与成就工资合并在一起进行设计和管理,并称为基本工资或工资的制度设计。所以,在许多时候,人们所说的工资制度或工资结构实质上是指包括成就工资在内的基本工资制度或结构设计。

(二)基本工资结构设计的内部一致性

基本工资结构设计的内部一致性强调的是组织内部工资结构关系背后的逻辑关系和政策关系的一致性。基本工资结构(或薪酬结构)设计的内部公平或内部一致性政策,一般是指工资结构(或薪酬结构)设计应与组织结构、组织关系和工作设计之间保持一致的政策关系,所确定的工资结构应当支持组织的工作流程,对所有员工公平,并有利于促使本组织员工行为与组织目标相符合。

(三)基本工资结构设计的一般过程

设计和建立科学合理的工资制度和工资结构,是企业人力资源管理中的一项基本制度建设和政策性很强的工作,它又是一个细致和烦琐的过程,牵涉薪酬管理的很多环节,因此需要一套完整而正规的程序步骤来保证相关工作的连续性、完整性和逻辑性,从而提高设计工作的科学性和有效性。工资制度设计的完整流程如图7-2所示。

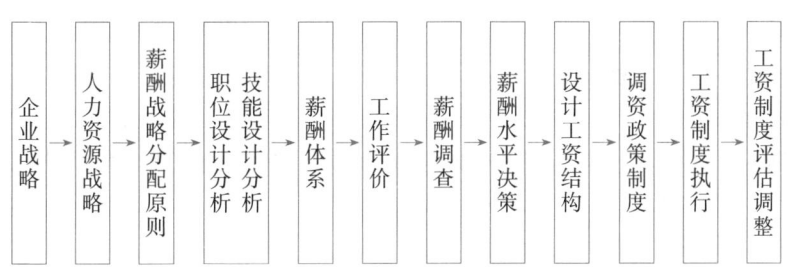

图7-2 工资制度设计的完整流程

图7-2说明,设计一套工资制度的完整过程一般应包括以下步骤:①明确企业的经营和

发展战略;②厘清企业人力资源管理的战略与理念;③制定或明确企业薪酬管理战略和分配原则;④进行职位、技能的设计与分析,找到设计工资制度的基准;⑤设计和确定企业拟采用的薪酬体系(以决定到底采用职位工资制还是技能工资制等);⑥进行工作评价,主要是根据确定的薪酬体系进行职位价值或技能价值评价;⑦调查企业相关市场或竞争对手的薪酬或工资情况;⑧进行整个企业和企业内不同职位或人员的薪酬水平决策(定薪、定额、定级标准等);⑨在以上各步的工作基础上设计工资结构或工资比率;⑩制定与工资制度相配套的各种考核办法、加薪上限、调资政策等规章制度,以便操作;⑪组织执行已制定的工资制度;⑫评估工资制度的实效,根据需要进行调整完善。

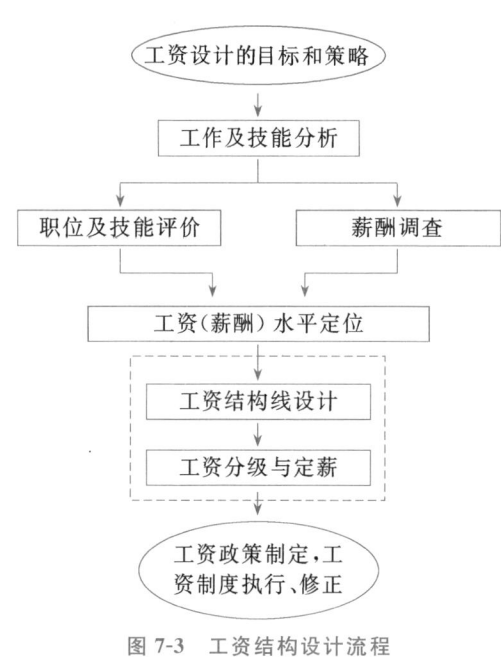

图 7-3 工资结构设计流程

工资结构的设计思想、原则与工资制度的设计类似,但是工资结构的设计流程一般不包括图 7-2 中工作评价以前的步骤,这是因为通常这些内容在进入工资结构的相关设计时已被确定。常用的工资结构设计流程如图 7-3 所示。图中的虚线部分是工资结构设计的核心部分,合称为工资结构具体设计,图中的上、下两个部分是工资结构设计的配套工作。

1. 明确工资设计的目标和策略

这一步是要明确工资结构设计的指导思想和方针政策,用以指导实际工作,它包括对工资的内部一致性、外部竞争性、员工贡献、薪酬策略、付酬原则等方面的决策和政策,有关公平、效率、发展等方面的薪酬目标,以及企业对员工人生观、员工总体价值和作用的估计等核心价值观判断。

2. 工作分析或技能分析

为职位薪酬体系设计工资结构时要进行工作分析,为技能薪酬体系设计工资结构时要进行技能分析。这一步是工资结构建立的依据。这里的工作分析是指依据组织的内部关系,搜集特定工作的有关信息,进行工作描述和工作评价,最后确定工作结构状况——根据工作内容和相关价值而依次排列工作。

3. 薪酬调查

薪酬调查是薪酬或工资调查的统称。这一步工作是要通过搜集市场和竞争对手的有关信息,分析和判断其他企业所支付工资或薪酬的状况,从而为工资水平定位和工资结构设计提供所需数据和"参考系"。有人把对本组织薪酬历史和现状的调查评估也划归至这一范畴。

4. 职位评价或技能评价

职位评价或技能评价分别对应于职位或技能薪酬体系的工资结构设计。两个步骤之间并无固定的先后次序,人们往往根据内部公平与外部公平倾向以及日常习惯、工作方便等因素而定,一般内部一致性优先时职位评价或技能评价在前,外部竞争性优先时薪酬调查在前。

5. 工资(薪酬)水平定位

即在薪酬调查和职位评价的基础上,权衡和确定工资的外部竞争性与内部一致性关系,对企业相对于竞争对手或市场的薪酬水平和工资水平进行决策与定位,完成了企业整体或不同种类职位(或人员)的工资水平定位后,才便于工资结构的具体设计。

6. 工资结构具体设计

工资结构的具体设计由工资结构线设计和工资分级与定薪两个步骤组成。工资结构线又称工资比率线或工资政策线,它的设计是要反映一个组织中各项职位的相对价值,及其对应的实付工资额之间应当保持一种什么样的关系。这种关系是以某种分配原则为依据而建立的一种指导规律。这种关系和规律多以直观、清晰、易于理解和易于分析的"工资比率线"或"工资结构线"来表示。

工资分级与定薪是根据已确定的工资结构线,将组织中众多的不同工资档次归并、组合分档成便于管理的若干工资等级,并确定每一工资等级的薪酬幅度或工资幅度(工资的上、下限范围),从而完成工资结构的技术设计。

7. 工资政策制定与工资制度的执行、修正

这一步是工资结构设计完成后的操作实施工作。所设计的工资制度和结构需要有相应的配套政策,需要认真组织实行,不断监测、反馈与调整,才能逐步完善起来,发挥应有的效用。这是一项长期而复杂的工作,主要是一个实践性问题。

任务三 激励工资管理

一、激励工资的形式

(一)奖励工资计划

奖励工资计划类似于成就工资。这种工资的增长是基于对员工绩效的评价。这部分增长在次年将变为基本工资的一部分,具有稳定性和成本刚性。这种工资会使员工面临两种风险,即信息不对称风险和绩效预测不准风险。奖励工资增加的规模取决于管理方的判断力(风险因素、信息不对称影响),而且员工个人奖励工资的增加部分取决于员工的绩效,而个人绩效也是不能完全预测的。

(二)一次性奖励计划

一次性奖励基于员工的绩效,性质与奖励工资类似,它不加入基本工资,但会作为奖金一次性付给员工。员工在接受一次性奖励时面临三种风险,其中两种已经在奖励工资风险中提到。第三种风险则是一次性奖励不能加入基本工资,而是时过境迁,一切从起点开始的一次性短期奖励,需要员工每年重新争取获得。

(三)个人奖励计划

个人奖励计划是一种可变性工资支付,有时它也会是基本工资的一部分。个人奖励计划把薪酬中可增加的部分直接同员工个人的额外产出相联系(如佣金制、计件工资)。上述奖励工资和一次性奖励对员工的绩效评价具有主观性,但是个人奖励计划对工资机动的可变性支付形式则具有客观性,因为它对员工的绩效评价是客观的(如销售额)。

个人奖励计划中,员工风险最大的情形是工资仅仅由单独的个人奖励计划所构成,对员工来说,具有很大的风险性的激励工资形式并不能持久地激励他们。员工的工资构成中如果没有或者只有很少的基本工资,就意味着员工每年只有依靠绩效评价的结果来决定自己的工资报酬,这样做会降低他们的安全感和激励的有效性。所以个人奖励计划一般与其他薪酬形式配合使用。

（四）成功分享计划

成功分享计划也是总体工资增长的一种类型（可变的工资支付）,它与团队的整体绩效相联系,而不是与个人绩效相联系。它不加入基本工资。成功分享计划与风险分享计划不同,只要团队的绩效高于规定的标准,就让员工分享成功,增加收入,而当团队的绩效低于规定的标准时,员工却不会受到惩罚。

除了具有与团队绩效评价相关的风险以外,所有的成功分享计划都具有以上所提及的风险。它使员工个人承受的最大分配风险是,个人的工资增长必须依赖于团队中全体员工的工作绩效。

（五）利润分享计划

利润分享计划着眼于预期利润的增加,员工工资的增加基于团队绩效（小组、部门、整个公司）对一些财务目标的超越。

员工参与利润分享计划的风险主要是,影响利润评估的一些因素超过了员工的控制范围（比如经济气候、财务状况）,与员工职责无关的因素却会影响工资所得。所以,员工对于利润分享计划越少的控制意味着越多的风险。

（六）收益分享计划

收益分享不同于利润分享,因为收益分享所要超越的目标并不是财务绩效,而是成本指标（比如最普遍使用的劳动力成本,或许也包括材料成本、设备成本）。

参与收益分享计划的员工,个人风险低于利润分享,因为这种计划的绩效评价更可控。

（七）风险分享计划

风险分享计划是一种不同于成功分享计划的、具有可变性的工资增长计划,因为员工不只分享成功,在绩效比较差的时候也要受到损失和惩罚。惩罚的方式是在绩效差的年份里降低整体薪酬水平。但是在绩效高的年份里,奖励远远高于成功分享计划。员工参与风险分享计划时比成功分享计划具有更大的风险。风险分享计划的通常做法是在员工的基本工资中设置一个"临时性"缺口,即划出一块工资参加风险分享计划。如果绩效目标达到了,这个临时性缺口就会被某种工资支付计划所补偿。即使这样,对于员工来说风险还是增加了,因为甚至是基本工资也须承担一定的风险,不能固定支付,不再具备稳定性和可预测性。

二、激励工资的特点

区分员工贡献并给予相应的报酬是激励工资方案设计的核心指导思想。基于员工贡献的各种激励工资形式或方案多种多样,数目很多。考察、区分和选用不同的激励工资方案时,一是看其在工资支付方式、支付频率、支付（员工）范围和绩效衡量等结构设计方面的特性;二是看其对员工的激励属性、吸引力以及对企业成本和文化的影响情况;三是看其在组织结构、管理风格、工作类型等方面的适用条件和情况。

基于员工贡献的典型激励工资方案的特性如表 7-7 所示。表中的绩效工资是指与绩效评价等级联系在一起的年工资的增长,即前面讲到的成就工资。在实践中,并不是简单地选用某一种激励工资方案就能在企业见效、激励士气、取得成功的,而是应当结合企业的实际环境条件、资源、战略和目标,进行激励工资方案的选择、修改和再设计,有时候还需要不同激励方案的恰当组合、集成,才能收到预期的效果。

失败的高薪

表 7-7 基于员工贡献的典型激励工资方案的特性

项目	绩效工资	奖励工资	利润分享	所有权	收益分享	技能工资
设 计 特 征						
支付方式	基本工资变化	奖金	奖金	产权变化	奖金	基本工资变化
支付频率	每年	每周	每半年或一年	股票出售时	每月或每季度	获得技术或能力时
绩效衡量	监督者评价	产出、生产率、销售额	利润	股票价值	产量或可控制成本	技术或能力的获得
覆盖面	所有员工	对绩效有直接影响的员工	整个企业	整个企业	生产或服务部门	所有员工
后 果						
绩效激励	工资和绩效之间联系很弱	清晰的绩效-报酬联系	工资-绩效之间的联系较少	工资-绩效之间的联系非常少	在较小的单位中会产生一定的作用	鼓励学习
吸引力	向绩效较高者支付较高工资	向绩效较高者支付较高奖励工资	有利于吸引所有员工	有助于留住员工	有利于吸引所有员工	能够吸引学习导向型的员工
企业文化	不同工作群体之间的竞争	鼓励个人之间的竞争	经营的知识	所有者的感觉	支持合作,解决问题	学习和灵活的组织
成本	要求有完善的绩效评价系统	维持成本较高	将支付能力与成本联系起来	成本不随绩效变动	执行中有维持成本,经营成本可变	可能很高
附 加 因 素						
组织结构	适用于可衡量的工作和工作单位	适用于各种相互独立的工作	适用于任何企业	适合大多数企业	适合较小的独立工作单位	适合大多数企业
管理风格	在员工适度参与管理情况下较理想	控制	在参与式管理下作用最好	在参与式管理下作用最好	适合参与式管理	在参与式管理下作用最好
工作类型	除非对群体进行评价,否则个人化工作最好	稳定、易于衡量的个人化工作	所有类型的工作	所有类型的工作	所有类型的工作	除非对群体进行评价,否则个人化工作最好

任务四 员工福利管理

一、员工福利的种类

我国企业根据企业自身的经营状况,为员工提供多种企业福利,常见的有企业福利补贴、集体生活福利设施、员工互助共济等几种形式。

(一) 企业福利补贴

企业根据我国国情,在国家有关政策的指导下,实行多种企业福利补贴,各企业的经营状况不同,采用的补贴种类、范围、金额各不相同。主要的企业福利补贴有:①水电费补贴;②取暖费补贴;③卫生费补贴;④洗理费补贴;⑤书报费补贴;⑥旅游补贴;⑦租房补贴等。

(二) 集体生活福利设施

集体生活福利是我国企业为减轻员工家务劳动负担,使其有更充沛的工作精力和更充分的自我发展机会而设立的企业福利。目前,我国企业为员工提供的福利设施主要有以下几类。

(1) 职工食堂。

(2) 保育设施。包括企业办的托儿所、幼儿园等。

(3) 员工住宅。主要有:①单身集体宿舍。为未婚职工和家住外地的员工准备,由单位出资兴建,以较低的房租供其使用。②倒班宿舍。为距家较远需要倒班工作的员工准备,一般不归员工固定使用,为倒班员工提供免费的临时休息场所。

(4) 浴室、理发室、休息室、女工卫生室等。

(5) 集体文化娱乐。主要有:①职工俱乐部;②文化馆站;③图书馆;④体育场所。

(三) 员工互助共济

员工互助共济是员工按照困难分担、利益共享而自发形成的扶危济困方式,这是周恩来总理在1957年倡导的"依靠群众力量举办福利"的有效形式。其具体形式有以下几种。

(1) 互助储金会。员工自愿缴纳一定款额,形成共储基金,储金会向发生临时困难或临时需要资金的会员提供借款。

(2) 丧葬互助会。在南方一些城市的企业中较普遍。员工自愿参加,入会缴费形成基金,会员本人或亲属死亡后,可按规定领取一定数量的救济金。

(3) 生活互助会。对会员在结婚、生子、子女入学、患病等方面提供物质帮助。企业对员工生活互助会给予资助。

(四) 其他福利

我国一些企业还为员工提供商业保险、安家补贴、上学补助、医疗补助、退休金补助等企业福利。

专栏 7-2　员工帮助计划

员工帮助计划(employee assistance program，EAP)作为组织为员工设置的一套系统的、长期的援助与福利项目，通过专业人员对组织的诊断、建议和对员工及其直系亲属提供的专业指导、培训、咨询，帮助解决员工及其家庭成员的各种心理和行为问题，提高员工个人绩效和组织整体效能。EAP产生于20世纪初。美国是EAP的发源地之一，也是目前世界上EAP最发达的国家。美国的EAP非常普及，企业、政府部门和军队都广泛采用此类服务。据统计，目前在美国有1/4以上的企业员工常年享受着EAP服务，大多数员工超过500人的企业目前已有EAP，员工人数在100～499的企业70%以上也有EAP，并且这个数字正在不断增加。

(资料来源：中国人力资源网)

二、员工福利管理

(一) 员工福利计划

企业在进行福利管理时，首先要做的一件事就是对企业提供的福利项目进行周密的计划和设计。这是实现福利管理总体目标，即提高福利效益、降低福利成本的前提。

企业福利的计划和设计首先必须遵守国家的法律法规，向员工提供国家要求企业提供的福利。在此基础上，企业应该考虑以下几个问题。

1. 提供的福利内容

企业向员工提供哪些福利，是由多种因素决定的。

首先，企业必须明确希望吸引的是何种类型的员工。比如，如果企业希望吸引流动性比较低的员工，就可以增加退休金等与员工退休后的收入和生活密切相关的福利；如果企业希望多吸引年轻女工，那么要考虑与妇幼相关的福利，比如托儿所、产假等福利。

其次，企业应该知道自己的竞争对手提供了哪些福利，市场的标准是什么。在了解市场的基础上，考虑本企业员工福利的竞争力。如果本企业员工福利的标准与市场标准相比过高，对于企业而言，无疑是增加了不必要的成本支出；相反，员工福利标准过低，也不利于调动广大员工的积极性。

最后，还要考虑企业的历史因素。员工福利与薪酬一样，也具有刚性。随意取消一项已经实施的福利，往往会造成员工的不满，影响其工作积极性。

2. 提供福利的对象和数量

为降低福利成本，企业不必向所有的员工都提供一样的福利，而是要根据具体情况，区别对待。不同的标准，反映出企业不同的经营和管理理念，也会造成不同的效果。

有的企业主张以工龄为标准来为员工提供不同程度的福利。员工的福利待遇与工龄挂钩,随工龄的增加而增加。这种管理方法反映了企业希望员工有较低的流动率,对于员工的资历比较看重,员工只有在服务满一定期限以后,才能享有某些福利待遇。

有的企业则主张以员工对企业的贡献为标准为员工提供福利待遇。对企业贡献大的员工,享受较优厚的福利待遇。这种做法无疑对于调动员工的积极性有作用。但是值得注意的是福利待遇属于保健因素,如果员工之间的福利待遇差别过大,对于那些福利待遇比较低的员工来说,就容易产生不满情绪,这样反而起不到调动员工工作积极性的作用了。

3. 员工的选择余地

员工的选择余地涉及为员工提供福利的内容方面的灵活性问题。以往企业为员工提供福利时,基本上是按一定的标准,统一对待。这样做的好处是管理简单,管理成本较低,但是不能真正满足员工个人的需要。解决这一问题的方法是为员工提供选择的余地,在总额度一定的前提下,让员工选择自己需要的福利待遇。

4. 福利成本的承担者

员工福利成本的负担,原则上有三种方法可以供选择:一是完全由企业承担;二是由企业和员工共同分担;三是完全由员工个人承担。因为涉及福利的成本,所以企业应该根据所提供的福利待遇类型,对这个问题仔细考虑。

(二) 员工福利的管理

1. 目标设置

做好福利管理工作,首先必须设定福利管理的目标。一般的福利管理目标应该包括以下内容:符合国家与地方的法规政策;使福利管理的成本最小化;符合企业长远的发展目标;有较强竞争力;考虑员工的眼前需要和长远需要;能激励大部分员工等。

2. 成本核算

成本核算的主要内容有:通过销量或利润计算出公司最高的可能支出的福利总费用;与外部福利标准比较;作出主要福利项目的预算;确定每一位员工的福利项目成本;制定相应的福利项目成本计划;尽可能在满足福利目标的前提下降低成本。

3. 福利调查与沟通

要使福利项目最大限度地满足员工的需要,福利的调查与沟通就非常重要。只有通过调查真正了解了员工的需要,并将企业制定的福利项目及时与员工沟通,才能使企业福利支出的每一分钱都能花在刀刃上,福利的效益才能体现。研究显示,并不是福利投入的金额越多,员工就越满意。

4. 福利实施

福利实施是企业福利管理中最具体的一个方面。实施过程中应注意的是,根据目标去实施,落实预算,按照各个福利项目的计划步骤实施,掌握一定的灵活性,定时检查实施情况。

项目小结

薪酬是报酬的一部分,是企业因使用员工的劳动而付给员工的金钱或实物。工资由基本工资、成就工资和激励工资所构成。建立在职位评价基础上的薪酬分析制度和工资结构,简单明了,易于被员工理解和接受。人们所说的工资制度或工资结构实质上是指包括成就工资在内的基本工资制度或结构的设计。区分员工贡献给予相应的报酬是激励工资方案设计的核心和指导思想。员工福利又称职工福利,它是员工在企业或其他组织中工作所应获得的总报酬的一部分,是员工薪酬的重要组成部分。

复习思考题

1. 简述薪酬的内容。
2. 什么是工作评价?请举出几种工作评价方法。
3. 常见的激励工资形式有哪些?
4. 企业为什么要向员工提供福利,而非将劳动报酬全部用工资支付?
5. 什么是工资结构?如何进行工资结构设计?

阅读资料

朗讯公司独特的薪酬机制

朗讯科技公司是美国通信业巨头。北京朗讯科技光缆公司是朗讯科技公司在华设立的分公司之一,主要生产制造通信光缆。现该公司产品在中国国内光缆市场所占份额雄踞市场第二位,其成绩的取得不但有其先进科技产品依靠的优势因素,更有其卓越的管理制度和激励机制来吸引和保留优秀人才的因素。该公司的薪酬机制有其独特之处。

(一) 公司的薪酬结构

(1) 工资。工资体系共有十个级别,除十级外(副总经理级),每个级别都有A、B两个等级,而每个等级又有最高和最低工资。工资从一级到十级差别为20多倍。工资标准不固定,而是随着所在地区薪资行情的变动而作相应修订,总体水平要比国有企业同类售货员的行情高出许多。

(2) 奖金。奖金分为两种类型:一为常规半年奖、年底奖。奖金发放根据公司经济效益和对员工个人绩效评估后而定。二为非常规季节奖、随机奖。这两种奖根据上级对员工的工作表现而定,每次获奖名额不超过员工总额的10%,奖金一般相当于员工半个月到一个月的工资水平。

(3) 其他福利。公司除支付按当地政府规定的社会保险外,另外还为员工购买人身意外保险和个人财产商业保险、门诊医疗商业保险等,并且每年还在员工住房、教育、培训疗养、旅游、工会活动等基金领域作出预算开支,供员工福利消费。

(4) 股权认购和股权奖励。股权认购为每个员工认购公司股票100股。而股权奖励只发给不超过员工总数5%的优秀员工,具体数目不定。无论是股权认购还是股权奖励,都不用员工自己掏腰包,而是由公司将股权在名义上赠给员工,但不能出售,必须等到3年后才可出售归自己。

(二) 公司薪酬运作及其特点

(1) 底薪调整。为保持竞争优势,公司每年由人力资源部单独组织一次相关外部企业的薪酬调查,并对调查结果进行系统分析比较,其调查内容主要有:①当地物价指数的变动,它有时可以左右公司决定是否马上调薪;②当地所有企业年度平均增资水平;③各相关公司的最高增薪和最低增薪水平情况;④各相关公司各职位的全部薪酬水平情况、最高及最低水平变化;⑤各相关公司各职位的薪酬结构比例;⑥当地各相关公司和全国同行业公司的总体人员流失率情况,经理、专业技术人员流失情况。

(2) 员工职务晋升增薪。经理人员可以参照公司的工资级别提出员工晋升增资建议。通常是逐级晋升,但有时业绩异常优秀的员工也有连升三级的。正常晋升增资的幅度在10%~25%,越级晋升的幅度在25%~40%的水平。

(3) 员工招聘时的定薪。决定招聘时新员工定薪的因素有学历、经验、专长、经历:①学历。刚毕业本科生工资在专业管理人员最低一级,刚毕业研究生相应高出15%。②经验。有两年以上工作经验的本科生比没有经验的高出20%,有两年经验的研究生比没有经验的同类人员高出30%。③专长。如果在招聘时发现一个人发挥的作用会大于其他员工时,则公司可提供超出规定的工资级别,极有可能会高于在相同岗位上已经工作了几年的员工工资。④经历。新员工在不同行业、不同领域、不同公司工作过,特别是在著名企业工作过,其工资定级会被公司着重考虑。

(4) 工资的正常晋升,半年奖、年底奖的发放与绩效评估。这三类薪酬是由员工半年和一年度的绩效评估结果决定的。公司在员工的绩效评估中采取矩阵式正态分布法,共分5个档次：一是"不能接受"；二是"勉强接受"；三是"基本完成任务"；四是"完成任务"；五是"超额完成任务"。硬性规定必有5％的员工考核结果落在第一类，10％的员工考核结果落在第五类，其余的则以不同的百分比分布在其他三类中。落在"不能接受"类的员工不能发奖金，而且要限定3个月内改进，如没有明显的改进，将会面临被公司"请走"的危险。落在"勉强接受"类的员工发奖幅度最低，工资部分不能有所增长。落在"基本完成任务"类的员工发奖幅度为标准额，其年度工资的晋升，也是按公司反复测算的标准额增薪。落在"超额完成任务"类的员工其奖金和工资晋升幅度最高，有时比平均增幅高出一倍以上。

（资料来源：张岩松，李健等.人力资源管理案例精选精析.）

案 例 分 析

华为的薪酬管理模式

1. 薪酬机制

华为的薪酬机制是将定岗定责和定人定酬结合在一起进行管理。华为员工的工资严格根据岗位说明书设置，保证人员和岗位的匹配，采用以才能为基础的工资函数制支付工资，并体现员工的绩效价值，提高员工的工作活力和主动性。对于一个不起决定性作用的岗位，企业通常采用相对简单的根据岗位设置工资的方法。按人定薪通常是适用于研发和销售岗位的工资分配方式。按岗位确定工资的特点是：

(1) 经由提升薪酬成本的可预测性来提高成本控制的有效性。

(2) 相同或相似职位的工资成本能够相互参照。

(3) 明显增加员工的工资，必须提升员工级别或转换岗位。

(4) 管理模式较为传统。

相比之下，按人定薪资更适用于现代民营企业。其优势在于：

(1) 激励员工获得更广泛的技能，担负更多的责任。

(2) 有必要根据技能来匹配薪酬和绩效管理。

(3) 管理模式十分灵活。

2. 薪酬分配占比

在薪酬分配占比中，长期激励明显占比较高，主要是股票认购部分对在职员工的影响最多。每一个财年开头，各层级的管理者会决定有资格进行认购的员工名单。需要确定的标准有员工的进入时间和总的工作年数、现岗位工作时长和岗位级别、去年的业绩表现和团队合作度,以及全体员工总评价,最终确定满足要求的员工可以购买的股票种类以及可购买股份的数量。华为的员工可以有三种认购股票的方式:现金认购,奖金购买或者无利息贷款认购。华为内部股票的发行量不是恒定不变的,而是经常根据"能力、责任、薪酬、主动性、风险"等因素进行动态调整。

在华为的股本结构中:三分之一左右的卓越员工可享用集体控股,五分之二的骨干员工依照相应的占比控股,大约五分之一的低级别员工和新入职人员只可视具体情况而适量参股。

实践证明,这种弹性的长期激励机制可以在一定程度上保留企业的人才,而且对新员工来说短期激励机制也存在良好的激励效果,最大程度地提高了所有员工的工作活力。

3. 薪酬政策

华为在薪酬调整方面采用高于竞争性企业的薪酬水平来引进和保留员工,同时也对员工提出了更高的工作要求,因此企业必须有更高的支付能力。任正非的奖励战略是"勇士奖",这确实吸引了许多优秀的人才。华为的政策符合企业的经营策略和市场定位,即应对华为的"高品质、高压、高效"的文化定位。华为想创造价值,就必须认可资本的力量,但关键是依靠劳动者的力量。华为以其贡献回报员工,鼓励他们完全发挥自己的智慧。大量的大学毕业生被录入华为,它以高薪聘请各种学科人才来构建知识体系,这对华为有着长远的影响。大学生毕业进入企业后,有两年的保护期。此外,企业已在多座全国著名大学设立了奖学金(教学)金,约一半以上的职工都是博士、硕士、高级工程师,约五分之四的职员都具备大学学历水平。依据华为接受高校毕业生人数及毕业院校的数据资料,华为历年来都是接受一流大学建设高校毕业生很多的企业,而且,华为吸纳的人才也是多学科的、全方位的。

4. 薪酬考核

在薪酬分派上,华为始终选择优秀员工,每一位华为员工都有机会通过勤奋、不断丰富的经验和增长的才华来获得晋升。在绩效指标考核中,大致分成公司绩效、团队绩效和个人绩效,采用分层分类管理以及平衡计分卡的方法,并将这几部分结合起来,带动了员工的活力。

华为比较特别的是分层绩效管理和分类管理。它分为三个层次:①中高层是通过简报和关键绩效指标法来评估,采用季度标记、年度报告。②中间层:IPBC评估。评估主要基于定量指标+非定量指标+补充目标和任务(70%)+工作态度(20%)+管理行为(10%)。所以这是季度,加上年度评估。③普通员工实施月度考核。

依据管理者的不同层次,华为分别采用不同的评价周期。重视高层管理人员和研发人员的未来薪酬,将中长期任务管理整合到考核中,高度重视高级管理者的长期战略目标;注重基层员工队伍建设,例如销售和后勤人员,给予及时的奖励,包含月度奖金、项目奖金等,缩短评估和回报周期。华为还将平衡计分卡应用在高管的述职考核上,因为作为管理者必须要有战略分解的观念,所以通过平衡计分卡可以更好地对中高层进行绩效考核。平衡计分卡由四个部分组成:客户、财务、学习成长和内部流程。客户包括:①客户满意度,②内部客户满意度;财务包括:①KPI完成情况,②竞争对手比较,③成绩与不足;学习与成长包括:①职业化及技能提升,②组织氛围营造;内部流程包括:①部门业务策略,②核心竞争力提升措施,③部门工作重点,④项目实施。

5. 华为与多数民营企业在薪酬管理上的区别

研究发现华为薪酬管理的长处如下:工作任务是目标,关注中短期利益。传统的以工资管理为成本中心的薪酬管理模式已不能适应现代民营企业的快速生长。采用的薪酬策略需要与企业战略协调统一,以获得适合的、高质量的竞争优势,为企业提供具有才能、创新等全方位高素质人才。由此可知,良好的薪酬管理是个人实现价值目标、企业实现发展和成就的强大支撑和保障。

(来源:马晓骁,民营企业薪酬管理模式优化策略研究——以华为为例)

问题:
华为的薪酬管理模式有哪些可以借鉴?

实 践 练 习

假设你作为一名顾问受雇于一家中等规模的销售组织,帮助该组织给三类基本员工建立激励制度。第一类员工是由20名销售员组成的销售队伍,都是按直接佣金制付薪工作的。第二类员工是由7名辅助人员组成的(2名秘书和5名包装员、装货员),所有7名员工都是直接按小时工资率付薪工作的。第三类员工是由2名所有者、管理人员组成的。

所有者、管理人员对销售人员执行的直接佣金制感到中意,但是他们担心很多销售人员在任何一个既定月份中,一旦达到可接受的销售水平时,他们就会倾向于懈怠。7名辅助人员看起来是可靠的,但管理人员相信他们的绩效在合适的激励计划下是可以提高的。所有者、管理人员对自己目前的薪金感到满意,但他们想为额外利润寻求某种形式的避税。

你的工作是设计一种激励计划,该计划所包括的内容对每一类员工都有吸引力。准备在班上演示你的计划。

项目八 冲突管理

◇ **学习目标**
1. 了解冲突形成的原因以及组织中不同层次的冲突。
2. 掌握冲突与组织绩效的关系。
3. 掌握冲突管理的重要性。
4. 熟悉冲突管理的策略和方法。
5. 了解组织沟通的类型和渠道。

导入案例

W 公司转型中的冲突管理

W 公司是一家有着 30 多年发展历史的国有出版企业,以出版外语类教材、教辅为主,在教材出版领域具有一定的影响力。

在市场竞争与体制变革的双重压力下,W 公司几年前开始了从教育出版迈向教育服务的战略转型。

W 公司的战略转型变革,带来了企业业务和组织架构的调整,面临重重困难和各种矛盾。变革的过程从某种程度上讲就是利益调整的过程,不同部门之间、个体之间的利益难免会有冲突。员工对于变革,褒贬不一。

在战略转型变革的过程中,出现具有代表性的新旧业务部门在业务合作上的冲突、新旧业务在绩效管理上的冲突、员工职位匹配上的冲突,以及剥离淘汰业务员工的安置冲突等。

W 公司采取了渐进式的管理变革措施,历经七年,逐步推进,缓解了多重管理冲突,积极推动着变革的深化发展。

本案例中,按冲突的成因来划分,目标选择冲突、认知失调冲突、角色矛盾冲突和利益分配冲突都是存在的。

(1) 目标选择冲突包括战略变革启动与领导班子交替时机上的选择冲突。

(2) 认知失调冲突包括员工在职位匹配上的自我认知冲突和企业文化冲突。

(3) 角色矛盾冲突包括新领导接任新职务与战略变革启动的角色冲突。

(4) 利益分配冲突包括新旧业务的利益冲突、辞退员工的利益冲突、调整后的业务单元之间的冲突。

本案例中按企业的实际应用来划分,有的是建设性的冲突,有的是破坏性的冲突,有的冲突是两面性的。辞退员工的利益冲突是破坏性冲突,因为双方的立场存在较大程度的对立。而其他冲突是建设性冲突,是可以通过解决冲突来解决战略变革过程中存在的实际问题的,有利于促进变革的深入发展。但如果没有处理好这些原本是建设性的冲突,就有可能将其转变为破坏性的冲突,从而对组织的发展造成破坏。

W 公司冲突管理的主要措施如下:

一是在处理企业战略转型变革问题时,对企业面临的冲突的类型和根源,进行充分地分析和认识,这是有效处理冲突的前提。

二是企业在面临管理冲突时,针对不同的情境,采取不同的处理方式。

三是在准确分析变革冲突原因的基础上,企业切实地采取一系列有效的管理措施,来缓解不断发生的变革冲突,包括重塑企业价值观、建立多种渠道的沟通体系、采取必要的预测性干预措施、形成组织和个人的协作系统、强化企业的组织归属感。在个人利益调整时,在人员解除劳动关系的经济补偿、劳动合同的变更、社会保险关系的接续以及就业岗位稳定等方面,必须维护其合法权益,要让绝大多数人员成为改革的受益者。同时,做好深入细致的思想教育工作,引导员工增强改革意识和承受能力,转变就业观念。

企业变革带来的冲突虽不可避免,但也优化了企业适应现代市场经济的管理方式与经营机制。这样才能激发企业内在的活力,应对各种挑战。

(资料来源:网易博客)

任务一　了解组织中冲突的概念

一、组织中的冲突类型

按组织冲突发生的层次来划分,组织冲突可以分为:个人层次的冲突、团体层次的冲突和组织层次的冲突。个人层次的冲突又可以分为个人内心冲突和人际冲突;团体层次的冲突又可以分为个人与团体之间的冲突和团体之间的冲突;组织层次的冲突又可以分为组织内部的冲突和组织之间的冲突。这些不同层次的冲突相互联系、相互作用。

(一)个人层次的冲突

1. 个人内心冲突

当因为不确定性或被拉住、推向一个相反的方向时,一个人难以决策时,他就处于个人内心冲突状态。此时个人会表现得犹豫不决,茫然不知所措。个人内心冲突常常包括多选一的选择,相应地,也包括一些不相容的影响,有肯定的也有否定的。也就是说,这些选择可能是有吸引力的,也可能是没有吸引力的。每个组织成员每天都会面临着这种类型的冲突。

2. 人际冲突

人际冲突是指两个或两个以上的个人在其目标实现的过程中发生的对抗。它可以发生在团体内部成员间,也可以发生在两个不同团体成员之间(此时极易导致团体间的冲突)。

(二)团体层次的冲突

团体层次的冲突包括团体内的冲突和团体间的冲突两种类型,而团体内的冲突又可以分为个人层次的冲突和个人与团体间的冲突,个人层次的冲突前面已经讨论过了,所以这里主要讨论后两种形式。

1. 个人与团体之间的冲突

任何一个团体,都有其特定的目标,而每个人也都有着自己的目标,这是决定组织成员继续在组织中工作或离开组织的主要因素。希望个人完全忽视个人目的而为团体目标服务,是不可能的,所以两者之间必然会发生冲突,一旦个人与团体之间发生冲突,个人的目标无法实现,同时也影响组织目标的顺利实现。这是团体内部冲突的一种常见形式。

2. 团体之间的冲突

团体之间的冲突是组织内团体之间由于各种原因而发生的对立情形。它可能是同一团体内部成员间的冲突,导致成员分化成两个或更多个小团体,从而把团体内的冲突转化为团体间的冲突;也可能是分别处于两个团体内的成员间的个人冲突逐渐升级而成。其根源主要在于各个团体片面强调自己的利益,而忽略了对方的和共同的利益。

（三）组织层次的冲突

组织层次的冲突不仅包括由上述两个层次的冲突组成的组织内的冲突(这些冲突都可以称为组织内的冲突),而且包括组织间的冲突。

如果说组织内的冲突是由于组织内工作的设计、组织结构形式和内部权力的分配造成的,那么组织间的冲突则主要与其生存环境有关。

今天的企业必须利用自己的力量在同其他组织的冲突和合作中取胜,这是组织间的最基本的关系。可以借用"利益相关者"理论对组织间的冲突问题作一解释。

利益相关者,是指影响企业目标的实现或受企业目标的实现影响的个人或团体。而企业与外部的冲突,简单地说,就是企业与外部利益相关者之间的冲突。这些利益相关者,从个人层次来看,有股东、消费者、债权人等;从组织层次看,主要有供应商、竞争者、政府、各类银行等金融机构以及社会公众等,所有这些利益相关者都可能与企业发生冲突。

虽然组织与外部之间的冲突相对更为复杂,但其原理及解决方法与组织内部冲突大致相同,所以,本项目主要讨论组织内部冲突。

二、冲突形成的一般原因

冲突形成的原因一般包括三个方面。

（一）相互依赖性——冲突形成的客观基础

相互依赖性是指两个主体之间的一种相互作用,其中一方任务的完成依赖于另一方任务的成功进行。它反映了在任务完成过程中,某个人依赖于或受其他人支持的程度。研究认为,当任务间的相互依赖加强时,必然会相应地增加相互间的协作、信息沟通和保证行动的相互调整,而这些又会导致大量的不确定性因素。

相互依赖性之所以成为冲突的基础,是因为相互间的依赖即意味着对对方拥有一定的权力,如正式的职权、对某项资源的控制权、某方面的专业知识或其他的权力等。而冲突是与权力分不开的。从组织的角度来看,冲突的产生往往是一方滥用权力的结果,或者是在采用手段方面滥用权力,或者是在欲达到的目的方面滥用权力。

相互依赖关系暗示,一个人行动的结果会受到其他人的影响。正是这种相互依赖性充当了冲突的催化剂,如果一方的行动妨碍了另一方的目标的实现,那么冲突就会产生。但是,并不是说相互依赖性就一定会导致不可避免的冲突发生。事实上,相互依赖性不直接引起冲突,只是引起组织冲突的必要条件,而不是充分条件,冲突是否发生还得取决于其直接原因——彼此之间的差异性。

（二）彼此间的差异性——冲突形成的直接原因

冲突产生的直接原因可以归为彼此之间的差异性。具有一定的相互依赖关系的双方,差异性越大(彼此之间对于要做什么、由谁来做和怎么做等问题),越难达成一致的协议。但由于相互依赖关系的存在使得双方又不能置彼此之间的差异性于不顾,于是这些彼此间的差异性必然伴随着一定的意见分歧,最后导致冲突的发生。

组织中主要存在以下几种差异。

(1)信息差异。信息差异是指双方所获得的信息、了解的事实之间的差异。

（2）认识的差异。即使搜集的信息完全相同，双方由于各种原因也会有不同的结论，因为双方存在背景、文化、地位和观念等方面的差异。

（3）目标要求的差异。相互依赖的双方各自的目标有时不一致而导致一定的差异。

（4）角色差异。组织中的个人都充当着不同的角色，并按照角色的要求而行动。但是个人的角色差异会引起冲突。

从上面的分析可知，具有相互依赖关系的个体，在上述差异存在并达到一定程度时，必然会导致组织冲突。

（三）内在机制不完善——冲突形成的推动力

1. 信息沟通不善

彼此间存在差异而又相互依赖的主体之间，如果能够顺利地进行信息交流，相互理解，那么相互冲突的机会就比较少。然而，在任何组织里都存在大量的不利于信息沟通的因素，如选择性注意、信息过分负载、参考框架的差异、职位的差异、聆听技巧贫乏等，这些因素无形中增加了相互之间产生冲突的可能性。

2. 资源的稀缺性

任何组织都必须依靠外部环境所提供的资源而存在，由于资源具有稀缺性的特点，所以，组织的活动必然会受其制约，当两个或两个以上的主体同时依赖于组织的稀缺资源时，双方之间极有可能因为如何分配资源而发生一些冲突。

3. 内部奖励制度不当

为了激发员工的积极性，组织内部往往会制定一定的奖励或惩罚制度，把员工的行为与组织最终绩效结合起来。但是，这种看似天经地义的制度有时却充当了冲突产生的推动力，特别是当奖励制度针对个人努力而不是整体绩效，针对个别团体而非整个组织时，在客观上更容易导致冲突的产生。因为这时个体行为被看作是完全独立的，而事实上，团体的行为都是相互依赖、相互联系的。所以，一个群体往往会认为，在必要时，可以牺牲其他群体的利益来实现自己的目标，当大家都这么做时，必然会导致冲突的产生。

4. 作为激励手段的竞争机制

很多管理者认为，在工作中必须引入大量的竞争，只有这样才能刺激员工努力工作。其基本原理是：人在有压力时将会生产出更多的产品，即劳动效率更高。于是，在现代企业里，几乎每个部门、每个岗位都让人感受到了一定的竞争压力，似乎自己随时都会有被解雇的可能，那么，这种做法是否合理呢？

研究表明，群体之间的竞争常常导致群体间冲突的增加，生产效率却没有明显的提高；更为严重的是，两个相互依赖的群体之间的竞争反而会使效率下降。

5. 外部环境发生变化

外部环境的变化会促使组织内部冲突的发生。随着环境的不确定性和复杂性的增加，以及竞争的日趋激烈，组织以及其中的各个部门的压力越来越大，必然在组织中产生一定的冲突。此外，在全球化的大趋势下，国际环境对企业的影响已经越来越重要，文化差异引起的冲突已经不容忽视。

6. 特定的事件——引发冲突的导火线

冲突，特别是非现实性冲突的发生，往往与特定的事件有关，这一特定事件通常被称为

"导火线"。引发冲突的导火线可能是一件微不足道的琐事,也可能仅仅是一句话,但它反映了冲突双方在长期的相互作用过程中积累下来的被忽视的矛盾或敌意。

专栏 8-1 杜布林冲突的系统分析模型

著名行为科学家杜布林运用系统的观点来观察冲突问题,提出了冲突的系统分析模型,包括三个要素,即输入、干涉变量和输出。输入是指冲突的根源;输出是指冲突的结果;干涉变量是指处理冲突的手段,手段恰当与否,将影响冲突的结果,而冲突的结果又可能造成进一步的冲突。根据该系统模型,冲突的起因可分为以下八种:人的个性、对有限资源的争夺、价值观和利益的冲突、角色冲突、追逐权力、职责规定不清、组织出现变化、组织风气不佳。

(资料来源:中国人力资源调研网)

三、冲突与组织绩效之间的关系

美国学者布朗(L.Dave Brown)曾对冲突与组织绩效之间的关系进行过考察,他发现在冲突水平与组织绩效之间存在一定的关系:冲突水平太低,组织革新和变化困难,组织难以适应环境,其行为受阻;冲突水平太高,将导致各种混乱,危及组织的生存。冲突与组织绩效之间的关系如图 8-1 所示。

由图 8-1 可知,当组织中的冲突水平过高或过低时,冲突都将起破坏性作用,组织的绩效水平都不高;而冲突水平适中时,它才能起积极作用,冲突与组织绩效之间的关系如表 8-1 所示。

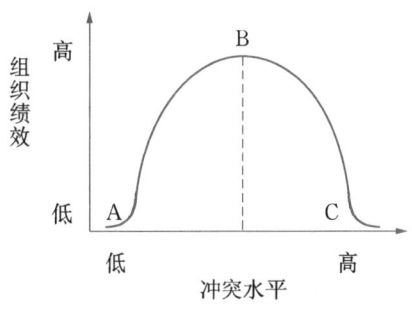

图 8-1 冲突与组织绩效之间的关系图

表 8-1 冲突与组织绩效之间的关系

情 况	冲突水平	冲突类型	组织内活动的性质	工作绩效
A	很低或没有	破坏性	冷漠、停滞不前、对改革没有反应、缺乏创意	低
B	适量	功能性	生活化、能自我批评、能革新	高
C	高	破坏性	破坏性、无秩序、不合作	低

所以,布朗认为,管理人员与其花费大量的精力来防止或解决组织内的各种不协调行

为,不如在组织中维持一个适度的冲突水平。但必须注意的是,尽管前面的论述表明,组织中保持适度的冲突可以导致高的组织绩效,但是组织中的不同意见并不是总能让人忍受,也是很少受到鼓励的。一方面,有一项调查表明,在营利性组织中,冲突对组织决策不利,而且高冲突的决策往往导致低的质量。另一方面,该调查还显示,非营利性组织也认为冲突是不愉快的,但是高冲突的决策却往往与高质量相联系。一个可能的解释就是,非营利性组织进行的决策涉及各种不同团体和个人,这些团体和个人的利益都必须得到满足。决策过程中的冲突有助于使管理者保证各方面利益的满足。

该调查暗示,营利性组织和非营利性组织的管理人员对冲突的反应是不同的。一般地,营利性组织的管理人员可能会否认冲突的存在,并采取回避、抑制或妥协的方法来解决。这样,就极容易导致集体思维的陷阱。所以说,营利性组织的管理人员更需要接受冲突管理的培训。

任务二 熟悉冲突管理的策略与方式

一、冲突管理的重要性

(一)冲突已经成为一种十分重要的组织现象

随着组织所面临的外部环境越来越复杂,以及组织内部劳动分工越来越具体,不同个体之间的冲突现象越来越突出,可以说,无论是对管理者还是对有兴趣研究组织行为和组织过程的自然属性的科学家来说,组织冲突都是一个重要的课题。

(二)冲突管理水平的高低直接影响组织目标的实现

虽然不再认为冲突是组织崩溃和失败的前兆,但是,冲突问题的确已经影响到了组织目标的实现,甚至影响着组织的生存和发展。可以毫不夸张地说,一旦管理者对组织内的冲突问题处理不当,小则引起内耗,导致组织资源的浪费,大则给组织带来灭顶之灾,即使是实力雄厚的企业也难逃厄运。

因此,组织的领导人和管理者必须知道如何有效地控制和管理冲突,应该而且必须学习、研究和掌握管理和控制冲突的艺术和技巧,以达到趋利避害之功效。因为冲突本身无所谓好坏,它对组织的绩效可能有益,也可能有妨碍。

同时,组织理论工作者也必须把冲突管理的研究提上议事日程。组织理论工作者的任务就是帮助管理者认识到冲突问题的重要性以及冲突必须得到充分的管理。他们应致力于发展冲突管理理论,以利于管理者和员工提高自己的冲突管理能力并使冲突管理的成本最小化,可能的话,还应该使冲突转变成为生产力。

二、冲突管理策略

冲突管理在不同的场合有着不同的策略,每种策略在特定的情况下都是有效的,但没有一个在任何场合、任何时候都普遍适用的方法。不论采用什么方法对冲突进行管理,首先都得弄清楚冲突的问题所在,即找出冲突的实质和原因,分清其所处的阶段。针对不同原因引起的冲突,可以采取不同的策略进行管理。

一般情况下,对冲突的管理常采用以下几种策略方法。

(一)"武力解决"法

当双方发生冲突(尤其是有形冲突)时,最容易想到的方法就是通过"武力解决",特别是双方实力悬殊时更是如此,即凭借各自的力量进行一番较量。这时,力量强大的一方,往往会在冲突中获利。但是,实践中表现出的结果也不完全是这样,有时,实力较弱的一方凭着自己的聪明才智,使用各种手腕也能打败对手。如不少实力弱小的一方会采取游击战,或与其他团体或个人结盟,甚至采取讹诈的手段,以求与对手一争高低。

(二)吸收法

有时,在实力悬殊的两个团体或个人之间发生的冲突,并不总是通过斗争来解决的。这也许是实力强大的一方出于长远利益的考虑(因为武力解决只能做到口服而心不服),也可能是双方都对自身的实力没有十分的把握,所以,不少冲突都是以强大的一方吸收弱小的一方而告终,即采用怀柔的政策,把双方的利益结合起来。如为了有效地解决工作中工人与管理者之间的冲突问题,不少企业的董事会中专门设有工人董事的席位,这就是吸收法的典型例子。

(三)回避法

回避法即不问冲突的原因而允许冲突有控制地存在下去,其目的只是缓和冲突,使矛盾不激化。具体做法可以是将冲突双方人为隔离或只允许双方有限制地进行接触,使双方感到冲突并未发生;或者是对发生了的冲突漠然视之,似乎冲突从来没有发生过。事实上,当冲突达到一定的程度时就无法回避了。

尽管回避法对处理冲突问题似乎没有帮助,但它至少在以下两种情况下还十分有效:一是冲突问题是微不足道的,根本没有必要引起管理者的注意;二是冲突是某些更为本质的问题的反映,简单地解决表面冲突不足以解决实质问题。

(四)诉诸上一级领导

正如两个孩子发生争吵时经常找父母一样,组织中的人们也习惯于把个人之间、群体之间发生的各种冲突交给上一级领导来裁决,因为上一级领导拥有处理问题的行政权力。

(五)协商、调解、仲裁

由冲突的双方通过谈判、协商达成一定的协议来解决彼此间的冲突,也是常用的方法。协商时双方公开自己的观点,阐明各自的意见,把冲突因素明朗化,共同寻找解决冲突问题的途径。但是通过协商来处理冲突,只能使冲突问题暂时得到缓解,其根源依然可能再次出现。

当协商无效时,可以由双方都信赖的、具有一定权威的第三方人士出面,对双方的冲突进行调解,调解无效时进行裁决;或者是完全依靠法规来解决冲突。但仲裁法容易使输掉的一方心理受挫,有一种被强迫的感受,当然,这正是仲裁法的优势之所在——强制性。

专栏 8-2 托马斯人际关系处理的二维模式

托马斯二维模式以沟通者潜在意向为基础,以试图使他人的关心点得到满足为横坐标,以试图使自己的关心点得到满足为纵坐标,定义冲突行为的二维空间。一维是武断程度,另一维是合作程度。这两维相互作用共产生五种处理方式,即竞争、合作、妥协、迁就和回避。

(资料来源:中国人力资源调研网)

三、冲突管理的具体方式

在多种因素的作用下,冲突双方可以选用各种不同的策略来处理冲突问题。而且,随着冲突局势的变化,双方所选用的策略必须有所变化,并不存在普遍适用的、固定不变的策略。不过,这些策略及影响因素只是为冲突问题的解决提供了一个思想基础,冲突的具体解决即管理策略的运用还需要一些具体的实施方式。

通常可以把冲突管理的具体方式分为两大类,即由冲突双方自己处理和由第三方来管理。

(一)冲突双方自己处理冲突问题

冲突双方可以通过回避冲突问题,任其自由发展;或采取非正式磋商的方式,进行相互沟通,消除彼此之间的误会来处理冲突;也可以进行正式的谈判,经过一番讨价还价使冲突问题得到解决;当然,也不排除冲突双方通过武装械斗等超越规则或法律范围的方式解决冲突的可能性。但其中运用最多、也是研究最多的方法就是谈判。

谈判是指两个或两个以上、既有冲突又有一致利益的个体,相互公开意见,就某些重大问题进行磋商以求达到可能的协议的行为。谈判的结果有不同情况:胜—胜,胜—负或胜负均衡,其关键在于谈判双方的力量和态度。冲突双方之间能进行谈判,则意味着双方承认彼此间有一种依赖关系,并且冲突结束以后依赖依然存在,因此自愿地从敌对转为合作——谈判。谈判又可以分为分配性谈判和整合性谈判,不论哪种谈判都应注意,不要使谈判成为一场决定胜负的斗争,而应该使它成为一种解决问题的程序。

(二)由第三方来管理

当冲突双方自己处理冲突的努力以失败而告终,或者外部的其他方(特别是作为冲突双方共同的上司)认为有必要时,就可以由第三方来管理冲突。由第三方进行的冲突管理通常有两类具体方法。

1. 以个人身份介入的第三方

当冲突双方谈判失败,或谈判中遇到困难时,中立的第三方的介入是有必要的。调解者并不是要判断双方的是非曲直,而是要让双方了解其相互依赖的关系,由敌对态度转化为合作,即进行真诚的谈判。通常组织中冲突调解的第三者会由双方共同的上级充当。充当调解的第三者说起来容易做起来却难,因为有效的调解需要足够的经验和技巧。首先,调解者要能洞悉、明察组织冲突问题,特别是了解其根源和本质;其次,调解者必须知道如何在适当的时候介入,并打破僵局;最后,调解者必须为双方所接受,并使其调解结果有保障。

2. 冲突管理系统

除了以个人身份介入的第三方外,组织也可以作为第三方来管理组织中的冲突问题,这时,组织往往要设计一定的冲突管理系统。

如何避开错误决策的四个陷阱

组织内的冲突管理系统有时会改变双方之间产生冲突问题的基础——相互依赖关系,特别是针对团体之间产生的冲突更是如此。常用的管理方法有:

(1) 改变奖励机制。改变奖励机制可以把必须由相互依赖的双方共同努力实现的目标作为奖励的标的,即奖励针对更多的成员,而不只是给予其中某一部门或某个人。

(2) 设置一定的缓冲物。可以在容易发生冲突又不得不相互依赖的双方之间设置一定的缓冲物。如,用增加流动资金、让每个部门自己控制一定的资源的方式减少双方对资源的争夺;用引进一定量缓冲存货的方式,减少有业务顺序依赖关系的双方在操作时间上发生的冲突等,以降低相互间的依赖程度,减少发生冲突的可能性。

(3) 重新设计组织结构。重新设计组织结构是为了彻底消除产生冲突的根源,最有利于解决团体之间的冲突。如常见的矩阵组织结构就是一个很好的例子,其中既有横向的职能分工而形成的职能部门,又有纵向的按项目划分而形成的项目小组。矩阵组织结构很好地协调了各职能部门间的关系,因为其成员不但有能力而且有动力搞好彼此间的协调,不会存在狭隘的局部利益观点。

任务三 组织沟通

在管理理论中,"沟通"一词与"组织"一词一样,应用广泛但难以定义。通常的理解是指人与人之间传递和接收某种意义的符号化信息的过程。也就是说,沟通是人与人之间的信息交换和相互理解,有效的沟通还有利于减少组织中不必要的冲突发生。成功的管理者必然是高效的沟通者。

一、有效沟通的 12 种障碍

如果不能有效地沟通,就可能会引起冲突从而也会阻碍有效地进行冲突管理,人们的沟通能力也会在冲突中不断下降。罗伯特·波尔顿(Robert Bolton)曾列举了 12 种沟通障碍,这些障碍可分为三大类,即评判、提供解答、避开别人的关心点。

1. 评判型的障碍

(1) 评论。不恰当且过度的评论常常称为批判,它导致防御以及进攻性的反应。作为促使别人改进或表现更好的一种方法,评论往往是合理的。

(2) 谩骂或扣帽子。通过给别人戴一顶"帽子"而在自己和他人的距离之间设置障碍。

其结果往往是拉大自己和他人的距离。

(3) 吹毛求疵。一种更加复杂的扣"帽子"形式,它往往是各种各样的专业人员所为。它因为与扣"帽子"一样的理由而有害于沟通。

(4) 品头论足。无休止的夸赞往往不诚实且空洞。如果使用者别有用心,它也就变成使用不当了。其结果常常是使对方恼羞成怒。

2. 提供解答型障碍

(1) 命令。若命令下达时带有强制性,它就会引起对方的抗拒和愤怒。导致的反应可能是从破坏到屈从。

(2) 要挟。要挟的影响与命令相同,但其作用更为显著。

福特汽车公司人情化的员工管理

(3) 说教。波尔顿把这种行为描述为"人们给替他人找答案披上合法外衣"。说教会引起许多问题,如对方的愤慨、更加忧心忡忡,它常常使沟通变得虚情假意。

(4) 过度或不恰当的提问。提问是沟通不可避免的且有价值的工具。但若用得过多就会引起厌烦和人们之间不必要的距离。

(5) 告诫。告诫有时候是很有价值的,但若运用不当(常常如此)就会损害对方的信心,或不能提高他或她自身解决问题的能力。它往往有碍于对问题进行全面的解释。

3. 避开别人的关心点

(1) 转移话题。话题转移常用来避免不愉快、不适宜或不舒畅的感觉。

(2) 逻辑矛盾。逻辑是必然存在的,有时候通过逻辑分析可以缓和矛盾,有助于沟通。但是当有逻辑矛盾时,或者说沟通的双方产生逻辑上的矛盾时,便制造了沟通距离,它会使沟通更为困难。

(3) 千篇一律。有时候重复刺激是避免争论性问题出现的方式,它提供舒适的气氛。但在有的情况下,它会使被重复刺激者产生挫折感。

二、沟通的渠道

为了减少因沟通而引起的冲突问题,有必要对组织沟通渠道有个基本的认识,组织的沟通渠道主要分为正式沟通和非正式沟通。

(一) 正式沟通

正式沟通是根据组织部门分工与层级所建立的报告系统,该报告系统包含由高层级往低层级的往下沟通、由低层级往高层级的往上沟通、平行沟通、多向与多面的网络沟通等多项内容。因此,正式沟通又可分为:

(1) 下行沟通。下行沟通是指信息在组织内部从较高的层次,沿着分工后形成的等级链,向较低级别层次传递的过程。它的最典型的表现就是上级向下级下达命令、分配任务等,这些信息具有命令性、强制性。因为与上级之间的沟通情况直接影响组织成员个人目标的实现程度,也影响着与上级之间的关系,所以,一般来说,下行沟通受到普遍重视。但是,有时也因为组织层次过多,信息传递路线过长,以至于信息在向下传递时被贻误,或者被下级人员所曲解。

(2) 上行沟通。上行沟通是指组织中的信息,按照等级链,由下向上逐级传递的过程,是下行沟通的逆过程。其典型形式就是下级向上级领导请示、汇报情况、反馈信息等。

（3）平行沟通。平行沟通又可称为横向沟通,是指发生在组织内部同一层次的成员之间的信息沟通。在工作设计的过程中,有些平行单位之间要求进行密切的合作,否则整体任务就不可能完成,这时,这些部门之间就经常需要进行各种平行沟通。平行沟通往往是双方在完成自己工作的时候,谋求与平行单位的协作配合,所以,它不具有命令性或强制性,双方之间更多的时候是相互协商。

（4）网络沟通。网络沟通是发生在组织中不同层次、不同部门之间的一种多向的和多维的信息沟通,由于它所涉及的范围较广,所以信息传递迅速、影响大。

(二) 非正式沟通

社会上存在着一些由同学、同乡、同事与同宗关系等形成的"小圈圈",能结成圈是因人的社会关系自然形成的。这些"小圈圈"常无形地存在,通常并无一定的结构。西方管理学理论上称这些"小圈圈"为非正式组织。它与正式组织不同,故称之为非正式组织。

非正式沟通主要利用非正式组织进行沟通。在非正式组织中进行传播的信息通常被称为"小道消息"。利用正式组织沟通"不畅"时,可运用非正式组织进行沟通,如果这"小圈圈"的影响力够大,常会发挥出意想不到的成效,不仅组织内如此,一般人际往来上也可善加利用。

当正式沟通缺乏时,传言就会因之而起,引起组织内部的动乱,此时非正式沟通常是人员获得信息的唯一方法,所以可以成为组织的另一个沟通渠道。

应该引起重视的是,非正式沟通有其优点,但利用时仍要注意其所带来的隐患,只有健全的正式沟通渠道,才能真正解决沟通上的问题。

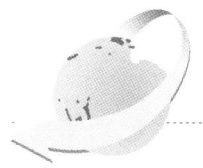

项 目 小 结

冲突是组织在存续过程中经常出现的一种普遍现象,它实质上是两个或两个以上的相互依赖的个体间的一种互动关系。按组织冲突发生的层次来划分,组织冲突可以分为个人层次的冲突、团体层次的冲突和组织层次的冲突。一旦冲突发生,不管是建设性冲突,还是破坏性冲突,都必须及时进行管理。成功的管理者必然是高效的沟通者,有效的沟通有利于减少组织中不必要的冲突发生。如果不能有效地沟通,就可能会引起冲突,从而也会阻碍有效地进行冲突管理,沟通能力也会在冲突中不断下降。

项目八　冲突管理

复习思考题

1. 引起企业员工冲突的一般原因是什么？
2. 简述冲突与组织绩效之间的关系。
3. 如何进行冲突管理？
4. 列举阻碍有效沟通的障碍。

阅读资料

自我测试解决冲突的风格

此问卷可以帮助了解在处理人际冲突时，可能会选择的战略以及在面临压力时处理冲突的风格。打分标准：

1：完全不同意；2：不同意；3：有点不同意；4：无所谓；5：有点同意；6：同意；7：非常同意。

当与他人发生冲突时：

1. 回避对方；
2. 换一个中性的话题；
3. 试图理解对方的观点；
4. 试图将冲突变成一次玩笑；
5. 认真倾听对方的谈话；
6. 即使不认为自己错了，也会承认自己错；
7. 退让；
8. 要求得到比预想还多的东西；
9. 运用自己的支配力不让对方达到目的；
10. 试图找到与对方的异同点；
11. 试图达成妥协方案；
12. 假装同意；
13. 向解决问题的方向努力；
14. 请另外一个人来评判是非；
15. 提出一项双方都各有所得的方案；
16. 威胁对方；
17. 奋战到底；
18. 试图弄清对方的目标；
19. 抱怨，直至随心所欲；

20. 退让,但要让对方知道我的苦衷;
21. 道歉;
22. 放弃某些观点以换取其他的东西;
23. 争取最好的结果,不管这个结果是什么;
24. 推迟讨论问题;
25. 寻找中间地带;
26. 避免伤害对方的感情;
27. 把一切问题都摆到桌面上;
28. 牺牲自己的利益以维持与对方的关系;
29. 折中双方的立场;
30. 让对方提出解决办法;
31. 试图强调双方的共同点;
32. 试图让对方提出妥协方案;
33. 试图说服对方信服己方的论证逻辑;
34. 试图满足对方的目标。

处理冲突的风格得分:
合作型:选项3、5、10、13、18、27、31。总分:_____
妥协型:选项11、15、22、25、29、32。总分:_____
顺从型:选项6、7、20、21、26、28、34。总分:_____
控制型:选项8、9、16、17、19、23、33。总分:_____
避免型:选项1、2、4、12、14、24、30。总分:_____

处理冲突的风格特点分析:

合作型。他们对待冲突的立场是:维持人际关系,确保双方都能达到个人目标。他们对待冲突的态度是:一个人的行动不仅代表自身利益,而且也代表对方的利益。当遇到冲突时,他们会运用适当的冲突管理方式来控制局面,这种合作方式要求冲突双方都采取"双赢"立场,而且需要时间、毅力和创造力。

妥协型。他们对待冲突的立场是:既要考虑目标又要考虑双方关系。这种风格以说服和运用技巧为特点,其目标是找到某种权宜性的、双方均可接受的方案,使双方利益都能得到满足。

顺从型。他们对待冲突的态度是:不惜一切代价维持人际关系,很少或不关心双方的个人目标。他们把退让、抚慰和避免冲突看作维护这种关系的方法。这是一种退让或非赢即输的风格,其特点是:对冲突采取退让的立场,容忍对方取胜。

控制型。他们对待冲突的方式是:不考虑双方关系,采取必要的措施,确保他们的个人目标得以实现。他们认为,冲突非赢即输,只有对方顺从才能体现他们的地位和能力。这是一种支配导向型的方式,即可以使用任何支配力来维护一种自认为是正确的立场。

避免型。他们对待冲突的立场是:不惜一切代价避免冲突。其中心思想就是逃避,因而会使各方都很沮丧。个人目标通常不能满足,人际关系也不能维持。这是一种撤退的风格。

(资料来源:希尔特洛普·尤德尔.刘文军译.如何谈判.)

项目八　冲突管理

案例分析

通用电气冲突管理案例

在通用电气,韦尔奇经常参与员工面对面的沟通,与员工进行辩论,通过真诚的沟通直接诱发同员工的良性冲突,从而不断发现问题,改进管理,使通用电气市场价值提升,也使他成为有号召力的企业家。美国组织行为学家罗宾斯认为:"冲突是一个过程,这种过程始于一方感觉到另一方对自己关心的事情产生消极影响或将要产生消极影响"。管理决策学派的代表人物西蒙把冲突定义为:"组织的标准决策机制遭到破坏,导致个人和团体陷入难于选择的困难"。曾任国际冲突管理课程协会主席的乔斯沃德教授认为:"冲突是指个体或组织由于互不相容的目标认知或情感而引起的相互作用的一种紧张状态",他认为一个人的行为给他人造成了阻碍和干扰就会产生冲突,冲突和暴力、争吵是两码事。

问题:

你认为冲突管理的好处是什么?如何更好地处理冲突?

实践练习

本练习采取角色扮演的方式进行训练,并通过角色互换,使每一个同学都有机会体验听(倾听者)、说(信息提供者)、看(旁观者)等角色。借此以提高学员的倾听技能。

游戏规则:

本练习共分两个步骤,其中步骤一练习三次,每次要求角色互换一次,使每个学员都能扮演三个不同的角色。

步骤一:每3个学员分为一组。

角色分配:学生甲扮演张厂长,学生乙扮演王总经理,学生丙扮演观察者。

阅读各自的角色材料(只看自己的那部分材料),大约5分钟。

张厂长与王总经理进入角色进行面谈,观察者开始观察,大约10分钟。

观察者谈自己的所见所闻,约3分钟。

步骤二:完成步骤一后,学员们可在班上交流各自的体会,并回答下列问题:

1. 作为倾听者,张厂长和王总经理分别从对方处了解到什么新信息?在他们的倾听过程中是否出现过什么障碍?

2. 作为倾听者,张厂长和王总经理应怎样运用反馈技巧使倾听更为有效?

3. 通过练习,你是否已经体会到在人际沟通中,倾听技能是十分重要的?

张厂长的背景材料

现在,你就是张先生。你今年40岁,是永光无线电子厂厂长。永光无线电子厂是永光电子有限公司下属一分厂。由于厂部业务的扩展,需要增设一名分管采购和销售的副厂长。对于这个副厂长的人选,你心里早已有个候选人,此人就是现任采购科科长的小李。小李今年38岁,身体健康,业务熟悉,交际能力强,而且人品不错。

然而,就是这样的一个人,公司王总经理却有不同意见。王总刚才打电话来,要你去总经理办公室谈关于副厂长人选的事。

你认为,目前在厂里除了小李外,没有更合适的人选。可是听王总的口气似乎他另有一个候选人。"不管怎样,"你思忖着,"这个候选人必须年富力强、有开拓精神、熟悉业务,同时还要有一定的群众基础"。想到这里,你便快步走向总经理办公室。

现在你将练习倾听技能了。

王总经理的背景材料

你,就是王总经理,现年56岁。这几天,你正在为永光无线电子厂副厂长的人事安排犯愁。

本来,你心里早已有谱:让公司人事科科长老刘当副厂长。老刘这人,十分忠厚,打从公司初创之日便跟随自己,在公司做了二十多年的科长,让他当副厂长,资格应是没问题的。不过前几天,永光无线电子厂张厂长却推荐该厂采购科科长小李作候选人。小李这人,你曾见过,年纪很轻。现年大概不过35岁吧。你认为年轻人办事有时过于轻率,做副厂长尚嫌太嫩。

然而,听张厂长的意思,这个副厂长的人选非年轻人莫属。这个张厂长,有时也很固执。就永光无线电子厂副厂长候选人之事,你准备找张厂长亲自谈一谈。

现在,你将运用倾听技巧进行角色操练了。

观察者的阅读材料

在角色扮演练习过程中,你应注意以下情形:

1. 作为倾听者,王总对张厂长的表述是否表示出兴趣?

2. 在倾听过程中,王总是否对张厂长的表述作出客观的评价?

3. 在倾听过程中,王总是否表现出非言语的暗示?

4. 在倾听过程中,王总是否有能力引导表述者?

5. 通过倾听,王总是否意识到张厂长确实想物色一名德才兼备,且年富力强的候选人?

6. 在倾听过程中,王总是否认识到他对小李的了解是不够全面的?事实上,小李确实是一位不可多得的年轻人才。

7. 在倾听过程中,张厂长是否与王总发生争执?王总是否运用倾听技巧设法让张厂长安静下来?

项目九　职业安全与健康管理

◇ **学习目标**
1. 了解职业安全、职业健康、安全管理和健康管理的定义。
2. 掌握劳动过程中的不安全因素、工伤事故及其主要原因。
3. 熟悉劳动安全管理的方法与措施。
4. 了解职业病、职业病种类和职业危害因素。
5. 了解《中华人民共和国安全生产法》和美国的《职业安全与健康法案》。

项目九　职业安全与健康管理

导入案例

新星林业机械厂的劳动安全管理

新星林业机械厂在劳动安全管理工作上积极推行厂长、车间主任"一把手工程",贯彻执行"安全第一,预防为主"方针,充分发挥职能部门作用,大力投入资金改善工作环境和条件,改造设备,全厂上下齐心协力,使安全管理工作取得了斐然的成绩,连续6年无死亡、重伤和轻伤事故,使安全生产工作登上了一个新台阶。

在"一把手工程"的实施过程中,该厂还注重安全管理工作的开展。实施过程中,厂长、车间主任亲自过问、亲手抓的同时,充分发挥安全管理机构的作用。定目标,定职责,给权力,这是实施"一把手工程"的重要内涵。定目标、定职责是指把安全防火目标、职责落实到各职能部门,再分解到科室成员,并与职务和工资挂钩。给权力是指给予事故处置权、奖罚权、工人上岗操作考核权、建议权和安全工作一票否决权,对事故进行调查处理,对违章单位、人员进行处罚,对不重视安全的基层单位领导撤销职务,对工厂安全生产工作提出改进意见和合理化建议,年终评比对严重违规单位实行一票否决。

林业机械厂加大资金投入力度确保"一把手工程"安全工作落实。实施安全"一把手工程"以来,对安全工作加大了资金投入,使得生产安全得到保障,企业效益得到提高。资金的大量投入确保了安全管理"一把手工程"的实施和生产经营上的良性循环,起到了积极的推动和促进作用。

全体员工认真实施安全管理"一把手工程",主动自觉地去实施,防微杜渐,及时消除隐患,把事故消灭在萌芽之中,使得林业机械厂不断稳定、发展和壮大。

任务一　了解安全与健康管理的概念

一、安全与健康管理的定义

职业健康安全可定义为:"影响工作场所内员工、临时工作人员、合同方人员、访问者和其他人员健康和安全的条件和因素。"

职业安全是指人们进行生产过程中没有人员伤亡、职业病、设备损坏或财产损失发生的状态,是一种带有特定含义和范畴的"安全"。

职业健康是指在从事各类职业活动过程中职业人群身心处于良好的健康状态。它是一门属于健康科学范畴的综合性新兴学科。内容包括职业环境监测(车间环境、作业环境、个体接触环境)与生物学监测、职业性健康监护、建设项目环境影响评价和健康危险评价、健康危险度管理。

现代安全管理是指以消除人的不安全行为和物的不安全状态为中心,强调以人为核心的安全管理,把安全管理的重点放在激励职工的士气和发挥其能动作用方面。

二、安全与健康管理的重要性

近些年来,我国国民经济一直保持着世人瞩目的高速增长,作为社会进步重要内容之一的职业健康安全工作不容忽视,工伤事故时有发生。

我国职业病危害行业集中趋势明显,职业病危害主要分布在采矿、制造、冶金、建材等行业。

我国建立完善了国家职业病及危害因素监测和职业病报告体系。监测病种由原来的10种职业病扩大到所有职业病病种,重点职业病监测范围向县(区)延伸,监测病种和范围已逐步扩大至全因素和上岗前、在岗期间、离岗时和应急健康检查等全部职业健康检查类型。针对工伤事故和职业病高发行业,从多方面采取预防措施,推动安全治理模式向事前预防转型,切实保障劳动者的生命健康权益。完善法规与标准,强化行业规范。推动技术升级,推广机械化、自动化及智能化监测。加强职业健康管理,开展检查监测,建设康复站。强化教育培训,要求企业负责人和特种作业人员培训。完善工伤保险,扩大覆盖并调整待遇。还针对新兴行业和特殊领域制定防护措施。逐步构建了"源头预防、过程控制、综合治理"的职业病和工伤事故防控体系,推动安全生产形势持续好转。2024年全国重大事故隐患存量较2023年减少70%,重点行业事故发生率同比下降15%。

任务二　安　全　管　理

"以人为本"的观念已成为现代管理学的主流,这是因为,事关一个组织兴衰成败的最大变数是人,是人才。沿着这样的思维轨道行进,管理者对员工安全与健康问题的关注,就不再仅仅是出于慈善与人道主义的缘故,而是客观情势的一种必然要求。正因为如此,建立一套完整的安全与健康保障体系,逐渐成为人力资源管理研究中的一个热门话题。

一、安全管理

(一)劳动过程中不安全因素分析

劳动过程中的不安全因素主要分为人为因素、生产环境因素、物质危害、有害能量和管理的因素等几个方面。

(1)人为因素,是指由于人的操作失误、指挥失误、违章犯规、管理失误等构成的不安全因素。

(2)生产环境因素,是指由于气象和物理原因,造成生产环境变化的不安全因素。

(3)物质危害,是指生产系统中具有有毒、有害、易燃、易爆性质的原料、材料、燃料及工业排放废物等构成的不安全因素。

(4)有害能量,是指生产系统中能源释放的有害能量。

(5)管理因素,是指劳动组织不合理、安全教育不完善、机械设备保养管理不当等。

当然,劳动是人对自然的斗争,这种斗争本身具有一定的不安全性。人对自然的认识远远没有穷尽的时候,对人类而言自然界永远存在未知数,这种未知数就是不安全因素。科学技术的发展,推动了劳动安全保障水平的不断提高,消除了劳动中某些不安全因素,但同时,随着新技术、新工艺、新设备的出现,又会形成或再制造新的不安全因素。因此,加强对劳动者的保护,消除工作中的安全隐患,只能起到尽可能避免而不是完全消除不安全因素的作用。

（二）工伤事故及其主要原因

工伤事故是指从事生产与工作时发生的伤亡事故。凡是员工在生产或工作岗位上从事生产活动时所发生的事故，或虽不在生产岗位上，但由于企业设备或劳动条件不良引起的员工伤亡，都是工伤事故。按安全事故的严重程度，伤亡事故可分为死亡、重伤、轻伤等种类。经医师诊断可能成为残疾的均为重伤。例如，严重的骨折、严重的脑震荡、严重的烧伤、内脏损伤、严重断指等，都属于重伤。

生产经营中引起的伤亡事故的原因是复杂的。大致可概括为机械的原因、化学物质的原因、温度的原因、爆炸的原因和电流的原因。

（三）引发事故的心理因素

发生事故的原因虽然很多，但归纳起来，不外乎是人、物、环境等多种因素综合作用的结果。物和环境皆属外因，人的因素是内因。外因影响内因，并通过内因发生作用。当内部心理活动的运作发生错乱之时，加之外因的作用，事故也就不可避免了。在实际工作中，影响安全生产最常见的心理因素大致有以下几种。

1. 过于自信

认为自己有本事，过于自信而不愿意向他人学习，怕丢"面子"、伤自尊。员工怀着这种盲目的自信心理从事工作，在遇到异常情况时，往往由于无心理准备而措手不及，酿成事故。

2. 自我表现

这种心态在年轻人身上表现得较为突出。他们虽然工作经验不足、技能不高，但有较强的自我表现欲，喜欢在别人面前表现自己，尤其是喜欢在异性面前表现自己，不懂装懂，一知半解，乱摸乱动。

3. 急于求成

一些所谓急性子的人就是受这种心理支配。这些人遇事求成心切，草率了事，一味求快，不按规程行事，忽视安全。

4. 侥幸心理

完成某种操作，有时可以采取几种不同的方法，其中安全操作方法往往比较复杂，而某些存在侥幸心理的人，图省事，常把安全操作方法视为烦琐，理由是"不一定出事故"。的确，不按安全操作方法不一定出事故，但把"不一定"这种"偶然"当作"一定不"的"必然"，那就为事故的发生种下隐患。有些人明知违章也要去冒一冒风险，一旦侥幸成功，以后就作为一种"经验"采用。这种想法与做法是十分危险的。

5. 片面经验

有些员工爱凭自己片面的"经验"办事，听不进别人合乎科学道理的劝告，总是讲"我多少年来一直是这样干的，也没出事故"。其实，违反科学道理，必然要受到客观规律的惩罚，只不过是时间迟早的问题。

6. 逆反心理

往往表现在被管理者与管理者关系紧张的情况下。管理人员愈是说不能这么干，他却偏要这么干，哪怕从理性上说，自己也知道不能这么干。这种逆反心理常致使事故发生。

7. 惰性心理

有的人由于性格上的懒惰,虽然发现了异常现象,但为图省事,不去认真分析问题、考虑对策、及时报警或者明知作业条件、作业对象有变化,仍按原来的办法和程序去处理,从而导致了事故的发生。

要减少事故,保证安全生产就要了解生产过程中人们的心理活动规律,如感知规律、思维规律和情绪发生、发展的规律,研究这些规律与事故发生的相互关系。同时,加强安全教育、完善组织制度和操作技术方面的安全措施,限制和避免那些容易使人产生不正常心理反应和错误操作行为的各种主、客观因素,对于保证人们在生产过程中的人身安全和企业正常生产秩序具有极其重要的意义。

(四) 加强劳动安全管理的方法与措施

研究安全管理的目的是降低事故发生率。一般可从以下两方面来达到人与劳动环境的最佳组合,提高劳动安全。

1. 运用工程心理学方法,加强安全技术管理

工程心理学认为,降低事故率的方法就要改变工作环境,使之更适应人的能力和特点。因此,需要对工作场所进行细致的分析,设计工具和机器设备,诊断环境设计中的不安全因素。下面分别介绍生产经营过程中必须达到的最基本的安全技术要求。

(1) 厂房、建筑物和道路的安全措施。维护厂房、建筑物和道路的安全,能够为劳动者进行生产活动提供安全的劳动环境,因此,建筑物(厂房)必须坚固,以防垮塌。如果有损坏或危险的征兆,应该立即修理。动力间、锅炉房、瓦斯发生室应与其他工作间隔开,以防火、防爆炸等。动力、锅炉和其他有爆炸危险的厂房的屋顶要求轻便,楼房应设置安全楼梯和其他便于脱险的设备,以便于防爆救灾。

厂院内交通要道必须平坦、畅通,夜间要有足够的照明设备。道路和轨道交叉处必须有明显的警告标志、信号装置或落杆。为生产需要所设的坑、壕和池,应该有围栏或盖板。

(2) 工作场所的安全措施。工作场所是劳动者日常进行劳动生产的地方,必须要保持整齐清洁,符合安全生产的要求。机器和成品、半成品的堆放必须不妨碍生产活动的正常进行和人员通行。废料应及时清除。在易使脚部潮湿、受寒的工作地点,要设木质站板。工作地点局部照明的照明度应该符合操作要求,也不要光线刺目。通道也要有足够的照明。

(3) 机器设备安全措施。机器设备是劳动者进行生产活动的劳动工具,必须采取安全措施,以防止机械性作业所造成的工伤事故。由于机器设备的性能和特点不同,应规定不同的安全措施。传送带、明齿轮、砂轮、电锯、皮带轮和飞轮等危险部分,切忌暴露在外,必须有外壳防护装置。压延机、冲压机、碾压机、压印机等施压部分,必须有安全装置。起重机应标明起重吨位,并有信号装置。机器的传动部分要设置制动和自动加油装置或蓄油器(如用人工加油,必须备有长嘴注油器)。

(4) 电器设备的安全措施。电器设备容易发生电击、电伤等事故,必须采取预防触电、防火等措施。电器设备和线路的绝缘必须良好。裸露的带电导体要安装在碰不着的地方,否则应设置遮挡和警告标志。电器设备要装有可熔保险器或自动开关。电钻、电镐等手持

电动工具,必须采取保护性接地或接零的措施。

(5) 动力锅炉的安全措施。锅炉和压力容器的爆炸事故会造成重大伤亡和火灾,危害极大,必须有预防措施。动力锅炉必须装有准确、有效的安全阀、压力表和水位表。建立保养、检修和水压试验制度。锅炉的运行工作,要由经过专门训练并考试合格的专职人员担任。

2. 动机—培训方法

动机—培训方法,又称劳动社会模型。这种降低事故的方法与其他方法有明显不同。主张这种方法的人认为,需要对员工的安全行为进行动机上的激励,让员工认为采用安全行为是有理由的。按照常理来看,员工多认为安全行为的"理由"是保护生命和肢体的健全,但是,实际情形并不一定如此。事实上每天仍有大量的事故在发生,其原因是:①工厂忽视对安全生产的培训和教育;②安全行为很少受到管理人员或同伴的奖励;③安全行为需要花费更多的能量;④员工每天都在采用不安全的行为,而事故的发生率相比之下很低;⑤在许多劳动场所中,采用不安全行为往往被认为是一种"英雄式"的举动。正因为如此,采用激励培训手段来提高安全行为,降低事故率是一种行之有效的手段。

(1) 加强安全生产教育。安全教育,是指对员工进行劳动安全政策和专业安全知识等方面的教育。我国《劳动法》第五十二条明确规定:用人单位必须"对劳动者进行劳动安全卫生教育"。通过安全教育,树立安全生产的思想。

安全教育的内容包括思想教育、法规政策教育、安全技术知识教育以及典型经验和事故教训教育等,并采取多级教育方式(即入厂教育、车间教育和岗位教育)、特殊工程的专门训练和经常性安全教育等形式,力争将安全教育落到实处,提高员工安全生产的意识。

(2) 激励的培训方案依赖于组织的重视与实施。管理层对于安全的重视是安全方案得到贯彻的重要因素。任何新的安全措施,即使为增进安全所进行的各种宣传措施(如标语、宣传画、规章等),也只有在管理人员的支持下,才可能成功。若没有管理人员的支持,这些措施并不能降低事故率。领导者不力,管理的不善,对安全保护没有引起足够的重视,安全教育工作抓得不好,安全措施制定、落实不力,都容易发生事故。

(3) 加强安全生产检查。以激励培训方法降低事故,进行安全生产,要求组织采取更为主动、更为直接的方式来实施安全措施。不仅用人单位本身对生产中的安全卫生工作要进行经常性的检查,劳动部门、产业主管部门也要联合组织定期检查,工会亦有权对企业安全情况进行检查、组织评比活动。

安全生产检查工作还应同评比、奖惩、整改措施等工作结合进行,边查边改,条条有着落,件件有交代,从而促进劳动条件的改善。当然,在实施奖惩策略时,组织应该多鼓励安全行为,而不是等到不安全行为表现出来后再进行惩罚,即多采取正面强化手段来激励员工的安全行为。

(4) 采用人事选择的方法来降低事故,提高安全管理水平。该方法即利用个体差异来预测事故的发生,预测方法有团体预测和个体预测两种。此法对于那些危险程度高的职业(如司机、飞行员等)尤为重要,已成为提高安全生产的重要手段。

任务三 健康管理

一、职业病

员工肌体的机能状态和健康状况,由于受到生产工艺、作业过程或外界环境因素的不良影响,而受到一定的毒害作用,称为职业性毒害。长期受毒害作用引起的疾病,称为职业病。

根据我国《职业病分类和目录》和目前的生产技术条件,危害员工健康和影响生产比较严重并且职业性比较明显的职业病有下列几种:

职业性尘肺病及其他呼吸系统疾病、职业性皮肤病、职业性眼病、职业性耳鼻喉口腔疾病、职业性化学中毒、物理因素所致职业病、职业性放射性疾病、职业性传染病、职业性肿瘤和其他职业病。

二、职业危害因素

职业危害因素较多,按其性质可以分为三类。

1. 与生产过程有关的毒害

(1) 化学因素及物理化学因素的毒害。主要包括:金属及非金属化合物,如铅、镉、氧化锌等;有机化合物,如苯、汽油等;生产性粉尘,如矽尘、石棉尘等;刺激性及窒息性气体,如硫酸、氨、硫化物等;化学农药,如杀虫剂、杀菌剂等;高分子化合物,如合成橡胶、塑料等。这是引起职业中毒和职业病最为多见的有害因素。

(2) 物理因素的毒害。主要包括:异常的气象条件,如高温、强烈的热辐射等;异常的气压,如高气压、低气压等;各种电磁波和各种能量的辐射,如无线电波、红外线、紫外线、X射线和放射性元素蜕变性发射的 α、β、γ 射线以及中子等;振动和生产性噪声;等等。

(3) 生物因素的毒害。主要包括各种病原微生物、寄生虫等的侵袭和感染,如炭疽杆菌、硬蜱虫等。

2. 与劳动过程有关的有害因素

这类因素是由于劳动组织和劳动制度不合理所致,如作业时间过长,劳动强度过大,劳动安排与员工生理状况不相适应,长时间处于某种不良体位或使用不合理的工具,个别器官或人体系统过度紧张等。

3. 生产环境的卫生条件不良造成的危害因素

这类因素包括厂房低矮狭小、布置不合理、通风照明不良、缺乏防寒保暖及防暑降温设施、防护设备不良等。

职业危害因素(主要是生产性有害因素)对人体造成不良影响及其危害大小,还要依其剂量(包括浓度及强度)、人体与其接触时间及程度、员工的个体因素、环境因素以及几种有害因素相互作用等条件的不同而有所不同。

三、预防职业病和减轻职业性毒害的综合性措施

对职业病患者实行工伤保险,只能保障职业病患者的生活需要,并不能解除职业病患者

遭受疾病折磨的痛苦。为了保护劳动者的健康,不仅需要治疗职业病,更重要的是防患于未然。为此,必须采取综合性预防措施。

1. 技术措施

(1) 采用新技术,改革旧工艺。用无毒、低毒的原料、燃料、材料取代有毒、高毒物料;以机械化、自动化取代在有毒工作环境内的手工操作;改革工艺以防止和减少生产过程中有毒物质的产生和溢出。

(2) 密闭、隔离。一种方式是对尘源、毒源和热源密闭,防止危害因素扩散;另一种方式是将工人操作地点设在隔离室内以及实行仪表控制和远距离操作等。此外,应加强对密闭设备的管理,防止跑冒滴漏现象的发生。

(3) 通风和回收净化。通风分为全面通风和局部通风,自然通风和机械通风。局部的机械通风一般用于空气含毒量大、含尘量高的场所,一般采用抽风方式,使局部通风罩内产生一定的负压,抽走尘源,使毒源散发的有毒有害气体或粉尘不致外溢,并同时采用回收净化措施,既可消除尘、毒对操作者的危害,又保护了环境。

(4) 湿式作业。如水磨代替干磨,用水筛代替干筛等。

(5) 合理的厂区规划及厂房建筑。建设项目设计阶段,要遵照《工业企业设计卫生标准》的要求,周密考虑厂址选择、厂区规划、厂房建筑配置等方面的劳动卫生问题。

(6) 个人防护和卫生保健。坚持发放、使用个人防护用品。

2. 医疗措施

(1) 按期对劳动者身体健康状况进行普查。预防为主,对症下药。

(2) 按期对在有毒、有害职业岗位上工作的员工进行职业病检查,使初期患者得到及时治疗。

(3) 对在有毒有害职业岗位的员工实行轮换工作制。

四、压力与紧张

当今企业界的一个趋势是,在重视员工身体健康的同时,更加关注员工的心理健康。人们愈来愈清晰地意识到,生产率的高低在很大程度上取决于公司员工的奉献和投入。一些国家的员工一直坚持企业应对他们所反映的与工作相关的精神问题负责。事实上,与压力、紧张有关的精神失调已成为现代社会中发展最快的职业病。

个体每天都要承受外在和内在的种种刺激,有些刺激会令人松弛,产生愉悦感,有些刺激会引起焦虑、不安的紧张状态,任何令个体紧张的刺激都可称为压力。

人力资源管理者应当根据员工紧张情绪的来源,采取措施帮助他们克服和缓解压力带来的紧张情绪。

(1) 创造一种把压力和紧张保持在一个可以接受水平上的企业文化。重视员工的意见,使员工对自己的工作有更多的控制权。

(2) 向每个人提供其完成目前和将来工作必需的培训和发展。对于个人目标和组织目标应给予同样重视。训练每个人成为团队中有效工作的一员,并使其了解自己的工作与他人工作间的联系。

(3) 每个人的工作都要确认职责,但要注意不能打击那些承担风险和愿意肩负更大责任的人。

(4) 让员工参与制定对自己有影响的决策。他们要了解组织正在发生的事故及自己在其中的作用和自己的工作表现如何。

(5) 员工的经济或非经济需求可以通过一种公平报酬制度得以满足。

(6) 运用行之有效的科学方法。当压力与紧张已经产生,并对员工直接造成伤害时,可以采用一些科学方法来消除压力,克服紧张情绪。

五、健康评估

1. 健康评估的概念

健康评估所包含的内容是早就存在的。如健康状况调查、饮食调查、热能消耗调查、营养缺乏症调查、实验室检查以及中医的望闻问切等,都在健康评估的范畴内。健康评估的对象主要是健康人群、亚健康人群和慢性非传染性疾病(NCD)人群。

健康评估是健康管理的重要组成部分。健康管理是指通过专业人员的指导,改变生活中的不健康做法,从"源头"上预防疾病。健康评估是健康评估师根据咨询对象反映的情况和搜集掌握的资料,经过分析、评价、整理后,对咨询对象作出的健康状况的判断。评估过程就是健康评估师对咨询对象的健康状况从现象到本质,从感性到理性的认识,又从理性认识再回到实践中去的反复验证的过程。健康评估是健康评估师最重要也是最基本的实践活动之一。只有正确的评估,才可能给咨询对象以正确的指导和制定恰当的健康干预计划。

2. 健康评估的意义

(1) 健康的生活方式可减少70%的过早死亡。研究表明,高超的医疗技术可以减少10%的过早死亡,而健康的生活方式可以"不花钱"或少花钱就可减少70%的过早死亡。也就是说,大多数人在健康管理专业人员的指导下,通过自我保健可以达到健康长寿的目标。国家有关攻关项目研究表明,如果我们在疾病的预防上投资1元钱,就可以节约8元钱的医疗费和100元钱的抢救费。

(2) 推行健康管理,改变生活方式。现代人不仅要应付快节奏的学习、工作和生活,而且要处理好各种错综复杂的社会人际关系。面对越来越多的竞争和挑战,人们承受着很大的精神压力。根据有关专家的研究,重度的精神压力可以导致自由基数量明显上升,这是造成人体老化和出现病变的根源。长期压力过大最终会得癌症或者心脏病发作。同时,随着生活质量的提高,人类饮食组成不断改变,人们对营养问题越来越重视。但如何吃得科学、吃得符合饮食营养原则,并非人人皆知;如何科学健身、保护身体不受疾病的困扰,使自己的身体和心理更加健康等方面,大多数人都不太了解。不良的生活方式特别是饮食营养不够合理而导致的疾病与日俱增。近年来糖尿病、高血压、肥胖的发病率在持续上升。

(3) 预防胜于治疗,变"看病吃药"为"健康管理"。世界卫生组织曾发布健康公式:

$$健康=15\%遗传+17\%环境+8\%医疗+60\%生活方式$$

也就是说,靠看病吃药只能解决8%的健康因素,改善生活方式却可以解决60%的健康问题。

项目小结

职业健康安全是指影响工作场所内员工、临时工作人员、合同方人员、访问者和其他人员健康和安全的条件和因素。现代安全管理以消除人的不安全行为和物的不安全状态为中心,管理者应从企业全局考虑,把管理重点放在危险源控制的整体效应上,实行全员、全过程、全方位的安全管理,使企业达到最佳安全状态。健康管理即劳动卫生管理,是根据劳动条件对劳动者健康的保护,指消除生产劳动中的职业毒害,预防职业病,建立合乎卫生的劳动条件,以保护劳动者的健康,促进生产发展。

复习思考题

1. 什么是职业健康安全、职业安全、职业健康?
2. 什么是现代职业安全管理?企业应如何搞好安全管理工作?
3. 什么是健康管理?企业实施健康管理的主要措施是什么?

阅读资料

欧盟企业预防事故的成功经验

欧盟每年因作业场所事故而导致平均缺勤3天以上的人数大约有500万,并造成1 460万个工作日损失。有些事故对职工造成永久性伤害,影响今后的工作及生活。

工伤事故在各行各业无处不有,包括滑倒、绊倒、物体坠落以及涉及车辆和机械的事

故。欧盟每年因职业事故造成的损失费用很高,其中包括:
(1) 病假工资、加班费、临时替代劳动、提前退休、招聘新的劳动者、再培训。
(2) 生产和经营的损失。
(3) 工厂、设备、材料和产品的损失。
(4) 处理事故的时间损失。
(5) 日益增加的保险金和律师费用。
(6) 工人道德低劣。

良好管理方式下的雇主职责

按照欧盟指令,雇主负责工人的安全卫生。欧盟委员会指令89/391为安全卫生管理、风险辨识和预防提供情报总体框架。指令已由国家立法实施,并包括其他补充规定。

按照法规,雇主应评价作业场所的风险,采取有效措施保护工人的安全和健康,保存事故记录,提供信息和培训,与工人协商以及与承包商合作并协调关系。预防等级体系包括:避免风险、控制风险源、使岗位适合工人、以非危险物质替代危险物质以及优先考虑集体措施而非个人措施。工人有权了解作业环境的风险状况、采取的预防措施、紧急救护和应急程序。员工的责任是,就提供的预防措施与雇主积极配合,遵守培训规章及维护自身和工友的安全卫生。

事故预防的成功要素

(一) 管理承诺

管理应通过以下方面来推动安全卫生的发展:制定方针和安全卫生目标;提供足够的资源来实施方针;与员工协商;通过监测和评审以检查方针和整个体系的有效性。总之,管理承诺是指:将决策付诸实践;在管理会议上讨论安全问题;定期巡视作业场所以及参与安全调查。

(二) 员工参与

事故预防的一个必要条件是与劳动者的协商。劳动者的实际经验有助于正确地识别危害物并实施可行的解决方案。工人代表在事故预防方面起着重要作用。在实施安全卫生措施和引入新技术或新产品之前,必须与员工进行协商。协商有助于实现向工人承诺的安全卫生保证。

(三) 安全卫生的管理

设置适当的管理体系确保全面评价风险并制定和遵守安全作业方法。定期评审可检查这些措施是否适当。一个典型管理模式描述如下:

(1) 方针是指为组织规定明确的承诺、目标、职责和程序。
(2) 计划是指确定和评价由作业活动引起的风险,并且确定和评价这些风险如何被控制。

计划内容包括：风险评价和预防措施的确定；确定管理安排和需求；保证提供职业安全卫生知识、技能和专长。

风险评价包括：确定危险源——哪些因素会导致事故；判断谁会受到伤害、严重程度如何（包括员工、承包商和公众）；判定事故发生的可能性；确定这些风险如何消除或降低——通过对设施、作业方法、设备或培训的改进，消除或降低这些风险；根据风险大小、所覆盖人员的数量等制订优先行动计划；实施控制措施；开展评审工作以检查控制措施是否有效；在工艺改进方面与员工协商并且告知员工有关风险评价结果。

（3）实施和运营是指将计划付诸实践。这意味着：对组织、工作程序、工作环境、使用的设备和产品进行改进；对管理层和职工进行培训；广泛开展雇主与员工之间的交流。

（4）培训是指所有工人需要了解如何安全地工作。因此，培训应包括：风险是什么、为什么应该遵守安全卫生规定以及应急程序。

培训应包括对讲不同语言工人的培训。在工作实践或作业设备以及工作岗位发生变化时，或者在采用新技术时，应向新工人和在岗工人提供培训。

（5）检查和纠正措施是指对职业安全卫生绩效应进行监测。反应性监测一般是事故记录；而预防性监测一般是从检查、审核和职工调查中得到反馈。事故调查应确定直接和基本的原因，包括管理缺陷，目的是保证体系和程序正常运行，并立即采取必要的纠正措施。

（6）管理评审和审核是指对管理体系的整个绩效进行检查。外部环境可能发生了变化，如新法规出台。同时，组织内部也有可能发生变化，如经营结构的变化、新产品的开发或新技术的采用。事故评审应包括管理层吸取的教训。审核是检查方针、组织和体系是否真正获得了相应的效果。

预防事故工作是否成功，可通过下列问题进行测试。

（1）是否制定了明确的安全卫生职责，并且每个人是否知道自己和他人的职责？

（2）你知道你必须遵守职业安全卫生法吗？你会任命向你提出建议的主管吗？

（3）你确定了解安全卫生方面的主要风险吗？你会采取改进措施以消除或降低这些风险吗？

（4）你对作业设备的维护是否作了充分的安排？

（5）你会为不能消除作业风险的工人提供必要的个人防护用具，并且培训他们使用这些用具吗？

（6）你会告知工人风险信息并培训他们如何安全作业、如何使用应急程序吗？

（7）你会与工人就安全卫生问题进行协商吗？其中作业程序和设备有变化吗？

（8）你会立即采取行动去调查事故、未遂事故和所报告的问题吗？

（9）你会定期检查作业场所吗？你会检查工人是否遵守安全作业程序吗？

"预防工伤事故"是欧盟各成员国于2001年10月开展的职业安全卫生周的主题。欧盟将通过大力宣传职业安全卫生知识，使企业职业事故和职业病人数减少到最低。

（资料来源：百度文库）

案例分析

关于保障员工身体和身心健康的规定

对安全的承诺

一年前,当万宇进入某电子公司成为该公司首位安全工程师时,她非常激动。她从名校毕业,获得了电气工程学位,强烈希望进入商业界工作。为此,万宇放弃了另外几个机会而选择了在某电子公司工作,她相信这里将会为她提供丰富的经验,这是直接做工程工作所得不到的。而且,当她接受公司经理马仁的面试时,他向她许诺,她可以处理公司的资源以修正任何与安全有关的问题。

在公司的头几个月,她忙乱而兴奋。她几乎是一开始就发现了很多安全问题,所有暴露在外的设备都没有安装安全装置是最危险的问题之一。为了只花最少的钱,万宇认真地准备了她的计划,包括期望成本。她估计,要完成必需的更换要花大约5万元。随后,万宇把整个计划呈送给经理,她向他解释变更的必要性。他友好地接受了,说先考虑一下然后再答复她。

但是,那已是6个月之前的事了。每次万宇想使她的计划付诸实施的时候,经理总是很友好,但是仍说希望多考虑一段时间。与此同时,万宇也变得越来越担心。最近,有个工人差点严重受伤,一些工人也已变得担忧起来。她还听说有人已经向当地的应急管理局打了电话。

就在第二个星期,一个应急管理局官员出现在工厂的时候,她的怀疑得到了印证,他没有预约突然造访。尽管经理不是很乐意,他仍然同意让那位官员进入公司。稍后,他懊悔当初没有听取万宇的建议。在官员离开前,他写下了每一处安全装置设备的违章情况。如果问题没有立即得到改正,他将会被扣以总额达3万元的罚款。官员警告,再次犯规将会付出10倍于此的代价,而且可能被送进监狱。

官员一走,万宇就接到一个电话。"万宇,我是马仁。立即来我的办公室。我们需要执行你的计划。"

问题:
1. 试讨论经理马仁在职业安全上的承诺水平。
2. 经理马仁应降低生产成本还是应该给予工人安全的工作环境?如何协调两者的关系?

 实 践 练 习

请学生凭借有关人士的帮助走进一家企业,通过和企业安全健康管理部门工作人员的接触,了解企业有关职业安全与健康的管理制度和一些具体的管理方法、手段。

(1) 要求学生能认真理解企业职业安全健康管理的有关书面文件和各项内部管理制度。

(2) 要求学生分析该企业在职业安全健康管理方面所运用的方法是否适当,并提出改进意见。

项目十 劳动关系管理

◇ **学习目标**

1. 了解劳动关系的概念、性质和内容。
2. 了解改善劳动关系的意义。
3. 掌握我国劳动关系的基本情况。
4. 了解劳动保护的内容。
5. 掌握劳资谈判的概念、作用和过程。

项目十 劳动关系管理

导入案例

警惕入职缴费陷阱，守护自身合法权益

友谊路陕西开红工贸有限公司招聘押运员，长安区的郝先生便前往应聘，他看到前来应聘的人很多，都拿着体检表，说要到医院体检，郝先生也被安排去体检，但须向公司缴纳198元的体检费。郝先生交了钱，体检合格后，来到该公司，王经理和李主任却告诉他，因为公司从事的是电子电器方面的押运工作，产品价格昂贵，为安全起见，上班前每人必须找一个担保人，而且一定要是西安市户口的国家公务员。郝先生找不到担保人，该公司王经理说，找不到担保人就要向公司缴纳押金后才可以上班，但押金的数额却把郝先生吓坏了——每人必须缴纳30万元押金。郝先生找不到担保人，又无法缴纳押金，自然无法上班。他想要回体检费，但公司王经理说体检费已交给了医院，不能上班是郝先生自己的原因，不能怪公司。

公司通过收体检费、押金等方式骗了不少人，警方已立案调查。此事提醒求职应聘者：一定要警惕骗子精心设计的陷阱，对于让应聘者交押金、交体检费等现象，一定不要轻易支付，避免受骗上当。

（资料来源：西安晚报）

任务一 了解劳动关系的概念

一、劳动关系的概念

广义的劳动关系，是指劳动者在参加社会劳动时形成的所有劳动关系，即社会劳动关系，它是生产关系的一部分。生产关系是指人们在自己从事的社会生产中所发生的一定的、必然的、不以人们的意志为转移的关系。一定的生产关系同物质生产力的一定发展阶段相适应。

狭义的劳动关系，是指劳动者与劳动力使用者在实现劳动的过程中所结成的一种社会经济利益关系，包括工作任务、工作条件、工作时间、工作期限、劳动报酬、劳动保护、社会保险、生活权利、劳动纪律以及其他权利和义务等。因此，狭义的劳动关系又被称为劳资关系、劳务关系、雇佣关系甚至产业关系等。一般来说，劳资关系或雇佣关系是指私有经济中的劳动关系，它反映的是雇主与员工之间的关系。

企业劳动关系，是指企业劳动力使用者或雇主与企业劳动者或员工之间的一种社会经济利益关系。具体是指企业劳动力使用者或雇主与企业劳动者或员工在实现劳动的过程中所结成的与劳动相关的社会经济利益关系。

在现代企业中，企业劳动力使用者主要是指企业中的中高层管理人员，即管理者、经营者，因此，现代企业劳动关系实质上是指企业管理者、经营者与企业劳动者之间的一种经济利益关系。

成熟的市场经济下，企业劳动关系的主体只有两方，即企业管理者和劳动者。企业管理者在实现资产保值、增值的过程中，作为劳动力的需求主体、用工主体，构成企业劳动关系的一方，在劳动过程中处于支配者的地位；劳动者在让渡自己劳动力的过程中，作为劳动力的供给主体、劳动主体，构成企业劳动关系的另一方，在劳动过程中处于被支配者的地位。

企业劳动关系有三方面基本要素。

其一,企业劳动关系是在企业实现劳动的过程中所发生的企业劳动力使用者与劳动者之间的关系。企业劳动关系要涉及与企业劳动直接相联系的企业劳动关系的运作、企业劳动立法、企业劳动合同、企业劳资谈判、企业集体合同、企业劳动争议和企业工会等诸方面的内容。

其二,企业劳动关系的一方主体——劳动者,只有同企业劳动关系的另一方主体——企业管理者签订劳动合同,并保证合同的履行,企业劳动关系的运作才算开始。

其三,企业劳动关系的主体有两个,即企业管理者和劳动者,且只有这两个主体同时存在时,企业劳动关系才有可能成立。

二、改善劳动关系的意义和途径

(一)改善劳动关系的意义

劳动关系既是人们在社会生活和社会生产中的重要联系之一,也是企业中人与人联系的最重要关系之一,劳动关系在企业经营管理中起着关键作用。

劳动关系的好坏对于劳动者、劳动力使用者(企业等用人单位)和整个社会都有着深刻影响。

对于劳动者而言,劳动关系状况会影响劳动者工作的许多方面,决定着个人的就业机会、职业发展机会、生活水平、个人尊严、社会地位以及身心健康。对于企业等用人单位而言,正确处理与不断改善劳动关系,是其管理的重要任务。对于社会而言,做好劳动关系调整工作,是规范劳动力市场运行秩序、建立健全市场就业机制的客观要求。

劳动关系状况会影响企业内部的人际关系和工作秩序,影响不同人群或群体的冲突和合作关系,影响人们对企业的承诺和工作的积极性,影响到人们的工资福利水平、工作绩效和工作满意度,从而直接和间接地影响到企业的劳动力成本、生产效率和产品质量,最终影响到企业生存。

(二)改善劳动关系的途径

改善企业内部劳动关系可以通过以下途径。

1. 立法

通过完善法律,企业各方的权、责、利就可明确下来,并在法律的基础上加以调整。

2. 发挥工会的作用

工会可以代表职工与企业协调劳动关系,兼顾职工与企业的利益,避免矛盾激化。

3. 培训主管人员

劳动争议的产生和劳动关系的紧张,常常与企业主管人员的工作作风、业务知识、法律意识有关。通过对企业主管人员的培训,能增强他们的劳动关系意识,促使他们掌握处理劳动关系问题的原则及技巧。

4. 提高职工的工作与生活质量

提高职工的工作与生活质量是改善劳动关系的根本途径。提高职工的工作与生活质量的主要内容包括:员工参与管理、职务设计、周期性安排"培训—工作—休息"、满足个人的特殊要求,使职工在工作中感觉到真正的意义。

5.职工参与民主管理

职工参与民主管理可以使职工参与企业的重大决策,尤其是涉及广大职工切身利益的决定,这样可以更好地使企业经营管理者在作出重大决策时充分考虑职工的利益。

三、企业劳动关系管理的基本框架

企业劳动关系管理主要是指以保障企业经营活动的开展为目标,以缓和企业劳动关系的冲突为基础,以促进企业劳动合作为手段,从而提高企业生产率和整体效益的一系列综合性的组织管理措施和手段。

企业管理者和劳动者两方主体是企业劳动关系的基本构成要素。加强和改善企业劳动关系管理是现代企业发展成败的关键。企业劳动关系既是一种经济关系又是一种社会关系,其本质是劳动关系主体各方合作、冲突、力量和权力相互交织的产物与表现形式。其基本领域有两个方面:一是促进劳动关系合作的事项;二是能够缓和、和解劳动关系冲突的事项。具体来讲,其对象包括五个方面:员工的罢工、怠工和抵制等;因用人单位关闭工厂、处分和排斥员工而引发的劳动关系问题;员工参与管理;双方协议制度;劳资谈判制度。企业劳动关系管理的基本内容和分析框架如图10-1所示。

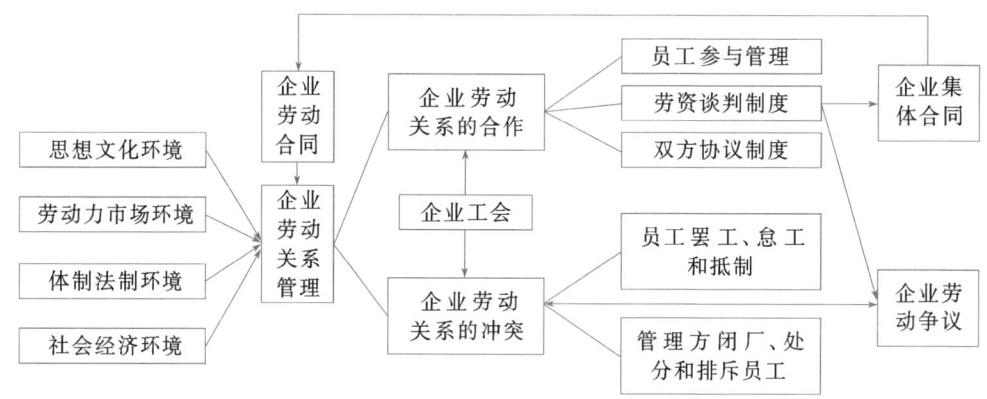

图10-1 企业劳动关系管理的基本内容和分析框架

任务二 了解我国目前劳动关系的概况

一、我国劳动关系现状

目前,我国劳动关系具体表现有两个方面的特征。

1.积极方面的特征

一是劳动法律关系的主体进一步明确、具体、规范。从党的十一届三中全会到1995年《劳动法》的实行,把劳动合同制上升到了法律地位,规定用人单位和劳动者签订劳动合同之劳动关系,从而使企业成为真正的劳动用工主体。劳动者也通过劳动合同制度,成了劳动法律关系的主体,享有劳动和择业的权利,可以自主地依法与企业建立、变更和解除终止劳动法律关系。而且随着经济体制改革的逐步深化,这种主体不仅明确、具体而且越来越规范。

二是劳动关系的性质多样化和丰富化。实行改革开放以后,非公有制经济取得长足发展。我国出现了多种所有制经济并存的劳动关系,即国有经济劳动关系、集体经济劳动关系、私营经济劳动关系、个体经济劳动关系、股份经济劳动关系、合伙联营经济劳动关系和外商投资经济劳动关系。

三是劳动关系变化剧烈,动中趋静。劳动合同制的实施,使企业拥有了依法录用和辞退职工的权利,也使职工拥有了依法自主择业的权利,同时也从根本上打破了各种职工的身份界限,形成了能进能出的动态劳动关系。特别是在国有企业改组、改造的今天,这种变动就更为剧烈。它打破了原有的相对稳定的劳动关系,在联合、改组、破产和兼并过程中,大量的职工下岗待业,需转岗培训再就业。原有的劳动法律关系被打破,新的劳动法律关系还没有形成,这种不稳定状态的持续是现阶段劳动关系的重要特征。因为作为企业和个人都要追求自身的价值,所以劳动关系的这种变化趋势也应该是符合社会发展前进方向的。

四是劳动法律关系的建立机制标准化、法律化。我国《劳动法》的颁布及相关的法律法规明确规定了作为法人主体的企业组织和个人或组织在劳动关系中的权利和义务,这样就使得企业的劳动关系具有统一的执行标准和法律依据。在劳动争议案件处理中,依法裁决的比例逐步提升了,相应地,从前的按关系裁决的做法慢慢消失了。这一点反映了我国法制逐步健全的现状。

另外,我国目前劳动关系的基本趋势是心理契约与法律契约并存。法律契约就是劳动规定、劳动时间和劳动安全等用法律确定下来的那些劳动执行准则。如今的员工关系管理使我国的劳动关系正从最基本的、健康的法律契约逐渐地向心理契约靠近,这两种契约要并存发展。这就是当前劳动关系的基本发展趋势。

2. 消极方面的特征

一是争议数量上升,包括争议案件数量和集体争议案件数量及涉及的人数。劳动争议在当今社会是很普遍的事情,人们可以通过种种途径发现劳动争议的第一个特点——劳动争议案件数量在高速增长,这种现象的激增在很大程度上是由于个体自我保护意识的不断增强。从相关部门公布的一个简单的数据可知:从1995年开始劳动争议案件就已经增多,当时的案件涉及人数已经达到了10万人;之后一直快速增长,至2000年,全国涉及劳动争议的人数高达60万人。

二是劳动争议的主体和内容复杂化。多种经济结构形式使得用工主体扩大,促使劳动力市场的发展和城镇户籍制度的改革,以及就业格局呈现多元化,造成劳动关系多样性,劳动争议涉及的主体日益广泛。争议内容不仅包括合同履行期间的权利义务,还包括在解除、终止劳动合同时所产生的附属义务;不仅包括常见的工资报酬、社会福利待遇纠纷,也包括在国有企业改革、改制中出现的特殊纠纷,劳资纠纷的内容日趋复杂。另外,沿海和南方经济发达地区劳动争议案件明显多于经济相对落后的地区。在经济比较落后地区的员工,他们的温饱先要得到满足,然后才会按照马斯洛的需求理论,一步步提高需求,最后到自我实现。

三是劳动者多为弱势群体。这表现为劳动者申诉比例大和胜诉比例高。争议的内容主要涉及劳动者基本权益的报酬和保险福利问题。这种现象的产生主要是因为企业刚刚开始重视劳动争议,在认识上有很多不够正规的地方,所以就有许多漏洞。当员工去申诉的时候,仲裁机构往往会站在弱者的一方,致使许多企业败诉。

专栏 10-1　我国的失业保险制度建设

中共中央国务院关于实施就业优先战略促进高质量充分就业的意见

1986年7月,国务院发布了《国营企业职工待业保险暂行规定》,以此为标志,我国建立了失业保险制度。1998年6月,中共中央、国务院发布了《关于切实做好国有企业下岗职工基本生活保障和再就业工作的通知》,其中关于完善失业保险机制,提高失业保险基金的支付能力的规定,正式提出失业保险基金由国家、集体和个人三方负担的原则,是失业保险政策的一个重大突破。1999年1月,国务院发布施行了《失业保险条例》,把失业保险制度建设推进到一个新的发展阶段。2006年1月,中华人民共和国人力资源和社会保障部(简称人力资源社会保障部)发布《关于适当扩大失业保险基金支出范围试点有关问题的通知》。为发挥失业保险稳定就业的作用,2019年,人力资源社会保障部、财政部、中华人民共和国国家发展和改革委员会(简称国家发展改革委)、中华人民共和国工业和信息化部(简称工业和信息化部)等4部委联合发布《关于失业保险支持企业稳定就业岗位的通知》,实行企业稳岗返还、放宽技能提升补贴政策申领条件、发放价格临时补贴等举措。至此,我国的失业保险制度逐渐发展完善。

(资料来源:互动百科)

任务三　劳动保护

劳动保护是指企业针对员工在劳动过程中存在的许多不安全、不卫生的因素采取的各种技术措施和组织措施的总称。劳动保护是提升劳动安全的重要手段。

一、劳动保护的内容

劳动保护所要解决的问题是针对生产活动中一切有可能危害劳动者的因素,采取有效措施加以消除或控制,创造合乎安全生产要求的劳动条件,防止伤亡事故、职业病的发生。劳动保护的基本任务是保证安全生产、实现劳逸结合、对特殊劳动群体的保护、规定工作时间和休假制度、组织工伤救护以及做好职业病的防治等。劳动保护的主要内容如图10-2所示。

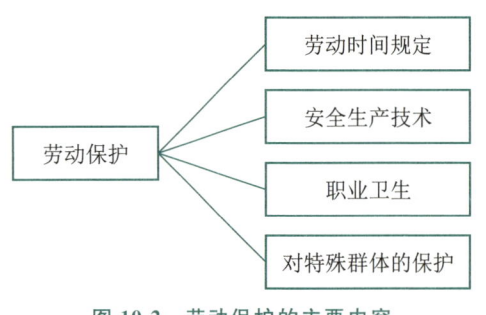

图 10-2　劳动保护的主要内容

1. 劳动时间规定

劳动时间规定是指企业所实行的员工工作的时间必须符合国家有关法律法规的相关规定,并且应该有利于员工身心的健康发展。

2. 安全生产技术

安全生产技术是指为了消除生产过程中的不安全因素,保障员工人身安全,预防人身事故而采取的各种技术、物质措施的总称。

3. 职业卫生

职业卫生是指为了消除由于职业特点而形成的对于劳动者健康的不利影响(职业病),从工作安排、技术组织管理等方面采取各种措施,建立合乎科学的劳动环境,保证劳动者的身体与心理健康。

4. 对特殊劳动群体的保护

对特殊劳动群体的保护是指对女员工、年长员工等具有特殊生理特点的员工应实行有针对性的劳动保护措施,例如,禁止女性员工从事一些禁忌从事的、强度过大的工作,以及女性员工在怀孕期、产期、哺乳期的特殊保护等。

二、劳动保护的步骤

企业如何在现有的劳动条件下,利用有限的资源来实现劳动保护效果的最优化?这是每个企业都会面对的现实问题,也是企业管理者们需要深入思考的问题。一般而言,改善企业的劳动环境,为员工提供更为优质的劳动保护条件可以分为四个相互关联的步骤与环节。它们分别为:排查隐患;评估风险;采取措施;监管控制。

1. 排查隐患

排查隐患是指通过企业全体员工的努力,找到那些有可能威胁企业员工安全健康的工作、工作要素与行为动作。

2. 评估风险

在找到企业所存在的工作隐患之后,就需要对这些隐患进行评估与排序。根据霍特与安德鲁提出的理论,风险评估可以用风险的严重性评估指数乘以风险的可能性指数来计算,公式如下所示。

$$风险 = 严重程度 \times 概率值$$

通过这一计算公式的评估结果,可以将隐患根据其潜在严重程度进行排序。

3. 采取措施

通过以上两个步骤,企业管理层找到工作中存在的隐患并进行了粗略的排序,以确定资源投入的优先顺序。这些工作完成之后,企业就需要采取切实的措施来有效地防控隐患演变为事故,改善员工的工作条件。这些措施应该符合企业所面临的具体环境。

总体而言,企业对于改善劳动保护的效果所采取的各种措施可以分为针对工作的改进措施与针对员工的改进措施两个方面。

(1)针对工作的改进措施。针对工作的改进措施着眼于工作中所存在的隐患点,力图通过对工作方面的改进,消除或降低这些隐患点的威胁水平。

(2) 针对员工的改进措施。与针对工作的改进措施不同,针对员工的改进措施更依赖于对劳动主体的资源投入。希望通过对员工采取一定措施,力图使员工要么远离危险隐患,要么将这些隐患对员工的伤害可能性与程度降至最低。

三、员工压力管理

1. 压力概述

压力是指机体对伤害性刺激的非特异性防御反应,是机体对各种内外界刺激因素作出的适应性反应过程,当人受到压力作用时,就会产生一种相应的反应,并在新的情况下逐渐适应。如果人不能适应这种刺激,就可能在生理或心理上产生异常,甚至可能生病。员工压力过大或长期处于压力状态下,会对身体健康状况产生严重的不良影响,而且可能产生工作倦怠、撤出等消极怠工的现象,对于企业的发展和企业文化的建设都不利。所以,企业管理人员一定要关注下属员工的心理状态,利用自身魅力感召员工而不能一味使用权威压制员工的自主性和积极性,同时企业也应该形成一套压力管理策略,及时帮助员工排遣压力使他们健康地投入工作中去。

潜在压力转化为现实压力需要两个必备条件:结果必须是不确定的、结果必须是重要的。只有当结果不确定,个体无法预知即将发生的一切,不清楚自己能否成功或是避免损失时,压力才有可能产生。对于结果已经确定的事情,个体不会产生压力感。另外,只有当结果对个体而言具有重要意义,个体十分看重结果时,压力才会产生,对于无所谓的结果,个体也不会产生压力感。

一般而言,职场中的压力可以划分为长期积累压力和短期紧急压力。长期积累压力是指工作场合中长期处于复杂的人际关系网中、背负沉重的工作任务、对于升迁等有限资源的渴望等因素,一件件小事、一种种压力长久积累起来最终形成超出负荷的压力;短期紧急压力是指职场中突发的事件或变化使员工感受到的压力,例如领导的更换、晋升机会的出现、重要任务的限时完成等。往往短期压力更急、更大,但是事件一旦结束,压力也会随之消失,而长期压力强度不会过大,但累积的时间久了,对员工的心理承受能力是极大的考验,很多员工离职也是工作压力长期过大所致。

2. 组织的压力管理

对压力的感知还受到一系列个体因素的影响,所以管理压力不仅仅是公司的责任,还需要个体付出努力。从个体方面来讲,员工可以实行时间管理策略、扩大社会支持网络、寻求正确恰当地释放压力的方式等。常用的时间管理策略包括:①列出每天要完成的事情;②根据重要程度和紧急程度对这些事情进行排序;③根据优先顺序安排日程。研究证实,社会支持可以有效地减轻个体所感知到的压力水平。扩大自己的社会支持网络,遇到问题时主动和别人进行沟通,既可以获得客观的建议也可以感受到温暖和力量。员工一旦遇到自己无法解决的问题或是无法排遣的负面情绪,应该主动向专业人员进行咨询,寻求他们的帮助,而不应该将负面情绪压抑在心里,一旦自己无法排遣,最后有可能积郁成疾。

从企业方面来讲,管理者可以有多种举措管理员工的压力:

(1) 建立一套完整的压力管理体系,通过组织制度、程序的健全减轻员工压力。一是建立科学的招聘制度。管理层应当确定选定的人员具有与职务相对应的能力要求。二是建立良好的沟通机制。沟通是释放压力的良好渠道,因为它提供了一种释放压力的情绪表达机制。三是建立一套有效的员工危机管理机制。

(2) 加强过程管理。一是进行工作再设计。好的工作设计能够减少工作中员工的压力。企业提供充分的技术和心理上的上岗训练,使员工具备与岗位要求相符的技能;二是为员工提供一些人际沟通培训,帮助其改善人际关系。

(3) 做好员工的职业规划。员工职业生涯管理是企业发展计划和员工个人生涯发展计划相结合的产物。通过对员工职业生涯管理来整改内外环境,减少环境给员工带来的不良压力。首先,要增强员工相互合作和支持的意识;其次要增加上下级的沟通;最后从企业文化氛围上鼓励并帮助员工提高保健能力,学会释放压力、自我放松,这就要求企业向员工提供压力管理的信息、知识。

(4) 关心员工的工作和生活,帮助员工解决实际困难。关心员工的工作和生活,帮助解决其面临的困难能消除或者减轻工作和生活中的压力源给员工带来的压力。

专栏 10-2 《劳动合同法》与大学生兼职

2008年1月1日《中华人民共和国劳动合同法》(以下简称《劳动合同法》)的颁布施行,标志着我国劳动法律的价值观和立法指导思想的重大变化,体现出更多的对劳动者的倾向性和人文关怀。那么,《劳动合同法》给兼职的大学生带来了什么呢?

《劳动合同法》施行之前,大学生兼职的首要法律问题是:兼职的大学生是不是劳动者?毫无疑问,兼职的大学生肯定是社会学和宪法学中的劳动者。然而,他们是不是劳动法意义上的劳动者呢?回答是否定的。传统的观念是这样的:大学生只要没有毕业,就不能签订劳动合同,也就没有劳动法律关系中的主体资格,因此不是劳动者,也不能受到劳动法的保护。并且原劳动部1995年的《关于贯彻执行〈中华人民共和国劳动法〉若干问题的意见》也规定:"在校生利用业余时间勤工助学,不视为就业,未建立劳动关系,可以不签订劳动合同。"这样,就出现了太多的侵害兼职大学生利益的现象。比如,劳动法规定了最低工资标准,如果被认定为不是劳动者,就不需要遵守最低工资标准,从而制定出比最低工资还要低的工资标准。如果大学生没有和用人单位签订合同,那么作为相对弱势的大学生,很难使用法律手段来维护自身利益。即便大学生和用人单位签订了合同,因为这一合同不属于劳动合同,只能适用一般民事合同的法律规定。而按照民事合同的意思自治原则,用人单位可以"合法地"与大学生签订低于最低工资标准的工资待遇,以及在合同中写上其他低于最低保障的条款。

2008年实施的《劳动合同法》对于兼职大学生在劳动法上的法律地位进行了明确规定。

项目十　劳动关系管理

《劳动合同法》在我国首次界定了非全日制用工这一概念,即以小时计酬为主的用工形式,并且劳动者在同一用人单位一般平均每日工作时间不超过四小时,每周工作时间累计不超过二十四小时。这样就把大学生兼职纳入了我国劳动法的保护范围。此外,《劳动合同法》还约定了非全日制劳动者的特殊保护措施,比如"非全日制用工双方当事人不得约定试用期"、"非全日制用工劳动报酬结算支付周期最长不得超过十五日"。再有就是《劳动合同法》规定了非全日制用工的最低工资标准,即"非全日制用工小时计酬标准不得低于用人单位所在地人民政府规定的最低小时工资标准"。需要指出的是,非全日制劳动者并不能享受全日制劳动者的所有待遇,比如,终止用工时,用人单位不需像全日制用工那样向劳动者支付经济补偿。

项目小结

劳动关系既是人们在社会生活和社会生产中的重要联系之一,也是企业中人与人联系的最重要关系之一,劳动关系在企业经营管理中起着关键作用,所以改善好劳动关系有着重要的意义。

目前我国劳动关系具体表现为以下特征:

积极方面的特征有:一是劳动法律关系的主体进一步明确、具体、规范。二是劳动关系的性质多样化和丰富化。三是劳动关系变化剧烈,动中趋静。四是劳动法律关系的建立机制标准化、法律化。消极方面的特征:一是争议数量上升,二是劳动争议的主体和内容复杂化。三是劳动者多为弱势群体。

劳动保护包括了劳动时间规定、安全生产技术、职业卫生和对特殊劳动群体的保护。

复习思考题

1. 什么是劳动关系,其性质和内容怎样?
2. 劳动保护包括哪些内容?

阅读资料

全国人民代表大会常务委员会关于修改 《中华人民共和国劳动合同法》的决定

(2012年12月28日第十一届全国人民代表大会常务委员会第三十次会议通过)

第十一届全国人民代表大会常务委员会第三十次会议决定对《中华人民共和国劳动合同法》作如下修改：

一、将第五十七条修改为：经营劳务派遣业务应当具备下列条件：

（一）注册资本不得少于人民币二百万元；

（二）有与开展业务相适应的固定的经营场所和设施；

（三）有符合法律、行政法规规定的劳务派遣管理制度；

（四）法律、行政法规规定的其他条件。

"经营劳务派遣业务，应当向劳动行政部门依法申请行政许可；经许可的，依法办理相应的公司登记。未经许可，任何单位和个人不得经营劳务派遣业务。"

二、将第六十三条修改为："被派遣劳动者享有与用工单位的劳动者同工同酬的权利。用工单位应当按照同工同酬原则，对被派遣劳动者与本单位同类岗位的劳动者实行相同的劳动报酬分配办法。用工单位无同类岗位劳动者的，参照用工单位所在地相同或者相近岗位劳动者的劳动报酬确定。"

"劳务派遣单位与被派遣劳动者订立的劳动合同和与用工单位订立的劳务派遣协议，载明或者约定的向被派遣劳动者支付的劳动报酬应当符合前款规定。"

三、将第六十六条修改为："劳动合同用工是我国的企业基本用工形式。劳务派遣用工是补充形式，只能在临时性、辅助性或者替代性的工作岗位上实施。"

"前款规定的临时性工作岗位是指存续时间不超过六个月的岗位；辅助性工作岗位是指为主营业务岗位提供服务的非主营业务岗位；替代性工作岗位是指用工单位的劳动者因脱产学习、休假等原因无法工作的一定期间内，可以由其他劳动者替代工作的岗位。"

"用工单位应当严格控制劳务派遣用工数量，不得超过其用工总量的一定比例，具体比例由国务院劳动行政部门规定。"

四、将第九十二条修改为："违反本法规定，未经许可，擅自经营劳务派遣业务的，由劳动行政部门责令停止违法行为，没收违法所得，并处违法所得一倍以上五倍以下的罚款；没有违法所得的，可以处五万元以下的罚款。"

"劳务派遣单位、用工单位违反本法有关劳务派遣规定的,由劳动行政部门责令限期改正;逾期不改正的,以每人五千元以上一万元以下的标准处以罚款,对劳务派遣单位,吊销其劳务派遣业务经营许可证。用工单位给被派遣劳动者造成损害的,劳务派遣单位与用工单位承担连带赔偿责任。"

本决定自2013年7月1日起施行。

本决定公布前已依法订立的劳动合同和劳务派遣协议继续履行至期限届满,但是劳动合同和劳务派遣协议的内容不符合本决定关于按照同工同酬原则实行相同的劳动报酬分配办法的规定的,应当依照本决定进行调整;本决定施行前经营劳务派遣业务的单位,应当在本决定施行之日起一年内依法取得行政许可并办理公司变更登记,方可经营新的劳务派遣业务。具体办法由国务院劳动行政部门会同国务院有关部门规定。

《中华人民共和国劳动合同法》根据本决定作相应修改,重新公布。

(资料来源:中国政府网)

案 例 分 析

语言沟通难奏效,书面通知勿忘掉

一、典型案例

20××年6月,由于生产经营需要,北京某食品厂与某公司进行了战略性业务合并。在合并过程中,食品厂对部分员工的工作岗位、工作地点进行了相应的调整,并要求需要调整的员工自20××年8月起到新岗位、新工作地点工作。该食品厂检验员王某的工作地点也在调整之列,她多次找到公司,以离家远为由拒绝接受调整。对此,食品厂因员工不服从公司安排,视其为严重违纪,做出了解除劳动合同的处理。

最终,王某以食品厂单方变更劳动合同为由,向劳动争议仲裁委员会提请了仲裁,要求仲裁委裁定食品厂变更无效,与食品厂恢复劳动关系。

仲裁结果:经查,食品厂未依法履行劳动合同变更程序,裁定变更无效,恢复与王某的劳动关系。

二、本案件适用相关法律条款

《中华人民共和国劳动合同法》第三十五条规定,用人单位与劳动者协商一致,可以变更劳动合同约定的内容。变更劳动合同,应当采用书面形式。

《北京市劳动合同规定》第二十八条规定,订立劳动合同时所依据的客观情况发生重大变化,致使劳动合同无法履行,当事人一方要求变更其相关内容的,应当将变更要求以书面形式送交另一方,另一方应当在15日内答复,逾期不答复的,视为不同意变更劳动合同。

三、案例点评

根据《劳动合同法》第三十五条规定,用人单位与劳动者协商一致,可以变更劳动合同约定的内容。食品厂在进行战略业务合并过程中,需要对部分员工的工作岗位、工作地点进行调整,此调整应当属于变更劳动合同。

根据《北京市劳动合同规定》第二十八条规定,订立劳动合同时所依据的客观情况发生重大变化,致使劳动合同无法履行,当事人一方要求变更其相关内容的,应当将变更要求以书面形式送交另一方,另一方应当在15日内答复,逾期不答复的,视为不同意变更劳动合同。食品厂变更劳动合同,未按照上述法律程序执行,所以,其变更劳动合同的行为无效,劳动争议仲裁委员会裁决食品厂应当与王某恢复劳动关系。

实 践 练 习

1. 了解当地一家企业的劳资关系,找出它的特色和不足之处。
2. 组织进行模拟劳资谈判,可把学生进行分组,一组扮演工会角色,另一组扮演雇主角色,对某一内容进行谈判。

项目十一　国际人力资源管理

◇ **学习目标**
1. 了解跨国公司人力资源管理的重要性。
2. 掌握跨国公司人力资源管理的模式。
3. 掌握跨国公司人力资源管理的影响因素。
4. 熟悉跨国公司人力资源管理的主要内容。
5. 了解美国、日本的人力资源管理模式。

导入案例

麦当劳的人力资源管理

吃过麦当劳快餐的人都知道,在任何一个麦当劳店,你所得到的汉堡都是一样的标准。这就是麦当劳的连锁标准化管理。麦当劳的人力资源管理也同样有一套标准化管理模式,包括如何面试、如何挖掘一个人的潜力等。

一、天才是留不住的

麦当劳不用天才,天才是留不住的。麦当劳请最适合的人才,那些愿意给你一个承诺、努力去工作的人。

麦当劳的员工来自不同渠道。麦当劳的人才组合是家庭式的。去麦当劳可以看到有年纪大的人,也有年纪轻的人,年纪大的可以把经验告诉年纪轻的人,同时又被年轻人的活力所带动。因此,麦当劳请人不一定都是大学生,而是什么人都有。

二、鼓励员工永远追求卓越

麦当劳的管理人员95%要从员工做起,包括人力资源部经理。每年麦当劳北京公司要花1 200万元用于员工培训,包括平时培训或去美国上汉堡大学。麦当劳在中国有三个培训中心,培训中心的老师全都是公司有经验的营运人员。餐厅部经理以上人员要到汉堡大学学习。麦当劳就是要让员工感觉有发展前途。

一个企业在发展中,一定要维护社会地位。发展员工时,不要总提钱。没有钱万万不能,但钱也非万能,所以给员工以职业发展的机会是最重要的。

培训就是让员工尽快得到发展。很多企业就像金字塔,越上去越小;麦当劳的人才体系像棵圣诞树,你能力足够大,就会让你升一层,成为一个分枝,再上去又成一个分枝,你永远有升迁的机会,因为麦当劳是连锁经营。

麦当劳给每一个员工规划一个很长远的计划来改善现在的情形。鼓励员工永远追求卓越,追求第一,并且给每个人平等的机会,不搞裙带关系。

三、没有试用期

麦当劳的面试分三步:最初由人力资源部门去面试;第二步由各职能部门面试;第三步请应聘者来店里工作三天,这三天也给工资。一般企业试工要三个月,有的六个月,麦当劳三天就够了。这期间通常看这个人适合做什么工作,他有哪些优点可以来帮助麦当劳。

没有试用期,但有长期的考核目标。考核,不是一定要让你做什么,而是希望发展你。麦当劳有一个叫360°的评估,就是让你周围的人都来评估你:你的同事对你的感受怎么样?你的上司对你的感受怎么样?

(资料来源:MBA智库文档)

任务一　了解国际人力资源管理的概念

一、跨国公司人力资源管理的重要性

随着世界经济一体化时代的到来和迅猛发展,跨国公司已成为一种十分重要的经济组

织,这就对人力资源管理提出了新的要求。跨国公司进行国际经营活动,要完成企业的战略目标以及在竞争中获得胜利,需要人力资源管理加以保证。一个开拓型的全球经营战略必须有一个高素质的管理层进行策划和实施。跨国公司经营的任何问题,归根到底都要落实到人,或者是由人去创造,或者必须由人来解决。因此,跨国公司人力资源管理的成败,便成为企业成败的关键。

跨国公司的人力资源管理和一般国内企业相比,尽管有许多相似之处,但是其经营活动超越国界,比国内环境复杂得多。各国在政治、经济、文化、历史及心理发展方面具有很大差异,这些差异对跨国公司的人力资源管理产生深刻影响。因此,跨国公司的人力资源管理比一般国内企业更具广泛性和复杂性,它具有自身的特色和规律性。此外,国际人力资源管理包括的内容比国内人力资源管理要复杂,这是因为跨国公司中的员工来自两个甚至更多的国家,会涉及员工文化差异的问题。跨国公司子公司的经理们必须扮演一个多元化的角色,起着沟通两种文化的作用。他们还必须在不同的文化环境和不同的文化背景下,指导和协调经营活动。在这一过程中,公司所选派人员的素质、经历、个性以及对东道国语言、文化的熟练程度和对环境的适应性等都成为至关重要的因素,对管理人员的选拔、培训等问题也尤为突出。

专栏 11-1　跨文化的人力资源管理

在跨文化企业人力资源管理工作中,必须采用适合文化特点的激励措施组合,才能达到调动员工积极性的目的。美国学者罗纳在对德国、加拿大、英国、法国和日本的一项调查中发现下列情况:

对德国企业员工富有吸引力的激励措施是满足其安全需要、进步需要、认知需要和接受训练的机会。

对加拿大员工富有吸引力的激励措施是满足其安全需要、进步需要、利益需要、认知的需要和接受训练的机会,对加拿大员工富有吸引力的是工作自主性需要,在同事和管理者之间保持良好的人际关系,进步的需要。

对英国员工最富有吸引力的激励措施是满足其接受训练并提高其工作技能的需要,富有挑战性的工作,工作自主性需要、进步的需要、利益的需要和安全需要。

对法国员工富有吸引力的激励措施是满足其接受训练并提高其工作技能的需要,富有挑战性的工作,工作自主性需要、进步的需要、工作的物理环境和工作利益的需要。

对日本员工最富有吸引力的激励措施是满足其对工作的物理环境的需要,与同事保持和谐的人际关系,安全需要、认知的需要、进步的需要、接受训练并提高其工作技能的需要。

(资料来源:张岩松.提升——人力资源开发与管理智慧故事解读.)

二、跨国公司人力资源管理模式

跨国公司实施国际人力资源管理的模式有很多,其中具有代表性的有以下四种:

(一) 民族中心模式

在这种管理模式中,跨国公司将本国母公司的政策与操作方法直接移植到海外的子公司,这些子公司由母公司派出的本国员工管理,同时母公司对子公司的政策实行严密的控制。在这种情况下,子公司的人力资源经理就需要在公司总部的规定与东道国当地的员工可以接受的政策之间进行协调,工作的难度比较大。

(二) 多中心模式

在这种管理模式中,母公司与子公司基本上是相互独立的,各个子公司实行适合当地特定环境的人力资源管理政策,人力资源管理人员也由当地员工担任。在这种情况下,子公司的人力资源经理有很大的自主权,因此工作起来就比较简单。

(三) 地区中心模式

在这种管理模式中,子公司按照地区进行分类,如欧洲区、大中华区和北美区等。各个地区内部的人力资源管理政策尽可能地协调一致,子公司的管理人员由本地区任何国家的员工担任。在这种模式中,地区内部的协调与沟通的程度很高,而在各个地区与公司总部之间的沟通与协调是非常有限的。

(四) 全球中心模式

在这种管理模式中,公司总部与各个子公司构成一个全球性的网络,该网络被看作是一个经济实体而不是母公司与子公司的一个简单集合。全球中心模式下的人力资源管理政策服务于整体最优化的目标。因此既可以有在整个网络中普遍适用的政策,也可以有局部适用的政策。人力资源管理和其他管理工作可以由最适合的任何国家的员工承担。在地区中心模式和全球中心模式情况下,子公司的人力资源经理需要在整体的人力资源战略要求与当地具体的人力资源管理政策之间进行平衡。上述四种国际人力资源管理模式的特征,如表11-1所示。

表11-1 四种国际人力资源管理模式的特征

项　　目	民族中心模式	多中心模式	地区中心模式	全球中心模式
标准设定、评估与控制	由公司总部负责	由公司当地的管理人员负责	在地区内部的各个国家之间协调	全球和当地的标准和控制并行
沟通与协调	从公司总部到各地的子公司	在各个子公司之间和子公司与总部之间都很少	在子公司与总部之间很少,在地区的各个子公司之间一般较多	在子公司之间和子公司与总部之间结成完全联系的网络
人　　员	本国员工担任管理人员	东道国员工担任管理人员	本地区各国员工均可担任管理人员	最好的员工被安排到最合适的地方

三、跨国公司人力资源管理的影响因素

影响跨国公司人力资源管理的因素比较多,但归纳起来主要有法律、政治、文化、经济、

劳动力成本以及劳资关系等几个因素。

（一）法律和政治因素

各国政治体制的特点和稳定性不尽相同，法律体系的特点和连贯性也因国而异。另外，各国的人力资源管理及有关法规在特点和细则方面存在着很大差别。这些都给跨国公司的人力资源管理带来一定的影响。有时，商业合同会由于一国内部的政治因素而无法履行。再如在许多西欧国家，有关工会和就业的法律就规定跨国公司若解雇员工，必须给予被解雇员工很高的补偿，这种规定使得企业往往难以减少员工的数量。而在其他一些国家，则没有这样的规定。当跨国公司计划在一个国家开展业务时，人力资源管理人员应该事先对该国的政治、法律环境进行全面的考察。

（二）文化因素

文化因素对人力资源的管理也具有重要影响。除了企业文化外，与企业管理有关的还有国别文化。所谓文化，是指那些影响某一人群的价值观念、信仰和行为的社会力量。文化差异不仅存在于国家之间，同样也存在于各国内部。各国内部的文化差异有时是相当大的。

不同的国家都有自己传统的、特定的文化。形式各异的文化背景为跨国公司的全球化人力资源策略带来了挑战。所以跨国公司的人力资源管理人员应该懂得如何在各国的分支机构中因地制宜地实行不同的策略。

（三）经济因素

不同国家之间的经济制度会对全球化人力资源管理带来影响。西方国家普遍实行的是资本主义经济制度，信奉的是自由竞争，追求的是效率和利润，这些因素都促使企业倾向于提高员工效率，压缩人手以节约人力资源成本。对他们而言，裁员是提高企业竞争力的一个有力手段。在社会主义经济制度下的人力资源管理策略则不同。以我国为例，长期以来，在我国的国有企业中，利润最大化并不是他们唯一的目标。其他因素，诸如社会稳定、收入分配等都有力地左右着国企的人力资源策略。

（四）劳动力成本因素

劳动力成本是跨国公司经营的一项重要成本，其高与低直接关系到公司的业绩，因而也成为影响全球化人力资源管理策略的因素。

劳动力成本是由许多方面构成的，包括薪金、法定工作时间、假期和健康医疗服务等。各个国家和地区由于经济发展程度、法律规定、民族风俗等有所不同，在构成劳动力成本的以上各方面内容也会有所差别。劳动力成本的不同将会导致跨国公司在不同国家和地区人力资源政策的不同。在那些劳动力成本相对较高的国家，公司的人力资源政策都会以提高员工的工作绩效为目标，尽量避免聘请过多的员工，他们会给予员工大量的培训，让员工尽量掌握更多更好的技能。但与此同时，员工的工作量也会大量增加。相反，在那些劳动力成本相对较低的国家，企业宁可聘请更多的员工，也不会在提高员工绩效的措施（例如技能培训）上花费金钱。因为培训的费用极有可能比聘请员工的花费还多得多。

（五）劳资关系因素

由于各国的劳工法律不同，各国的劳资关系也有很大区别，不同的劳资关系影响资方对员工的控制能力,从而对公司采取什么样的人力资源管理政策产生影响。一些国家和地区的劳工法律对劳资关系并没有什么限制,对工会和雇主之间的关系干预不多。例如,在对是否规定员工参与公司管理这一问题上,爱尔兰和意大利都没有正式的规定,任由雇主和工会之间自由谈判去解决。但在其他国家和地区,情况就很不一样。在丹麦,法律规定,当员工人数超过30人时,必须有员工代表参与董事会,而希腊则硬性规定必须设立员工委员会。

任务二　熟悉国际人力资源管理的主要内容

一、员工招聘

(一) 国际经理人员的选择标准

由于国际经营在环境、对象、技术复杂程度等方面与国内市场有很大差异,因此选拔经理人员的标准也不尽相同。国际经理人员除了要具备一般国内经理所应有的技术和管理能力外,还必须具备适应变幻莫测的海外经营环境的特殊才能和素质。国际经理应具备的素质或资格是多方面的,不同企业、不同国家的要求也不尽相同,但以下几个基本方面是必须满足的:

1. 适应能力

适应能力包括对工作的适应能力和对文化环境的适应能力。要求经理人员对东道国的文化背景、民族特点和人们的心理特征有一个基本了解,在精通一两门外语的基础上,对当地的礼节性日常用语也要略知一二,以便与合作者和顾客进行沟通。到国外任职的管理人员在新的文化环境中常会感到不适,受到文化、政治和经济的"冲击"。因此他们应有足够的思想准备和调节能力,以增强适应性。他们必须在新的文化环境中建立新的工作关系,了解新的文化环境中人们提出问题、作出决策和接受指示的不同方式。与当地具有不同背景、语言、态度、价值观的外国人打交道时,必须使自己的技术和管理诀窍适应当地的环境,还要应付比本国更复杂的政治、经济情况。除了工作环境之外,在国外的管理人员还要在新的社会文化环境中对健康、婚姻关系、个人偏好、年龄、社会的可接受性、个性特质甚至性别等个人因素方面加以调整和适应。

2. 良好的品德修养

国际经理人员工作独立性较强,公司总部对他们的监督比较困难,能否积极努力地工作在很大程度上取决于他们的自觉性。因此他们必须道德高尚、值得信赖、能抵挡各种诱惑、有强烈的成功愿望、对公司忠诚不贰。

3. 业务能力

母公司选派海外经理的主要目的是在海外实现公司的经营目标,发挥他们的聪明才智,管理和控制分公司的日常经营。海外经理与国内经理的最大区别是,在国内,经理们由专家帮助解决经营上的一些困难;而在国外,由于距离、时间、人员以及沟通的限制,许多难题须由经理们独立解决。因此,驻外经理候选人应该具备较强的技术、管理、组织协调、控制和决策能力,并且还要有很强的独立性,能够独自胜任海外的经营工作。上述能力的具备还必须有丰富的知识作支持,它包括经营和管理方面的知识,国际商务方面的知识,国际贸易、国际金融、国际惯例的专门知识和东道国政府的法律、政策常识,还有本公司的知识。海外经理须通晓本公司的发展历程、经营优势与劣势、发展规划目标以及经济实力等,能够在各种社交场合巧妙地将公司的形象树立起来。

4. 责任心

在海外经营,子公司的决策权限和权力相应增加,然而责任与风险也随之加强。这就要求公司所派遣的人员必须具备强烈的责任感,向母公司负全责。

5. 果断的决策能力

国际经营活动由于离总部较远,市场风险较大而决策信息较少,这就要求他们有一定的独立作战能力,把握事物发展的特点和关键因素,对各种情况作出准确的判断,并采取果断的应变策略。

6. 协作精神

国际经理人员的大部分工作都要与同事、顾客、东道国政府官员和各种社团组织进行直接的接触和联系,协作精神是经营成功的重要保证。合格的经营者应注意提高个人影响力,处理好各种人际关系。

7. 从事相关经营工作的实际经验和业绩

特别是对一些比较重要的工作岗位,丰富的经验是必不可少的。"失败是成功之母"固然有其哲理性,但连续的或经常性的失败者也往往有其必然的内因。对经营业绩一直欠佳的候选者的选拔和录用一定要谨慎。

国际经理人员还要家庭结构稳定、身体健康,能保证充沛的精力和体力从事经营活动。此外,国际经理人员有时还要具备一些特殊的技能,如专业知识、谈判技巧、调研能力等。当然,要求每个从事国际经营的人员完全具备这些条件是不可能的,企业可以根据不同工作岗位的特点突出对某些标准的考察。

(二)国际经理人员的来源和选拔渠道

跨国企业配备人员的经验表明,他们是从三个方面来挑选、配备跨国企业的人员的:①挑选那些经过本国母公司教育和培训,并且取得经验的本国公民;②经过东道国的分公司教育和培训,并取得经验的东道国的人才;③从第三国中选拔跨国人才。

一般国际企业或跨国企业的上层主管是由母公司派出;中下层管理者是从东道国或第三国中选拔;其他所有人员,尤其是职工则从东道国中配备。当然,没有哪一个国家或哪一个跨国企业有一个统一规定或具体的人员配备比例,一般都根据具体情况来决定。

1. 由母公司派出驻外管理人员

由母公司派出驻外管理人员到子公司工作,这在跨国公司开设国外分公司的初期非常重要,也是最理想的,因为他们对母公司的意图和兴趣都很了解,而从东道国或第三国中选拔就很难做到这一点。但如果所有驻外人员都从母公司派出也有困难,一方面不可能有那么多人才,尤其是母公司在国外发展了许多子公司或分公司时,更满足不了这一需求;另一方面,全部从本国母公司派出,花费开销非常大,而且他们往往会盲目地将本国的管理方法搬到子公司去实践。再者,世界上有些国家有法律方面的规定,要求招聘东道国的人员。

选拔到跨国企业工作的人员不仅要有专业技术,而且要具备了解他们所管理的复杂组织和不同文化人力资源的素质。理想的人员是那些能适应从一种文化到另一种文化环境的人。选派到跨国企业去工作的人员要进行岗前培训,使他们了解他们要去的国家的语言、文化、风俗习惯、政治经济体制、管理方式等。这种培训可由公司本身进行,也可由大学等教育机构来培训。

2. 从东道国招聘人员

当今许多国家的跨国企业几乎都是从东道国招聘大部分人员。在许多发展中国家,东道国法律规定,招聘当地管理人员是跨国企业入境办企业的条件之一。特别是在跨国企业将当地的企业吞并或购买下来后,常常将原有职工再次聘用。但在发展中国家办跨国企业,在当地招聘合格的经理人员和技术工人则较为困难,想在发展中国家从事生产经营活动的跨国公司就得做好培训他们的员工的准备。

从东道国招聘人员有许多好处:它能克服语言上的障碍,减少培训费用,解决经理人员及家庭其他成员适应文化差异的问题,还能使跨国企业充分利用当地工资水平较低的条件,花较少的钱聘用高质量的工作人员。同时因为帮助当地解决了就业等问题,可以与东道国建立良好的政治、外交关系。通过母公司与当地职工交往,相互理解不同文化背景,能提高职工的士气。此外,可以促进当地购买力的提高,从而提高公司产品的需求量。

从东道国招聘还有其他好处:他们了解当地的实际情况,他们可以帮助避免那些官僚机构的烦琐手续,他们还可以帮助实现公司的长期计划目标。因为从母公司派遣的驻外人员一般在国外只工作几年,他们只有短期行为,缺乏长期目标。

但是招聘东道国的人员也有其不足之处,如当地的经理人员往往很难在母公司和子公司之间起桥梁作用,他们习惯于自己本国的工作方法,有时难以适应总公司的要求。因此,从东道国招聘人员后,先要进行培训,让他们了解母公司的方针、政策和要求,使他们尽快适应总公司的要求。

3. 从第三国选择人员

聘用第三国人才的好处是:他们精通外语,了解其他国家的文化,因此他们从一个国家到另一个国家工作不受影响。从第三国或其他国家招聘经理或其他工作人员,这是适合跨国公司的经营原则的。但是,这种招聘方法需要花大笔费用和大量时间,公司还要对他们进行培训。此外,公司要对经理和他们的经营业务采取一些集中控制措施,以便对分公司进行有效管理。

随着世界市场和跨国公司规模的扩大,跨国公司的营业额和资产在国外的比例越来越高,其高层管理人员也越来越国际化,企业的无国界化趋势更加明显了。现在,许多跨国公司在招聘公司经理人员时,更多考虑的是他们的经营管理能力和创新精神而不是他们的国籍。一些管理专家认为,采取这样的人事政策是与国际企业的经营优势相一致的,跨国企业不但应该在全球范围内合理地调配和利用自然资源、财政资源和技术,也应该在全球范围内合理地调配和利用人力资源。这样做能克服企业内过分注重经理人员国籍的现象,避免近亲繁殖和高层管理者的狭隘,从而使公司能更好地挖掘其跨国经营的潜能。

(三) 国际经理人员的招聘方法

跨国公司招聘人才的方法很多，较常见的是运用测试方法或面谈的方法进行。如一些心理测试技术都可以采纳，只是在具体使用时，要注意考虑跨国公司所在地的文化特点。在确定招聘方法时，跨国公司应该注意不同国家对人事制度的法律规定。譬如，在西方一些国家，由政府负责公民的职业介绍事务，不允许私人机构插手。而在荷兰、波兰以及瑞典等一些国家，应聘者有权知道心理测试的结果。如果有必要的话，他们还可以要求不向任何一位雇主透露这一结果的内容。实际上，在瑞典，无论是雇主、工会、同事还是下级人员，都参与人事招聘的全过程。跨国公司必须根据各国的情况采取不同的招聘方法和劳资关系政策，这是公司能否在海外取得成功的先决条件之一。跨国公司的人才招聘与一般企业的人才招聘在方法上并无多大差别。

二、国际经理人员的考评

(一) 国际经理人员考评的内容

对国际经理人员的考评内容是围绕考评的目的设置的。企业进行考评的主要目的是客观、准确地评价员工的成就，为确定员工的工资、奖金、晋升和培训提供依据。对国际经理人员的考评主要从三个方面来进行，第一是业绩考评，经理人员业绩如何？在公司经营活动中发挥了多大作用？第二是态度考评，从工作态度等方面把握其工作完成过程。第三是能力考评，评价经理人员在何种程度上达到了企业所期待的职能水平。其中，对经理人员的业绩考评是人员考评的中心内容。

业绩考评是对国际经理人员经营成绩的考核与评定，考评的目的是为奖金的核定、加薪、晋升、能力开发、重新安排使用提供客观依据，这是人力资源管理的重点和难点，把握不准，往往会造成不同程度的评定误差，影响经理人员的积极性。

(二) 国际经理人员的考评方法

这里主要介绍因素评分法和标定行为评价法两种。

1. 因素评分法

因素评分法是将一定的分数分配给各项考评因素，使每一项考评因素都有一个评价尺度，然后根据被考评者的实际表现，对各因素评分，最后汇总得出总分，作为考评结果。例如，某企业把考评因素定为四项，即出勤、能力、业绩、组织纪律与思想作风。

(1) 出勤，占总分的30%，即权重为0.3，分为上、中、下三个等级，满分为30分。对各种不同出勤情况酌情扣分。例如，迟到或早退一次扣5分，病事假一天扣1分，旷工一天扣30分。

(2) 能力，占总分的20%，即权重为0.2，分为上、中、下三个等级。技术高、能独立工作、完成任务好、能胜任本职工作的评为上等，低于这个水平的评为中或下，而在考核阶段的某个期限内未完成任务的扣10分。

(3) 业绩，占总分的30%，即权重为0.3，分为上、中、下三等。积极主动工作、安全生产、完成任务好、协调性好的评为上等，低于这个水平的，视情况评为中或下。在工作过程中出现差错、造成毁损或在安全、质量方面发生事故的，视其情节轻重予以扣分。

(4) 组织纪律及思想作风，占20%，即权重为0.2，分为上、中、下三个等级。遵守规章制度、工作服从分配、富有责任心、协作互助的评为上等,否则评为中等或下等。因违反规章制度或工作失职被企业处理者,一次扣10分,最后将其分数汇总在考核表内。

2. 标定行为评价法

对技术人员、管理人员等的考评,困难在于其绩效难以量化,为此,美国创造了"标定行为评价法"。在外界专家的主持下,由被考评者的代表、执行考评的直属上级和有关的企业领导共同组成考评标准制定小组。在标准的制定过程中,首先要找出对某一具体工作进行评价时必须加以测量的各个方面;其次对每一方面列出代表高绩效和低绩效的典型行为;最后对每一关键行为进行估价,看它在多大程度上代表了高绩效或低绩效。这些标准是具体可测的、与一定测评分数相对应的具体工作行为。这种方法的基本特征包括:①高度可操作性,即"行为标定"把分数与具体的工作行为联系起来;②民主性,有关人员参与制定,尤其是最了解自身工作的被考评者代表的参与,保证了他们对此标准的认可与接受。

三、国际经理人员的薪酬

跨国公司能否按国际标准、结合本国的实际,提供给跨国公司人员适当的薪酬待遇,这对跨国公司能否充分发挥国际人力资源的作用、调动驻外人员的积极性起着重要的作用,也是跨国公司在国际市场上能否增强竞争力的关键性问题。

国际经理人员的薪酬通常分为三部分,即工资、奖金和补贴。其中工资是经理人员报酬的主要部分。按不同的计算方法,工资可分为两种形态,一种是时间工资,另一种是绩效工资。时间工资又称固定工资,是对经理人员一定时间的劳动所支付的工资,一般实行月薪制、年薪制或周薪制。大多数管理人员都采用这种工资形态。绩效工资是指按经理人员的工作成绩来支付他们的工资,这是一种变动工资,适用于有客观、明确的绩效考核标准的人员(如销售人员)。时间工资便于管理,能使经营人员获得一种安全感,并保持较稳定的心理状态和较高的积极性。但这种工资形态缺少激励作用,不利于鼓励经理人员从事创造性工作。对企业来说,当经营状况滑坡时,时间工资不能有效地控制和降低经营成本;而绩效工资则能鼓励经理人员尽最大努力投入他们所从事的工作以提高他们的工资收益,并能吸引有较强进取心和成就感的经理人员。其缺点是这些经理人员集体精神较差,对公司内部与业务无关的工作没有热情,工作缺乏安全感,当出现挫折时容易损伤积极性。此外考核也加大了管理工作量。目前,企业对国际经理人员大都采用时间工资制,并配合年功序列工资、职务工资、职能工资等形式的工资管理方式来稳定经理人员队伍,提高他们的积极性。

企业对驻外管理人员发放的奖金有两种:一种是用来鼓励他们在企业的各海外机构间流动;另一种是用来奖励到比较艰苦的国家和地区工作的员工。

鼓励员工到海外任职的奖金通常是固定工资的一个固定百分比,一般是10%～20%。管理人员只要在国外任职,都可以得到这部分奖金。当然,这种发放奖金的方式也有其不足之处,因为固定的奖金体现不出从一个国家到另一个国家任职的经济刺激,被派遣人员缺乏流动的积极性,并且当海外任职人员回到母国工作时,通常意味着该奖金部分消失。有些企业已采取了几种方法来解决这些问题:一种是逐步减少奖金,通常是3～5年后取消奖金;另一种是颁发一次性支付的流动奖金,这种办法直接把奖金与人员的流动而不是与国外的工作联系起来。这样一来,员工只有在流动时才能得到奖金。至于采取何种奖金办法,那要看企业的目的。如果企业希望员工在某个国家长期任职,那么就应支付持续的奖金。如果企业希望员工在国家间合理调动,就应当选择逐步减少每月固定的或一次性支付的奖金。

对经理人员的各种补贴包括生活补贴、住房补贴、迁移费用、医疗保险、人寿保险、养老金、子女教育、休假等多项内容。这些补贴有工作性质补贴,也有福利性补贴。一般被看作是经理人员报酬的一部分。

国际经理人员的报酬水准应以所在地区同类经理人员和所需能力的"市场价格"为参考依据。报酬太低,不容易选择到合格的经理人员;报酬太高,企业的经营成本就会增加。此外,企业的经营稳定性和发展前景、企业内部的工作环境和气氛、企业更换经理人员的频率等因素也影响着经理人员对报酬的期望值。一般来说,这些条件越好,直接报酬越低。

任务三 美、日人力资源管理模式比较

各国人力资源管理模式对比

一、日本的人力资源管理模式及特点

(一) 日本人力资源管理模式

1. 终身雇佣制

终身雇佣制是日本管理制度的重要特征,其兴起有特定的原因。"二战"后,日本社会生活极度贫穷和混乱,人们都希望能过上安定日子,而终身雇佣制恰恰能满足人们这一需求,因而这一制度在这种情况下就形成了。与此同时,日本文化中的儒家思想也为这一制度提供了基础。日本的大中型企业基本上都实行终身雇佣制。工人就业非常稳定,更换工作的人数很少。中途更换工作者,工资平均要损失一半左右,至退休时,其收入只相当于同类职工未更换工作者的 2/3,所以员工一般不愿意更换工作。从企业一方来看,在对员工进行大量的培训以后,一般也不愿意员工离开企业,因此,即使是经济不景气时,日本企业也不会轻易解雇工人。

员工在企业终身就业,对企业经营情况非常了解,也对企业产生依赖,使员工更加愿意同企业合作,这就形成了日本企业中合作性的劳资关系。在日本企业中,重要问题一般要经过全体员工反复讨论,形成一致意见后,方能最后决策并付诸实施。

2. 年功序列制

日本企业里有新工作需要时,会尽量通过重新培训现有员工和内部调节来满足。这样做有两个原因:第一,在日本的劳动力市场上很难找到按专业知识标榜自己的人。日本人一般是把自己和企业相认同,比如告诉别人自己是松下或者是丰田的员工,而不会跟别人讲我是会计师。第二,即使找得到这样的专业人员,他也不具有在企业工作需要的软知识和软技能。重新培训一个具备软知识和软技能的员工,使其掌握一门硬技能,比让一个外来人重新学习和掌握软知识和软技能更快、更合算。由于同样的原因,在日本企业中,外部招聘来的管理者,无论其能力多强,没有较长时间熟悉企业情况是很难开展工作的。因此,日本企业在员工使用方面有入口有限和内部提拔的特点。这就是说,员工要从基层进入企业,然后在按部就班提拔的过程中熟悉情况,和上下左右建立工作和个人关系,为以后从事管理工作创

造条件。因为人员的使用和提拔是按部就班的,所以员工的工资,尤其是进入企业后的最初10年至15年期间,主要是根据其在企业服务的年限来决定的。过了这一段时间,员工中的优秀者被更快地提拔到管理岗位,工资差距才会相应拉开。这种主要根据职务年限决定工资的做法称为"年功序列工资制"。由于有了年功序列制,员工明显感到在同一企业中长期工作的好处,而一旦转入新企业,往往得从较低的职位做起,经济上损失惨重。所以说,年功序列制是终身雇佣制的真正支柱。

3. 企业工会

企业工会是指以企业为单位组织的工会,它使企业和员工结成紧密的共同体。企业工会缓和了企业和员工的矛盾,有利于企业实行家族式的经营管理。然而,它又是一个矛盾的复合体,即在某种程度上代表员工同资方交涉,争取自己的利益,又跟资方合作,从而共同保证企业的生产。总之,它对建立和谐的劳资关系,促进公司兴旺发达起了积极作用。

4. 重视职工素质和对职工的培训

日本企业聘用员工时不看重个人的具体技能,而是强调基本素质。日本企业的逻辑是,高素质的员工可以通过企业自己的培训胜任所有的工作。日本企业因为在招聘时重个人素质而轻特殊技能,因此在培训新员工上花了更大功夫。因为招聘高素质的员工的初衷就是希望员工能胜任不同的工作需要,日本企业中的分工和管理的制度化程度要比美国企业低。日本企业不仅培训技术方面的硬技能,还要员工学习企业内部管理制度、上下左右关系和行为准则等软技能和软知识。这些软技能和软知识只有员工继续在企业就业才能发挥作用,一旦离开企业就不再有用。日本企业在对员工的培训中尤其重视对软技能和软知识的培训。

5. 弹性工资

日本工人收入的一部分是根据企业经营状况得到的红利。这使日本企业的劳动力成本具有很大的弹性,成为日本企业竞争的优势。经济不景气时,企业的利润下降,工人的收入会自动随着下降,使劳动力成本下降,这又使产品的价格相应下降,使产品的竞争力增强。经济繁荣时,企业盈利增加,工人的收入也会相应增加,可以补偿增加工作量而多付出的代价。工资成本的灵活性使日本企业无须大批解雇工人也能比较容易地渡过经济不景气的难关。

6. 合作性劳资关系

员工在企业终身就业,利益和企业完全捆在一起。员工个人利益和企业利益紧密结合,一方面能促使员工关心企业的发展,另一方面也使员工关心企业内部的分配关系。企业为了得到员工的忠诚,为了保护用在员工身上的人力资本投资,也希望员工相信企业的利益分配是公平的。为了使员工相信他们的利益得到企业保障,日本企业吸收员工参与管理,使员工不仅能及时了解企业的经营状况,而且可以对影响自身利益的重大问题的决策发表意见。员工对企业经营情况的及时了解和对企业的依赖,使员工更容易也更愿意和企业合作,形成合作性的劳资关系。日本企业中的工人也组织工会。工会在代表工人发表意见时并不采取对抗性的态度,日本的工会都以企业为单位组成,称为"企业工会",与美国以产业为单位组成工会的情况完全不同。这种以企业为单位的工会,加上年功序列工资制和终身雇佣制,构成了日本人事制度的三大支柱。

(二) 20世纪90年代以来日本模式的新发展

在国内外市场竞争加剧,新产品、新技术不断涌现,以及企业经营国际化的影响下,日本企业传统的人力资源管理与开发模式已不能适应时代的要求,面临着严峻的挑战。为了适应这种挑战,日本的人力资源管理制度也进行了变革。这包括企业为员工创造具有挑战性的工作机会,同时也可以使企业发现和培养创造性人才。日本企业也在倡导所谓"自由的工作体系",即建立弹性工作制等容易发挥个人才智的工作体系。同时,企业的评价标准和报酬制度也需要进行变革。为了鼓励员工敢于向新事物挑战的勇气和员工的创造性,日本企业意识到需要建立崭新的激励体系,以业绩为导向的考核评价制度和激励性高的报酬制度使得日本企业应对经营规则变化的能力大大提高。

1. 日本企业的人力资源管理与开发的变革

(1) 以终身雇佣制为基础,发展多样化的雇用方式。随着当前经营环境的多变和竞争的加剧,经常会出现企业之间互相挖掘人才的现象。目前,许多中小企业甚至大型公司广泛采取合同工制、定时工制以及中转员工等。

(2) 中途选用人才受到重视。日本企业受到世界经营环境及高新技术的影响,一些专业技术人才、高级管理人才经常以合同雇用方式被中途选用,企业依据他们的经验、技术、能力、职称以及未来可能发挥的业绩等因素确定其工资标准,年薪制就是其中普遍的一种。定期契约人员制也甚为流行。这是指以3～5年为期签订合同,在特定的行业、特定的领域雇用那些掌握专门知识和技能的人的一种雇用形式。在现今的日本企业中,合同工的比例还在提升,在有的企业甚至超过了正式工。

(3) 定时工制日益普遍。这种雇用方式的劳动时间比一般常用员工少,工资待遇也比常用员工低,并签订合同。定时工制虽然在工资待遇和劳保福利待遇方面存在不少问题,但因劳资双方互有所求,定时工的人数仍然逐年增加。

2. 人事制度多样化,发展复合型工资管理

过去只要是在同一企业的员工,其工资制度均按同一标准执行。随着雇用形式等人事制度多样化发展,工资管理亦有多样化趋势,根据员工不同身份,雇用形式和期限的差异,可以有不同的工资结构:

(1) 业务型工资。依据员工业务性质划分成管理类、助理类、员工类等不同职业。

(2) 工作地型工资。依据特定的工作地点,如国内、海外、后勤、事业部等均有不同的工资标准。另外,依据国内不同的地区也划分若干工资标准。

(3) 职务型工资。依据职务性质,如管理、技术、研究、操作、机械等工种的不同制定不同的工资标准。

3. 奉行业绩主义,推行职务能力工资制,导入年薪制

日本企业的年功序列工资制正向能力主义转变。许多企业着手建立以智能为中心的人力资源管理与开发体系,其核心是职能资格制度。所谓职能是指履行其职务的能力,一定的职能构成一种资格,职能资格是多等级的,每个等级都有明确的标准。该制度由教育、调配、考核和报酬四个部分组成,其鲜明的特点是:注意和关心员工的思想,重视能力开发,激励员工努力向上。

在论资排辈的年功序列工资制日益受到冲击时,许多企业实行"基本工资、期间业绩工资"相结合的新工资制,年薪制盛行于高级管理者和科技专业人才之间,它不考虑年龄、工作时间长短、现任职务等个人及工龄因素,而逐年以业绩评估来决定从业者的年薪高低。其优

点是可让使用年薪制的人员位居特殊的地位而努力达到或超越设定目标。

4. 培训教育以适应企业的发展及国际化为原则

随着时代的发展和产业结构的变化,日本企业员工教育是随着市场的变化,企业经营战略的发展而变化的。随着信息产业的迅速发展,微电子化的飞跃,日本各公司都在努力完善自己的服务系统,扩大销售网络,开拓国外市场的同时,积极培训适应微电子化及海外经营的高级管理者和技术人员。企业强化电子学、控制论、计算机及英语等课程的教育,加强机械计算机应用等方面的实践训练。在教育指导思想上,各企业强调开阔员工视野,着重开发员工的独立工作能力。近几年,为适应企业国际化的发展,日本企业着重培养"经济型""未来型"人才,以期在竞争中取胜。

在当前的员工教育中,日本企业纷纷提倡充分发挥员工的"活力",鼓励每位员工参与各个部门、各个阶层从局部到整体的经营、决策过程,注重教育与实践相结合。为了在激烈的竞争中立于不败之地,日本企业始终要求每位员工为公司的未来和个人的未来不断接受教育,接受新知识和新技能,通过终身教育培训,把企业和个人更紧密地联系起来。

二、美国的人力资源管理模式及特点

(一) 注重市场调节

在美国,劳动力资源在社会上的分配是通过劳动力市场进行的,劳动力市场相应地也很发达。因此,美国企业的人力资源管理与开发对市场的依赖性很强。从雇主一方来说,无论需要什么人才,只要到市场上登广告或通过有目标的商界竞争,就可以找到自己所需要的人才。从劳动者一方来说,从在校学习、选择专业开始就将市场的需要和将来的就业结合起来。就业以后,如果发现自己的兴趣发生变化或发现了更理想的就业机会,就会毫不犹豫地另谋高就。市场对这种变换工作的员工,不但不歧视反而认为是"市场价值"很高的优秀员工。雇主与员工之间是直截了当的短期市场买卖关系。雇主付给员工合理的报酬,除此之外没有更多的义务。反过来员工对企业也没有太多的忠诚可言。在这种以短期市场买卖关系为核心的就业关系下,员工的流动性很大,企业员工队伍的稳定性相对较差。

(二) 以详细职务分工为基础的制度化管理

美国企业管理制度化的程度很高。这个特点在人力资源管理与开发上体现为分工明确、责任清楚,对常规问题处理的程序和政策都有明文规定。这种分工提高了管理效率,降低了管理成本,是现代企业经营的基础,同时也为美国公司高度的专业化打下了基础,特别是使员工的录用、评定,工资的制定,奖金的发放以及职务提升等都有了科学的依据。而公司专业化的管理则对各行各业的专业经理人员的评估起到很强的监控作用。这也是美国主要商业和投资银行在金融危机中能够避免重大损失的主要原因之一。

(三) 注重个人能力的晋升制度

在美国受过较高教育的人,可以直接进入管理阶层。新员工只要能在工作中做出成绩,证明自己的能力,就可很快地得到提拔,而不必论资排辈。

(四) 重视职业培训和继续教育

在美国经济的迅速发展过程中,企业家们达成了这样一个共识,即人力资源是可再生资源,而且人的潜力开发余地非常大。因此,美国企业普遍重视对员工的职业培训和继续教育。这主要表现在以下几个方面：

1. 从一般的职业培训转向全方位培训

培训方式包括在职培训和脱产培训。其中在职培训主要包括技术再培训与职业意识再教育，脱产培训则包括学习班培训和技校培训。此外，美国企业还经常举办各种管理技术提高项目，如巡回、教练式指导等。

2. 从传统的培训方法转为多层次的培训方法

以往的培训方法，仅限于"师傅带徒弟"的形式，现代的培训方法得到了很大的拓展，涉及信息传播、模拟练习和上岗操作。多层次的培训方法使员工在工作的各个阶段都能受到适合自己需要的丰富多彩的、有益的再教育，这对于提高员工素质起到了很好的作用。

3. 从单一的培训模式转入交叉的立体化培训模式

单一培训模式只是企业根据职位与职业的需要，以追求利润为目标的培训，而交叉的立体化培训模式包括企业自身设立教育机构培训、企业委托学校代培、企业与学校联合培训、企业与企业联合培训、企业把员工送到国外培训等相互衔接、相互渗透的培训体系。

（五）以强烈物质刺激为基础的工资制度

美国公司内部工资制定的基础是职务分工，不同级别的工作，不同专业的工种，不同性质的岗位，不同经历的经理，有着不同的职业要求和不同的工资水准，表现出强烈的刚性。美国人力资源管理中比较多地偏重于以个人为中心，强调个人的价值，主要是以个人为激励对象。因此，公司在制定政策时重点考虑的是工作的内涵及该工作对公司经营效率所作出的贡献，基本目标是激励员工的工作积极性，而且在奖励制度方面名目繁多，尤其突出的是高层经理的奖励制度，例如，总裁的年收入（包括奖金）甚至可以达到上千万美元，是普通员工工资的几百倍。这些奖金计划对激励中高层领导实现自我价值、积极努力工作、不断增加公司的收入和价值起了较大的作用。然而，这种刚性的工资制度是建立在员工与企业之间纯理性的基础上，两者的关系完全是一种契约关系，这势必造成劳资关系的对抗性。总的来说，美国公司是一个典型的职能经济机构，其管理模式的主流仍属于管理技术型。

（六）对抗性的劳资关系

美国企业中的劳资关系是对抗性的，管理当局认为管理是自己的事，工人付出的劳动已经通过工资得到补偿，不应该再有别的要求，不应该参加管理，也无权过问企业的经营情况。工人则觉得不参加管理就不了解企业经营状况，企业为了增加利润千方百计地压低工资，自己的劳动成果大部分被企业侵占了。此外，因为不参加管理，对自己的命运无法控制，市场不景气时会被一脚踢开。由于这些原因，工人对管理层完全不信任，怀有敌对情绪，认为只有组织工会，通过斗争才能保障自己的权利。工人通过罢工或者以罢工相威胁，给企业造成足够大的损失，迫使管理当局让步，达到提高工资和提供就业保障的目的。从管理当局的角度来看，工人组织工会，要求增加工资、保障就业，是贪得无厌的表现，是通过政治力量侵犯企业根据市场规律经营的自主权。因此，企业的管理当局就认为不能随便向工会让步，要尽量削弱和打击工会的力量。

（七）美国企业人力资源管理模式的变革

20世纪70年代中期以后，美国的汽车业、家电业等行业受到日本产品的巨大冲击，日本企业逐渐显示出强大的竞争力。在这种情况下，美国的许多专家、学者和企业家纷纷开始研究和学习日本企业管理制度,由此推动了美国企业对日本企业人力资源管理方式和经验的学习,开始了美国人力资源管理模式的变革。从此以后,美国许多企业改变原先漠视人力资源作用的态度,特别是在劳资关系、员工的培养和参与决策上发生了前所未有的变化,并将人力资源管理上升到战略高度来看待,创造了战略性人力资源管理的理论与实践,被管理学家认为是20世纪80年代以来美国企业管理的一个重大变化。

三、美、日人力资源管理模式将趋向融合

随着知识经济的兴起,国际市场的竞争不再直接取决于资源、资本、硬件技术的数量规模和增量,而是直接依赖于知识或有效信息的积累和应用,从根本上取决于科学技术的发展水平和一个国家的创新能力的大小,从这个角度看,日本企业的人力资源管理模式需要从根本上改革,相对而言,美国人力资源管理模式更符合社会发展趋势,因为随着市场化、国际化和新经济的发展,企业需要一种高激励、高效率、高竞争,在全球范围猎取人才的管理模式。在这种高度激烈竞争、情况瞬息万变的市场上,如果决策不做到高度分权,职工缺乏良好的知识和技术素质,缺乏高度责任心和自学能力,企业对市场的反应迟钝,欲求成功是难以想象的。从这个角度来看,美国人力资源管理模式也不能适应未来知识经济的发展,也需要进行变革。总之,要想在21世纪的知识经济环境下获得成功,未来的人力资源管理模式必须克服美、日模式各自的不足,同时取其所长。在美、日企业的人力资源管理中,目前已经出现了一些可喜的变化,美、日管理模式出现了交融的趋势。

(一)美国人力资源管理模式的变化

为了克服管理中的不利因素,美国一些著名的经济学家、管理学家和实践工作者纷纷加入到对日本企业成功原因和日本企业管理模式的研究中,推动了美国企业界对日本企业人事制度的学习。美国管理界对是否可以采取日本的管理制度,意见各不相同。有些学者认为美国一些管理比较好的公司已经采取与日本相同的管理方法,有些管理学者则认为,日本的管理方法产生于日本独特的民族文化传统,而在美国这些管理方法是不适用的。日本的人力资源管理模式也有其内在的缺陷,并不适用于所有环境。事实情况是,美国企业已经开始接受日本企业的人本主义的管理方法,但日本的那种"年功序列",论资排辈的缓慢升职办法是无法在美国展开实践的。

1. 更加注重人力资源管理中的"企业文化"建设

美国的管理理论经过了一个较长时期的发展,当代管理理论部分地吸收了日本管理模式的精髓,其核心是研究"人",注重人力资源开发与管理,以人的思维与行为为中心。其中最典型的是"企业文化理论"和"A战略"理论。

"企业文化"概念由美国管理学者彼得斯和沃特曼在合著的《寻求优势:美国最成功公司的经验》一书中系统提出,两位管理学专家根据对美国最成功企业所作的调查研究分析指出:在经营得最成功的企业里,居第一位的并不是严格的规章制度和利润指标,更不是计算机或任何一种管理工具、方法和手段,甚至也不是科学技术,而是企业文化。企业文化是指一个组织所具有的共同的价值判断准则、文化观念和历史传统、道德规范和生活信念等。企业文化将企业内部的各种力量,特别是人力资源的管理和使用,统一于共同的指导思想和经营哲学之中,汇聚到一个共同的方向,进而激励员工共同努力去完成组织的共同目标。企业

文化论者认为"企业文化是企业生命的基础,发展的动力,行为的准则,成功的核心。"

"A战略"理论由美国佛罗里达大西洋大学管理学教授舒斯特首先提出。舒斯特通过对美国大量企业的调查研究并结合现代行为科学理论提出了通过改造企业文化进而改善企业人力资源的战略,即"A战略"。舒斯特认为:以人为中心的人力资源管理将对企业未来的生产经营活动产生重要的影响,只有对人力资源实施有效管理的企业,才能获得稳定向前发展的动力,他的"A战略"理论强调:关心员工的需要是获得较高生产率的关键;在任何企业内,对人的管理都应重于对其他生产要素的管理,应当得到首要的关注。

在美国,"企业文化"理论和"A战略"理论倡导的关于企业文化的思想,进一步推动了美国企业在实施人力资源战略中,日益注重企业文化建设。虽然各企业对各自的企业文化有不同的定义或解释,但愈来愈多大公司正日益重视建设符合企业经营哲学和经营战略的企业文化,以不断加强和改善企业的人力资源管理。

目前,具有前瞻性战略眼光的企业正积极致力于建设一种管理层更加开放、员工更具参与性的企业文化。人力资源管理专家指出,建设更具开放、参与性的企业文化,不仅有助于提高员工的士气和满意度,而且有助于员工更好地理解管理者的想法;增进管理层与员工的合作;降低流动(离职)率;减少缺勤;减少不满和抱怨;提高对变革的认同程度;改善与工作和组织的关系。

2. 采取各种措施调动员工工作积极性与主动性

美国大中型企业从20世纪80年代中期以来在管理领域采取了一系列新的措施。比如,福特公司和克莱斯勒公司在加强职工培训、吸收工人参加管理、实行全面质量管理方面,已经做出了一定的成绩。美国汽车公司所取得的成绩,使美国汽车和日本汽车在质量和品种数量方面的差距已经大大缩小,在产品成本上甚至开始占有一定的优势。施乐(Xerox)公司在采用新的管理方法以后,在复印机市场上,不仅把在美国市场上的优势基本夺了回来,而且在日本市场上也取得了很大的成功。通用汽车等公司引入了长期雇佣政策。一批近三十年来成长起来的新企业,如惠普、英特尔和微软等知名企业,更是从一开始以调动职工的积极性、充分发挥他们的能动性和创造性为成功之本。工人持有企业股票,参加董事会,在更大程度上参加企业管理,已经成为美国企业中的新趋势。

3. 人力资源政策与公司经营战略紧密结合

美国人力资源政策最突出的转变是把公司经营战略与公司人力资源政策紧密结合起来。许多大公司的人事部改名为人力资源部。人力资源部长参与公司上层的决策会议,人力资源部门经理的工作重点从一般行政事务转向企业的战略制定和落实。人力资源经理的工资在市场上大大提高。招聘政策、培训计划、工作分工和工资福利等传统的人事政策也与公司的经营战略同步制定。"战略性的人力资源管理"(strategic human resource management)得到美国企业界的认同,表明美国企业对人力资源的态度与20世纪70年代以前有了根本性的转变。美国企业在人力资源管理的这场变革中并没有使其管理日本化。恰恰相反,美、日的人才战略、人事政策在许多方面仍有着本质区别。最重要的事实是:美国企业的最终目标是最大限度攫取利润和最大程度地保护股东利益,因此美国公司人事政策的基础在于为实现公司的经营目标服务。而对于日本企业来讲,公司不断发展壮大被视为最重要的目标,短期公司利润的增加及公司股东的利益乃属于第二位的事情,因此日本公司人事政策注重员工长期发展,与日本公司长期发展战略相辅相成仍是其基本特征,当然日本社会现在面临的严重经济危机给许多日本企业敲了警钟,许多日本大公司开始把公司的盈利目标视作公司主要目标之一。

(二)日本人力资源管理模式的变化

日本经济的奇迹要部分归功于其管理模式,诸如终身雇佣制、注重资历的晋升制度、工资制度以及共同协商基础上的决策机制等。进入20世纪90年代,日本家长式的管理模式遇到了挑战,但据此认为日本模式的人力资源管理正在走向终结甚至由此就推论说原有模式已经走向终结也是不确切的,日本原有的人力资源管理模式也在发展变化之中。

1. 终身雇佣制以新的形式存在下来

终身雇佣制的积极效应仍然存在,如激励员工士气、培育良好的内部交流机制和实现员工的长期培训计划。另外,它在劳动力固定成本方面的缺陷也可以通过一些措施进改进。因此,大部分的日本大公司计划维持终身雇佣制。日本劳工部在1993年针对1000人以上的大公司的调查显示,70%的公司在萧条期间调整了人力资源管理模式,有20%的公司采取了解雇或建议退休的措施。1994年的调查结果显示,56%的公司"计划将维持终身雇佣制",35.7%的公司回答"用工机制的局部调整是不可避免的",另外仅有5.8%的公司认为"根本性的转变是必需的"。在1996年1月,对东京证券交易所上市公司的人事部经理进行调查,82.4%的人回答说他们的公司将"尽可能的维持终身雇佣制"。

但是,终身雇佣制的形式同以往有所不同。对企业的核心雇员来说,他们所享受到的就业稳定性从20世纪70年代直至90年代不仅没有下降,反而有所上升。资料显示,在雇佣人员超过1000人的制造业企业中,45—49岁的高中学历雇员在1973年为企业服务的平均年限为23年,而大学学历雇员为21年;到1993年这两个数据变化为27年和23年。但是对白领雇员的雇佣发生了很大的变化。20世纪90年代,日本企业的低速增长使白领雇员过剩问题恶化,因此在企业内部晋升计划大大减少。日本大企业为了维持传统的终身雇佣制,纷纷将它们的核心雇员调动到分支机构或分公司。这样传统的在单个企业内连续就业逐渐让位于在一组企业中连续就业的新做法,称为将核心雇员"扔"到圈子外,使问题外部化,或者可以说日本企业将企业的边界扩大了,对员工来说现在作为社会的不再是单个的企业而是企业集团。

由于企业的边界扩大,使终身雇佣制在更大的范围内存活了。但是,这并不是说日本的终身雇佣制度没有遇到压力。尽管采取了种种策略,日本仍然很难承受经济发展缓慢和国际竞争日益激烈的考验。面对种种困难,日本人终于认识到有必要降低越来越高的劳动力成本,这意味着劳动力数量的减少,日本人也正在通过增加使用不同的雇佣方法来实现这一目标。他们更多地雇用部分时间工作者和雇员签订合同以取代学校毕业生。

此外,部分企业的管理层也由那些在特殊的狭窄领域中有专业技能的人担任,而不是由一位全才来承担管理工作。

2. 年功序列制逐渐被绩效机制取代

年功序列制的调整始于20世纪50年代,当时私营部门的一些公司开始实行岗位工资制,将其作为总工资的一部分。但这一做法没有得到工人和工会的广泛认同,也不适应日新月异的技术变革。从90年代早期开始,一小部分公司进一步发展了"工作能力工资":在年初制定员工的年度工作目标,根据员工完成目标的情况发放工资,这一新方法更加接近真正的"绩效工资制度",并被称为"年薪制"。

在晋升政策上,许多日本公司转向采取双重职业发展道路的体制,一条路是管理人员的,另一条是管理技术人员。在东芝公司,这两条职业发展道路是平行的,而且完全根据雇员们的能力和他们自己的选择将其分配到上述两条道路中的一条。研究部门的职员通常从辅助性研究人员开始其职业生涯。那些有能力成为优秀管理人员的雇员将被调换到管理系列发展。但如果他们有强烈的愿望想继续作为一名专业研究人员进行他们的研究工作,则仍可调回原来的部门。

综上所述,日本公司适当调整其人力资源政策是较为普遍的,但是这种调整远非照搬美国模式,大部分日本公司希望保持原有机制的优点,而改正其缺点。这在实践上就意味着保留对大部分员工的终身雇佣制,而在经理层引入绩效工资,增雇中层专家,扩大合同工队伍。在引入绩效机制时,日本公司所面临的主要问题是如何建立一个合理的绩效评估体系,避免员工追求绩效的短期行为妨碍公司的长远发展利益。

项 目 小 结

跨国公司需要招聘、选择、培训和补偿员工以便他们能够在国外的分支机构也为本组织工作;同时,还可能需要从国外招聘员工来本国工作。于是,跨国公司就需要解决跨文化问题在各种人力资源管理活动中的影响。

跨国公司的国际人力资源管理一般包括:国际经理人员的选择标准、来源和选拔渠道、招聘方法,以及国际经理人员的考评、培训、薪酬。

人力资源管理与开发的实践,因国家、行业、企业或具体组织而异,千变万化。本章主要介绍了最具代表性的日本和美国的人力资源管理模式,并加以比较。

复习思考题

1. 简述跨国公司人力资源管理的重要性。
2. 简述跨国公司国际人力资源管理的模式。
3. 国际经理人员的来源渠道有哪些?
4. 美国企业人力资源管理模式有何特点?与美国人才资源开发机制有何关系?
5. 比较美、日两国的人力资源开发模式的异同点。

阅读资料

西门子公司人力资源开发战略

在众多成功的欧洲公司中,德国西门子公司是十分引人注目的。总结其成功的经验,最重要的一条就是人力资源开发。该公司人力资源管理和开发呈现出许多显著的特点。

人事部门地位高、有权威

各层的人事主管都是领导班子的成员,人事总裁马力先生就是西门子公司董事会的董事。这样做,对于把人力资源管理与开发纳入企业经营总战略和总决策之中是非常有利的。有人曾经调查过欧洲1 000家大型企业,结果表明,50%以上企业的人事主管都是由董事兼任的,西门子公司的做法就是例证。欧洲出现这一特点不是偶然的,这与其发展所处的时代背景有着直接的关系。有人曾对欧洲企业近几十年来的用人情况作过这样的分析:1945—1955年,由于第二次世界大战导致商品极度匮乏,企业大多注重从生产人员中选拔高层主管;1955—1965年,由于市场饱和、产品滞销,企业大多注重从销售人员中选拔高层主管;1965—1975年,由于合资经营、跨国经营的出现,财务问题日趋复杂起来,企业大多注重从财务人员中选拔高层主管;1975年以来,由于市场竞争加剧,人才问题越来越成为各种竞争之关键,因此选拔高层主管的注意力开始转向人力资源管理与开发上来。

实施"爱发谈话"制度

"爱发谈话"是西门子公司实行的一项人事制度,主题是"发展、促进、赞许",德文缩写是EFA。

在西门子公司40万员工中,有26 000名是高级管理者,实行年薪制,其余一律按工资税章表领取工资。"爱发谈话"的对象是实行年薪制的各领域高级管理人员,谈话每年一次,成为制度。

"爱发谈话"由职员、上司、主持人三方参加。职员,即26 000名高级管理者;上司,即谈话对象的直接主管;主持人,通常是人事顾问。

这种"爱发谈话"是以谈心方式进行的。上司是主角,在谈话中处于主动地位,但是他不是以上司身份出现,而是教练角色,从心理上与职员构成伙伴关系,设身处地帮助员工分析优势、劣势,帮助员工更好地实现个人的设想。员工在谈话中的任务是:客观分析自己的现状,找出自己的强项和弱项,提出培训进修的意愿,根据自己的兴趣、爱好、潜力以及目前所处的位置设计调整生涯规划,达到关心自我、拓展职能、确立目标的目的。主持人的任务是:协调谈话各方、咨询有关问题、提供市场信息。为了保证谈话效果,在谈话前三方都要做好必要的准备,尤其是上司的准备必须充分,其中包括了解谈话对象当年完成任务情况、能力状况、有何要求等。这些情况可以事先通过问卷调查获取,包括:企业能为职员发展提供什么样的可能性;对员工的能力、优劣势、目前状况、所在位置的评价意见。为了提高谈话能力,公司还组织了80名专家对800名谈话者进行专项培训,然后再由800名经过培训的谈话者去实施对26 000人的"爱发谈话",谈话结果经三方签字后归入人事档案,作为确定年薪、岗位变动、职务升迁、培训进修的重要依据。在"爱发谈话"基础上实施的高级管理人员培训的针对性极强,缺什么补什么,参加培训者不是强迫而是自愿参加。

大力开发国际化经营人才

西门子公司的业务几乎覆盖了整个世界。经济一体化和经营国际化程度之高都是其他企业无法企及的。西门子公司的战略是:把西门子公司的发展融入所在国的经济发展之中。为此,公司作出规定,选拔领导干部必须具有1至3年的国外工作经验,而且把外语以及对所在国家文化状况的了解作为重要条件。

人才资源开发投资力度大

西门子公司的管理者认为:创新是公司的命脉,技术是造福人类的力量,领先的技术是立于不败之地的保障。因此,他们始终把人才开发、推动科技进步作为公司发展的首选之策。从世界上第一台指针式发报机的诞生到现代高科技太阳能芯片的生产,在100多年的科技发展较量中,西门子公司在同领域始终是一路领先。该公司现有员工中大学以上学历者已超过员工总数的50%,目前每年还要接收3 000名新大学生。另外,公司每年还要投入70亿美元和45 000名人员专门用于研究与发展,以迎接本领域的挑战。

着力于团队精神培养

这是西门子公司的人才开发的一个最大特点。西门子公司的管理者认为,企业的未来在很大程度上取决于人力资源的开发,企业主应当通过与员工的真诚合作来增加公司的价值,要爱护自己的员工,在创造就业机会的同时为员工创造发展机会,努力培养员工对本企业的归属意识,把个人的发展同企业命运紧密地联系在一起。在西门子公司,企业主与员工的伙伴关系体现得非常充分。当外界问及西门子公司的员工在哪儿工作时,回答近乎异口同声:在西门子公司!这回答听起来似乎很平常,但就在这平常之中却展现出西门子公司员工热爱企业、视厂为家的主人翁责任感,这就是西门子文化所培养出来的西门子人。西门子文化不断给企业注入活力,使企业发展始终充满着生机。

西门子公司在一个半世纪里取得的成功经验是极其宝贵的,具有普遍的指导意义。尤其是它在人力资源开发方面的一些有效举措,对于我国正在构建的现代人事制度有着重要的参考价值,我们应当很好地加以研究、借鉴。

(资料来源:中国人力资源开发网)

案例分析

湖南卫视国际化人力资源战略

采用国际化人力资源管理的目的和意图在于刺激和鼓励员工的积极性,因为在卫视集团中多岗位采用事业编制,难免会出现岗位懈怠等情况,所以湖南卫视提出以下几点调整措施:

1. 以职务分析为基础的自由雇佣机制

借鉴美国的选人机制,本身娱乐传媒性质企业的员工流动性就比较频繁,变换工作也经常发生。

2. 聘用员工的国际化

建立以能力为核心的人才竞争机制,引进国际化人才,实现节目的编导、主持以及相关人员的国际化,有利于多种文化的融合与发展,易于国际文化的交流与合作,以及中国文化、生活方式的传播与交流。

3. 培训员工的国际化

为员工提供各种培训,强化优质劳动力的培训。针对娱乐传媒企业的员工的特点,在岗位分析的基础上,对员工进行分类培训,如专门成立学习交流团队,不定期地与国际娱乐传媒标杆性企业进行学习与交流,借鉴长处。

4. 创建具有特色的薪酬制度

湖南卫视现行的薪酬制度类似于日本的年功和能力相结合的制度,存在优势,但我们也有自己的观点,觉得应采取薪酬留人和文化留人相结合的制度,体现企业文化的活力与生命力。

5. 创新绩效考评机制

湖南卫视建立了以工作绩效考评为基础的员工优胜劣汰制度,有利于鼓励员工提高工作绩效。

问题:

1. 湖南卫视创建了什么样的薪酬制度?
2. 湖南卫视的绩效考评机制是怎么样的?

实 践 练 习

1. 假如你是某一跨国公司中国子公司的人力资源部门的主管,现需要招聘某一部门的主管,你如何选择?

2. 假如你是某一跨国公司中国子公司的人力资源部门的主管,你如何设计公司的薪酬?

主要参考文献

[1] 马新建,等.人力资源管理与开发[M].北京:石油工业出版社,2003.
[2] 戚艳萍,程水香,金燕华.现代人力资源管理[M].杭州:浙江大学出版社,2002.
[3] 卢福财,庄凯,等.人力资源管理[M].北京:经济管理出版社,2003.
[4] 董临萍,康青,陆军.人力资源管理本土案例集[M].上海:立信会计出版社,2002.
[5] 郭朝阳.冲突管理——寻找矛盾的正面效应[M].广州:广东经济出版社,2000.
[6] 黄维德,董临萍.人力资源管理[M].北京:高等教育出版社,2000.
[7] 赵曙明.人力资源管理研究[M].北京:中国人民大学出版社,2001.
[8] Lloyd L Byars,Leslie W Rue.人力资源管理[M].李业昆,等,译.北京:华夏出版社,2002.
[9] 余凯成,程文文,陈维政.人力资源管理[M].大连:大连理工大学出版社,2001.
[10] 庆德,余庆.公司人力资源管理办公作业文案与表单[M].广州:广东经济出版社,2002.
[11] 熊超群,周良文.创新人力资源管理与实战[M].广州:广东经济出版社,2003.
[12] 邰启扬,张卫峰.人力资源管理教程[M].北京:社会科学文献出版社,2003.
[13] 蒙迪,等.人力资源管理[M].8版.葛新权,等,译.北京:经济科学出版社,2003.
[14] 杨永华.职业安全健康管理体系OSHMS推行实务[M].深圳:海天出版社,2003.
[15] 萧鸣政.工作分析的理论与方法[M].北京:兵器工业出版社,1997.
[16] 秦志华.人力资源管理[M].北京:中国人民大学出版社,2003.
[17] 陈锷,原二军.人力资源经理MBA强化教程[M].北京:中国经济出版社,2002.
[18] 劳动和社会保障部.中华人民共和国职业分类大典[S].北京:中国劳动社会保障出版社,2005.
[19] 姚裕群.人力资源开发与管理[M].北京:中国人民大学出版社,2003.
[20] 张岩松.提升:人力资源开发与管理智慧故事解读[M].北京:中国社会科学出版社,2007.
[21] 杨顺勇,王学敏.人力资源管理[M].3版.上海:复旦大学出版社,2008.
[22] 赵应文.人力资源管理概论[M].北京:清华大学出版社,2009.
[23] 吴江,田小宝.中国人力资源发展报告(2011~2012)[M].北京:社会科学文献出版社,2012.
[24] 顾英伟,杨春晖.人力资源培训与开发[M].北京:电子工业出版社,2007.
[25] 德斯勒.人力资源管理[M].12版.刘昕,译.北京:中国人民大学出版社,2012.
[26] 德斯勒,陈永华.人力资源管理(亚洲版)[M].2版.赵曙明,高素英,译.北京:机械工业出

版社,2012.

[27] 邹莹.人力资源管理[M].上海:上海财经大学出版社,2019.

[28] 赵曙明,赵宜萱.人力资源管理——理论、方法、实务[M].北京:人民邮电出版社,2019.

[29] 李贺,王俊峰.人力资源管理[M].3版.上海:上海财经大学出版社,2021.

[30] 滕宝红.人力资源管理实操从入门到精通[M].北京:人民邮电出版社,2019.

[31] 苏华.人力资源管理心法与实战:经营人才、激活价值[M].北京:人民邮电出版社,2018.

[32] 陈爱吾.人力资源管理实战128例:实景演练、流程精讲、技巧点拨[M].北京:人民邮电出版社,2019.

[33] 李远婷.从菜鸟到专家:人力资源管理实战笔记[M].北京:北京时代华文书局,2019.

[34] 刘仕祥.人力资源管理从新手到高手[M].北京:清华大学出版社,2019.

[35] 赵中利,马彩凤.人力资源管理:理论·实务·工具[M].2版.南京:南京大学出版社,2019.

[36] 颜爱民,方勤敏.人力资源管理[M].3版.北京:北京大学出版社,2018.

[37] 菲茨恩兹,马托克斯二世.人力资源与大数据分析:新时代HR必备的分析技能[M].赵磊,任艺,译.北京:人民邮电出版社,2018.

[38] 谢山.人力资源管理新逻辑:人人都是HR[M].北京:化学工业出版社,2019.

[39] 胡明.人力资源管理互联网思维[M].北京:清华大学出版社,2017.

[40] 刘静,葛海良.人力资源管理场景式案例教程[M].北京:中国财富出版社,2015.

郑重声明

高等教育出版社依法对本书享有专有出版权。任何未经许可的复制、销售行为均违反《中华人民共和国著作权法》，其行为人将承担相应的民事责任和行政责任；构成犯罪的，将被依法追究刑事责任。为了维护市场秩序，保护读者的合法权益，避免读者误用盗版书造成不良后果，我社将配合行政执法部门和司法机关对违法犯罪的单位和个人进行严厉打击。社会各界人士如发现上述侵权行为，希望及时举报，我社将奖励举报有功人员。

反盗版举报电话　（010）58581999　58582371
反盗版举报邮箱　dd@hep.com.cn
通信地址　北京市西城区德外大街 4 号　高等教育出版社知识产权与法律事务部
邮政编码　100120

教学资源服务指南

感谢您使用本书。为方便教学,我社为教师提供资源下载、样书申请等服务,如贵校已选用本书,您只要关注微信公众号"高职财经教学研究",或加入下列教师交流QQ群即可免费获得相关服务。

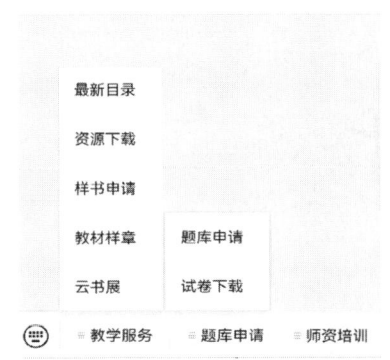

资源下载:点击"**教学服务**"—"**资源下载**",注册登录后可搜索相应的资源并下载。(建议用电脑浏览器操作)

样书申请:点击"**教学服务**"—"**样书申请**",填写相关信息即可申请样书。

样章下载:点击"**教学服务**"—"**教材样章**",即可下载在供教材的前言、目录和样章。

试卷下载:点击"**题库申请**"—"**试卷下载**",填写相关信息即可下载试卷。

师资培训:点击"**师资培训**",获取最新会议信息、直播回放和往期师资培训视频。

联系方式

高职电商营销教师教学交流QQ群:177267889

联系电话:(021)56961310   电子邮箱:3076198581@qq.com